Ausführliches Verzeichniß der

Guttentag'schen Sammlung

Deutscher Reichs- und Preußischer Gesetze

Text-Ausgaben mit Anmerkungen — Taschenformat

welches alle wichtigeren Gesetze in absolut zuverlässigen Gesetzestexten und in mustergiltiger Weise erläutert enthält, befindet sich hinter dem Sachregister.

Guttentag'sche Sammlung
Nr. 1. Preußischer Gesetze. Nr. 1.
Text-Ausgaben mit Anmerkungen.

Die

Verfassungs-Urkunde

für den Preußischen Staat.

Mit Einleitung, vollständigem Kommentar, Anlagen
und Sachregister

von

Dr. Adolf Arndt.

Vierte, gänzlich umgearbeitete und verbesserte Auflage.

Berlin 1900.
J. Guttentag, Verlagsbuchhandlung.
G. m. b. H.

Vorwort.

Die nunmehr vorliegende vierte Auflage unterscheidet sich von den früheren durch die Fortlassung der unwichtigeren Nebengesetze und durch die viel eingehendere Kommentirung nebst der genauen Berücksichtigung der neuesten Judikatur und des Bürgerlichen Gesetzbuchs. Ursprünglich eine Textausgabe ist sie inhaltlich zu einem vollständigen Kommentar ausgewachsen. Von einer besonderen Empfehlung glaube ich absehen und mich auf die Abwehr der mir von Schwartz gemachten Vorwürfe beschränken zu dürfen: 1. Um darzuthun, daß die Krone Preußen die ihr durch die Verfassung nicht entzogenen Rechte habe, leiste ich „Interpretationskunststücke", welche Dahlmann „konzessionirte Brustkaramellen für beängstete verfassungsfeindliche Herzen" genannt haben würde, 2. der „ehrliche Versuch", die Theorie und Praxis des preußischen Staatsrechts zu verbinden, sei mir mißlungen, und 3. ich erkenne selbst an, von einem bestimmten politischen Standpunkte zu argumentiren.

Ich habe hierauf zu erwidern: 1. der Satz, daß die Krone Preußen alle ihr durch die Verfassung nicht entzogenen Rechte habe, gilt in der heutigen Staatsrechtswissenschaft nahezu als unbestritten und unbestreitbar; er entspricht auch der bewußten und nachweisbaren Ab- und Ansicht der Urheber dieser Verfassung. 2. Unehrlich ist man nur, wenn die Unehrlichkeit Vortheil verspricht. Der preußische Staat ist, wie mir wohl bekannt war, viel zu groß, als daß seine Regierer sich um Textausgaben, Kommentare und Theorien kümmern und die einen fördern, die anderen schädigen könnten. 3. Wie daraus, daß ich v. Rönne als liberal bezeichnet habe, folgen soll, daß ich vom konservativen Standpunkte aus argumentire, ist dem gewöhnlichen Menschenverstande unerfindlich.

Was die Angriffe des Dr. Schwartz als kaum noch ernsthaft erscheinen läßt, ist der Umstand, daß er in den weitaus meisten Fällen sich nicht den v. Rönne'schen, sondern meinen Ansichten angeschlossen hat und daß dies auch gerade bei der von ihm besonders hervorgehobenen Frage des finanziellen Gnadenrechts des Monarchen geschehen ist. Wenn ich auch weiter nichts erreicht hätte, als die communis opinio von den v. Rönne'schen Ansichten so vielfach abzubringen, so bin ich schon hiermit zufrieden.

Nunmehr übergebe ich diese Arbeit der Oeffentlichkeit und der Kritik mit dem Wunsche, daß sie ebenso fleißig wie meine früheren benutzt werden möge und zugleich mit der Versicherung, daß ich mich noch nie um eine Ehrung oder Beförderung bemüht habe und als Polarstern eines selbstständigen Mannes nur den Satz anerkenne: „vitam impendere vero“.

Halle im August 1900.

Inhalt.

(Die in den Text oder die Anmerkungen vollständig oder unvollständig eingeflochtenen Gesetze und Verordnungen sind hier nicht aufgeführt.)

Abkürzungen.

AbgH. = Abgeordnetenhaus.
Abs. = Absatz.
AE. = Allerhöchster Erlaß.
ALR. = Allgemeines Landrecht für die Preußischen Staaten.
Anl. = Anlage.
Anm. = Anmerkung.
B. = Bekanntmachung.
betr. = betreffend.
BGBl. = Bundesgesetzblatt.
CPO. = Civilprozeßordnung.
CR. oder Cirk.-Reskr. = Cirkular-Reskript.
d. h. oder d. i. = das heißt oder das ist.
E. oder Entsch. = Entscheidungen des bezüglichen Gerichts.
E. oder Erk. = Erkenntniß.
EG. = Einführungsgesetz.
G. oder Ges. = Gesetz.
GA. = Goltdammer's Archiv.
GewO. = Gewerbeordnung.
GS. = preußische Gesetzsammlung.
GVG. = Gerichtsverfassungsgesetz.
HerrH. = Herrenhaus.
HGB. = Handelsgesetzbuch.
JMBl. Justizministerialblatt.
Instr. = Instruktion.
JV. = Verfügung des Justizministers.

KG. = Kammergericht.
KO. oder KabO. = Kabinetsordre.
KommBer. = Kommissions-Bericht.
M. oder Mot. = Motive.
Min. = Minister.
MV. = Ministerial-Verfügung.
Nr. = Nummer.
OR. = Oppenhoff, Rechtsprechung des Ober-Tribunals.
OVG. = Oberverwaltungsgericht.
R. = Rechtsprechung des Reichsgerichts in Strafsachen.
RB. = Rekursbescheid.
RCBl. = Centralblatt für das Deutsche Reich.
Regl. = Reglement.
RG. = Reichsgericht.
RGBl. = Reichsgesetzblatt.
RMilG. = Reichsmilitärgesetz.
RMilStrGB. = Reichsmilitärstrafgesetzbuch.
ROHG. = Reichs-Oberhandelsgericht.
StrGB. = Strafgesetzbuch.
StrPO. = Strafprozeßordnung.
V. = Verordnung.
Verf. = Verfügung.
vgl. = vergleiche.
VMBl. = Ministerialblatt für die gesammte innere Verwaltung.
z. B. = zum Beispiel.

I. Einleitung.

v. Rönne, die Verfassungs-Urkunde für den Preußischen Staat u. s. w., Berlin 1850; v. Rönne, Preuß. Staatsr. 4. Aufl. I §§ 4 ff., in 5. Aufl. neubearbeitet von Ph. Zorn; H. Schulze, das Preuß. Staatsr. Bd. I § 32 a. a. O.; Arndt, Verordnungsrecht des deutschen Reichs auf der Grundlage des Preußischen und unter Berücksichtigung des fremden Verordnungsrechts systematisch dargestellt, Berlin 1884 S. 61 ff.; v. Stengel, das Staatsrecht des Königreichs Preußen, Marquardsen's Handbuch; Schwartz, die Verfassungsurkunde für den Preußischen Staat u. s. w., Breslau 1896; Bornhak, Preußisches Staatsrecht, 3 Bände.

Bis zum Jahre 1848 bildete Preußen eine ständische Monarchie. Die Stände, welche nur die eigenen, im Wesentlichen die Rechte des grundbesitzenden Adels, nicht das ganze Volk vertraten, hatten seit dem achtzehnten Jahrhundert keine beschließende Stimme mehr. Bereits der große Kurfürst hatte begonnen, die verschiedenen Staaten, aus welchen sich der brandenburgisch-preußische Staat zusammensetzte, zu einem einheitlichen Staatsganzen zusammenzufassen und die ständischen Rechte zu beseitigen. König Friedrich Wilhelm I. erklärte 1717: „daß die Junckers ihre Autorität wird ruinirt werden. Ich aber stabiliere die Souveraineté wie einen Rocher von Bronce." In der Instruktion an das General-Direktorium vom 20. Dezember 1722 heißt es: „Wir sind doch Herr und König und können thun, was Wir wollen." Die Privilegien der Stände bezeichnete der König 1727 als „alte und längst vergessene Dinge".[1] Soweit sie nicht in Wegfall oder sogar in Vergessenheit gerathen waren, wurden sie noch zur Erbhuldigung des jedesmaligen Landesherrn berufen. Alles, was sich auf den Willen des Königs zurückführte, war geltendes Recht. „Alle Rechte und Pflichten des Staats gegen seine Bürger und Schutzverwandten vereinigen sich in dem Oberhaupte desselben" (ALR. Thl. II Tit. 13 § 1). „Die vorzüglichste Pflicht des Oberhauptes im Staat ist, sowohl die äußere als innere Ruhe und Sicherheit zu erhalten, und einen Jeden bei dem Seinigen gegen Gewalt und Störungen zu schützen" (§ 2). „Ihm kommt es zu, für Anstalten zu sorgen, wodurch den Einwohnern Mittel und Gelegenheit verschafft werden, ihre Fähigkeiten und Kräfte auszubilden, und die-

[1] Vgl. auch v. Lancizolle, Königthum und Landstände in Preußen S. 12 ff.

selben zur Beförderung ihres Wohlstandes anzuwenden" (§ 3). „Dem Oberhaupt im Staat gebühren daher alle Vorzüge und Rechte, welche zur Erreichung dieser Endzwecke erforderlich sind" (§ 4). „Die Vertheidigung des Staats gegen auswärtige Feinde anzuordnen; Kriege zu führen; Frieden zu schließen; Bündnisse und Verträge mit fremden Staaten zu errichten..." (§ 5). „... Gesetze[1] und allgemeine Polizeiverordnungen[2] zu

---

[1] Gesetz im Sinne des absoluten Staates ist nicht jede Rechtsnorm, sondern nur die vom Könige erlassene. Dies ergiebt sich aus Anm. 2 und war im vorkonstitutionellen Staatsrecht unbestritten, s. H. Simon, das Preußische Staatsrecht, Breslau 1844 IV; s. auch Erk. des OTr. v. 21./12. 54 in Striethorst's Archiv XII S. 101 und des RG. v. 24./1. 85, Entsch. in Civils. XIII 215. Die Rechtsnormen enthaltenden Polizeiverordnungen der Minister und Regierungen sollen nichts den „Gesetzen" Widersprechendes enthalten. Nach den Zollverträgen wurden nur die leitenden Grundsätze in die „Gesetze" aufgenommen; die Einzelheiten und näheren Ausführungsverordnungen — welche gleichfalls Rechtsnormen enthielten — wurden als Verwaltungsvorschriften bezeichnet. In der KabO. vom 4. Juli 1832, betreffend die Befugniß der Minister zum Erlasse solcher Verfügungen, welche das „Gesetz" nicht ändern oder nicht eine gesetzliche Deklaration enthalten (GS. 181), ist die Befugniß der Minister, Rechtsnormen intra leges aufzustellen, ausdrücklich anerkannt. Nur die „Gesetze", nicht die Rechtsnormen, welche Minister, Regierungen u. s. w. aufstellten, sollten dem Staatsrath zur Begutachtung vorgelegt werden, V. v. 20. März 1817 (GS. 97) § II 2 und 28; s. auch Koch, Lehrb. des Preuß. gemeinen Privatrechts I S. 95, Hiersemenzel, Vergleichende Uebersicht des heutigen Röm. und Preuß. Privatrechts S. 29; endlich unten zu Art. 62.

[2] Ob im Gegensatz zu den Allgemeinen Polizeiverordnungen die „besonderen Polizeigesetze" oder Polizeiverordnungen der einzelnen „Orte" oder „Distrikte" (ALR. I Tit. 8 § 82, Tit. 9, I § 825, Thl. II Tit 8 § 424, Tit. 20 § 1540) oder die auf den

geben, dieselben wieder aufzuheben, und Erklärungen darüber mit gesetzlicher Kraft zu ertheilen..." (§ 6). „Privilegia als Ausnahmen von dergleichen Gesetzen zu bewilligen, Standeserhöhungen, Staatsämter und Würden zu verleihen..." (§ 7). „... Verbrechen zu verzeihen; Untersuchungen niederzuschlagen; Verbrecher ganz oder zum Theil zu begnadigen..." (§ 9). „... Münzen, Maaß und Gewicht zu bestimmen..." (§ 72). „Alle im Staat vorhandenen und entstehenden ... öffent-

---

Einzelfall bezüglichen Verfügungen bilden, ist streitig. Ersteres nehmen an: Gneist in v. Holtzendorffs Rechtslexikon, Roedenbeck, das Polizeiverordnungsrecht S. 10 Anm. 13, Letzteres Rosin, Polizeiverordnungsrecht 2. Aufl. S. 38, Bornhak Bd. 3 S. 153 Anm. 3. Erstere Ansicht ist die richtige, was daraus erhellt, daß auch die Stadtgemeinden nach § 115 Thl. II Tit. 8 ALR. Statuten errichten konnten (und thatsächlich errichteten), „welche die innere Einrichtung und Polizei der Gemeine, oder gewisse Klassen derselben betreffen" und also Lokalpolizeiverordnungen waren. Allerdings bedurften diese der Bestätigung, in minder wichtigen Fällen der Kriegs- und Domänenkammern, in wichtigeren des Königs. „Bestätigen" ist aber nicht „Erlassen". Nach der Verordnung wegen verbesserter Einrichtung der Provinzial-Polizei- und Finanzbehörden vom 26. Dez. 1808 (GS. 1806–1810 S. 469) durften die Regierungen mit ministerieller Genehmigung für ihren Bezirk oder Theile desselben Polizeiverordnungen erlassen, darin keine härtere Strafe, als in den „Gesetzen" festgesetzt ist, anzudrohen. Die gleiche Vorschrift findet sich in den Geschäfts-Instruktionen für die Regierungen vom 26. Dezember 1808 und vom 23. Oktober 1817 (GS. 248). In letzteren ist ihnen ferner die Befugniß verliehen, Strafnormen für solche Verbote zu erlassen, die zwar an sich schon durch das „Gesetz" feststehen, für die aber die Strafe nicht ausdrücklich (im Gesetz) bestimmt ist; ferner Rheinisches Ressortreglement vom 20. Juni 1818 bei Oppenhoff, Ressortgesetze S. 214 § 32 u. § 108 Abs. 3 der Rheinischen Gemeindeordnung v. 23./7. 1845 (GS. 523); s. Oppenhoff l. c. S. 215.

lichen Anstalten sind der Aufsicht des Landesherrn ... unterworfen" (§ 13). „... die Personen, ihre Gewerbe, Producte oder Consumtion mit Abgaben zu belegen ..." (§ 15).

In einer wesentlichen Hinsicht hatten sich Preußens Könige selbst beschränkt, — dahin, daß „in den Gerichtshöfen die Gesetze sprechen und der Souverain schweigen muß", und daß in bürgerlichen Rechtsstreitigkeiten auch der Monarch Recht vor den ordentlichen Gerichten geben und nehmen muß.[1] Die Trennung der richterlichen Gewalt, die ein wesentliches Resultat der konstitutionellen Theorie darstellt — war schon im absoluten Staate Preußen durchgeführt. Durch die Verordnung vom 20. März 1817, betreffend die Einrichtung des Staatsraths, ward bestimmt, daß alle Gesetze, d. h. nur die vom Könige zu erlassenden Rechtsnormen, durch die Prüfung des Staatsraths an den König zur Sanktion gelangen sollten; jedes Gesetz sollte vom Präsidenten des Staatsraths kontrasignirt und vom Staatssekretär beglaubigt werden. Es wurden jedoch viele Gesetze gegeben, die nicht durch die Prüfung des Staatsraths gegangen waren. Das einzig wesentliche Erforderniß ist die königliche Sanktion.[2]

Nach dem Frieden von Tilsit i. J. 1807

---

[1] E. Loening, Verwaltungsarchiv II S. 258.
[2] Koch, Preuß. Privatrecht I S. 95 ff.

wurden, hauptsächlich um den gefährdeten Staatskredit wieder herzustellen, die Stände, wo sie sich erhalten hatten (Ostpreußen), oder neu geschaffene Repräsentanten derselben (Schlesien) zur Berathung der Staatsangelegenheiten durch die KO's. v. 27. Febr. und 17. Dez. 1808 herangezogen. Die Verordnung wegen verbesserter Einrichtung der Provinzial-, Polizei- und Finanzbehörden v. 26. Dez. 1808 (GS. 1806/10 S. 464) schrieb vor (§§ 18 bis 20), daß bei jeder (Bezirks-)Regierung landständische Repräsentanten mit vollem Stimmrecht an den Geschäften theilnehmen sollten. Diese Vorschrift wurde indeß durch die Verordnung wegen verbesserter Einrichtung der Provinzialbehörden v. 30. April 1815 (GS. 85) nicht wiederholt und beseitigt.

Eine Nationalrepräsentation wurde zuerst in dem Edikte Friedrich Wilhelms III. über die Finanzen des Staates und die neuen Einrichtungen wegen der Abgaben v. 27. Okt. 1810 (GS. 31) verheißen, indem der König zu Schlusse desselben erklärte: Wir behalten Uns vor, „der Nation eine zweckmäßig eingerichtete Repräsentation, sowohl in den Provinzen als für das Ganze zu geben, deren Rath Wir gern benutzen und in der Wir — Unsern getreuen Unterthanen die Ueberzeugung fortwährend geben werden, daß der Zustand des Staats und der Finanzen sich bessere und daß die Opfer, welche zu dem Ende gebracht werden, nicht vergeblich sind." Eine ähnliche Verheißung erfolgte in dem Edikte über die Finanzen des Staats und das Abgabensystem v. 7. Sept. 1811 (GS. 262) § 14. Eine interimistische Repräsentation war bereits im Febr. 1811 zu Berlin versammelt worden.

In der Verordnung, betreffend die zu bildende Repräsentation des Volks, v. 22. Mai 1815 (GS. 103) bestimmte, „um der Preußischen Nation ein Pfand Unseres Vertrauens zu geben und damit der Nachkommenschaft die Grundsätze, nach welchen unsere Vorfahren und Wir selbst die Regierung Unsers Reichs — geführt haben, treu überliefert und vermittelst einer schriftlichen Urkunde als Verfassung des Preußischen Reichs dauerhaft bewahrt werden", der König:

§ 1. „Es soll eine Repräsentation des Volks gebildet werden.

§ 2. Zu diesem Zwecke sind:

a) die Provinzialstände da, wo sie mit mehr oder minder Wirksamkeit noch vorhanden sind, herzustellen, und dem Bedürfnisse der Zeit gemäß einzurichten;

b) wo gegenwärtig keine Provinzialstände vorhanden sind, sie anzuordnen.

§ 3. Aus den Provinzialständen wird die Versammlung der Landes-Repräsentanten gewählt, die in Berlin ihren Sitz haben soll.

§ 4. Die Wirksamkeit der Landes-Repräsentanten erstreckt sich auf die Berathung über alle Gegenstände der Gesetzgebung, welche die persönlichen und Eigenthumsrechte der Staatsbürger, mit Einschluß der Besteuerung, betreffen."

Eine beschließende und entscheidende Mitwirkung der Volksvertretung ist hiernach nicht versprochen worden. Solches geschah erst in (und innerhalb der Grenzen) der Verordnung wegen der künftigen Behandlung des gesammten Staatsschuldenwesens v. 17. Jan. 1820 (GS. 9). In § II derselben heißt es nämlich: „Sollte der Staat künftighin zu seiner Erhaltung oder zur Förderung des allgemeinen Besten in die Nothwendigkeit kommen, zur Aufnahme eines neuen Darlehns zu schreiten, so kann solches nur mit Zuziehung und unter Mitgarantie der künftigen reichsständischen Versammlung geschehen." So weit — nicht weiter — war also den Ständen ein votum decisivum verheißen worden. Noch weniger erfolgte ein solche Verheißung durch die Gesetze des Deutschen Bundes:

Art. 13 der deutschen Bundesakte v. 8. Juni 1815 bestimmte hierüber nur: „In allen Bundesstaaten wird eine landständische Verfassung Statt finden."[1] In Ansehung dieser Bestimmung verordnete die in Preußen als Landesgesetz publi-

[1] Preuß. GS. 1818 Anh. S. 143 ff.

zirte Wiener Schlußakte v. 15. Mai 1820 (GS. 1820 S. 113) Art. 55: „Den souveränen Fürsten der Bundesstaaten bleibt überlassen, diese innere Landes-Angelegenheit, mit Berücksichtigung sowohl der früherhin gesetzlich bestandenen ständischen Rechte, als der gegenwärtig obwaltenden Verhältnisse zu ordnen." Art. 57: „Da der deutsche Bund, mit Ausnahme der freien Städte, aus souveränen Fürsten besteht, so muß, dem hierdurch gegebenen Grundbegriffe zufolge, die gesammte Staatsgewalt in dem Oberhaupte des Staats vereinigt bleiben, und der Souverän kann durch eine landständische Verfassung nur in der Ausübung bestimmter Rechte an die Mitwirkung der Stände gebunden werden."

Art. 58. „Die im Bunde vereinten souveränen Fürsten dürfen durch keine landständische Verfassung in der Erfüllung ihrer bundesmäßigen Verpflichtungen gehindert oder beschränkt werden."

Die verheißene Nationalrepräsentation kam in Preußen nicht zu Stande. Das allgemeine Gesetz wegen Anordnung der Provinzialstände v. 5. Juni 1823 (GS. 129), durch welches Ges. die Verheißung der V. v. 22. Mai 1815 völlig erledigt war, ordnete die Errichtung von Provinzialständen „im Geiste der älteren deutschen Verfassung" an, erklärte das Grundeigenthum zur Bedingung der Standschaft und die Provinzialstände für das gesetzmäßige Organ der verschiedenen

Stände der Unterthanen in jeder Provinz und bestimmte deren Wirkungskreis, wie folgt:

1. Den Provinzialständen sollen die Gesetzentwürfe zur Berathung vorgelegt werden, welche allein die Provinz angehen.
2. Solange keine allgemeinen ständischen Versammlungen stattfinden, sollen ihnen auch die Entwürfe solcher allgemeinen Gesetze, welche Veränderungen in Personen- und Eigenthumsrechten und in den Steuern zum Gegenstande haben, soweit sie die Provinz betreffen, zur Berathung vorgelegt werden.
3. Den Provinzialständen soll das Recht zustehen, Bitten und Beschwerden, welche auf das spezielle Wohl und Interesse der ganzen Provinz oder eines Theiles derselben Bezug haben, an den König gelangen zu lassen.
4. Ihren Beschlüssen, unter Vorbehalt Königlicher Genehmigung und Aufsicht, sollen die Kommunalangelegenheiten der Provinz überlassen werden.

Am Schlusse des Gesetzes wurde gesagt: „Wann eine Zusammenberufung der allgemeinen Landstände erforderlich sein wird, und wie sie dann aus den Provinzialständen hervorgehen sollen, darüber bleiben die weiteren Bestimmungen vorbehalten."

Die Provinzialstände — nicht die allgemeinen Landstände — wurden durch drei Gesetze v. 1. Juli 1823 (GS. 130) und fünf Gesetze v. 27. März 1824 (GS. 62 ff.) alsbald ins Leben gerufen.

Am 21. Juni 1842 ergingen für jede der damaligen acht Provinzen Verordnungen über die Bildung von Ausschüssen der Stände (GS. 1842 S. 215, 218, 221, 224, 227, 230, 233, 235). Diese Ausschüsse sollten als ständische Organe, wenn die Provinziallandtage nicht versammelt waren, gutachtlich gehört werden. Demgemäß wurden die vereinigten Ausschüsse durch KabO. v. 19. Aug. 1842 (VMBl. 300) auf den 18. Oktober 1842 zusammenberufen und haben über den bewilligten Neuerlaß, über eine umfassende Eisenbahnverbindung unter Beihülfe von Staatsmitteln und über das Gesetz wegen Benutzung der Privatflüsse berathen.

Hauptsächlich der Umstand, daß nach der Verordnung v. 17. Jan. 1820 (GS. 9) Staatsanleihen „nur mit Zuziehung und unter Mitgarantie der reichsständischen Versammlung" aufgenommen werden sollten, veranlaßte — um eine Anleihe für Erbauung der Ostbahn abzuschließen — das Patent, die ständischen Einrichtungen betreffend, v. 3. Febr. 1847 (GS. 33). Dasselbe verordnete:

1. „So oft die Bedürfnisse des Staates entweder neue Anleihen, oder die Einführung neuer, oder eine Erhöhung der bestehenden

Steuern erfordern möchten, werden Wir die Provinzialstände der Monarchie zu einem Vereinigten Landtage um Uns versammeln, um für Erstere die durch die Verordnung über das Staatsschuldenwesen vorgesehene ständische Mitwirkung in Anspruch zu nehmen und zu Letzterer Uns ihrer Zustimmung zu versichern."

2. „Den Vereinigten ständischen Ausschuß werden Wir fortan periodisch zusammenberufen."

3. „Dem Vereinigten Landtage und in dessen Vertretung dem Vereinigten ständischen Ausschusse übertragen Wir:
   a) in Bezug auf den ständischen Beirath bei der Gesetzgebung diejenige Mitwirkung, welche den Provinzialständen durch das Gesetz v. 5. Juni 1823 § III Nr. 2, so lange keine allgemeine ständische Versammlungen Statt finden, beigelegt war;
   b) die durch das Gesetz v. 17. Jan. 1820 vorgesehene ständische Mitwirkung bei der Verzinsung und Tilgung der Staatsschulden, soweit solche nicht der ständischen Deputation für das Staatsschuldenwesen übertragen wird;
   c) das Petitionsrecht über innere, nicht bloß provinzielle Angelegenheiten."

Der Vereinigte Landtag bestand nach einer Verordnung v. 3. Febr. 1847 (GS. 34) aus der Vereinigung der acht Provinziallandtage zu Einer Versammlung. Er war in zwei Kurien eingetheilt: die Herrenkurie (Stand der Fürsten, Grafen und Herren mit 80 Stimmen) und die Kurie der drei Stände (Abgeordnete der Ritterschaft mit 231, der Städte mit 182 und der Landgemeinden mit 124 Stimmen). Beide Kurien beriethen und beschlossen theils abgesondert, theils in vereinigter Sitzung als Vereinigter Landtag.

Der Vereinigte Landtag trat am 11. April 1847 in Berlin zusammen, erbat in einer Adresse am 20. April eine Vermehrung seiner Rechte, namentlich die (im Patente nur seinem Ausschusse zugesicherte) Periodizität, erhielt hierauf am 22. April einen abschläglichen Bescheid, nämlich dahin, daß die Gesetzgebung vom 3. Februar 1847 in ihren Grundlagen unantastbar, aber nicht als abgeschlossen zu betrachten, sondern bildungsfähig sei, lehnte die Anleihe für die Ostbahn ab und wurde am 26. Juni geschlossen.

Dem am 17. Jan. 1848 zur Berathung des Strafgesetzbuchs nach Berlin wieder einberufenen Vereinigten Landtage wurde in der Schlußsitzung des Ausschusses durch Königl. Botschaft v. 6. März die Periodizität gewährt.

Am 18. März 1848 erging die Königl. Proklamation, betreffend die künftige Staatsverfassung (VMBl. 81). In derselben wird das Verlangen gestellt, daß Deutschland aus einem Staatenbund in einen Bundesstaat verwandelt werde, und in dieser Beziehung bemerkt: „Wir erkennen an, daß dies eine Reorganisation der Bundesverfassung voraussetzt, welche nur im Verein der Fürsten mit dem Volke ausgeführt werden kann. — Wir erkennen an, daß eine solche Bundesrepräsentation eine konstitutionelle Verfassung aller deutschen Länder nothwendig erheische."

Die Proklamation hinderte den Ausbruch der Revolution noch am nämlichen Tage nicht. Diese endete trotz des Sieges der Truppen durch deren Zurückziehung aus Berlin kraft Königlichen Befehls. Der Aufruf König Friedrich Wilhelms IV. v. 21. März an das (Preußische) Volk und die Deutsche Nation (VMBl. 82) bezeichnete „die Einführung wahrer konstitutioneller Verfassungen, mit Verantwortlichkeit der Minister in allen Einzelstaaten, gleiche politische und bürgerliche Rechte für alle religiöse Glaubensbekenntnisse und eine wahrhaft volksthümliche, freisinnige Verwaltung" als die einzigen Mittel, welche im Stande sind, „die sichere und innere Freiheit Deutschlands zu bewirken und zu befestigen".

Mit der (zwar politisch zur Wahrung der Rechtskontinuität, aber nicht staatsrechtlich bedeutsamen) Zustimmung des Vereinigten Landtages erging die Verordnung über einige Grundlagen der künftigen Verfassung v. 6. April 1848 (GS. 87) und das Wahlgesetz v. 8. April 1848 (GS. 89). Erstere bestimmte in § 6: „Den künftigen Vertretern des Volks soll jedenfalls die Zustimmung zu allen Gesetzen, sowie zur Festsetzung des Staatshaushalts-Etats und das Steuerbewilligungsrecht zustehen." Die staatsrechtliche Bedeutung dieses Gesetzes ist die einer bloßen Verheißung. Solange die versprochene Konstitution nicht zu Stande kam, blieb der König unumschränkter Gesetzgeber, welcher als solcher rechtlich nicht verhindert war, die Verordnung v. 6. April 1848 beliebig wieder aufzuheben. Auch durch das Wahlgesetz v. 8. April 1848 begab sich der König seiner Machtfülle nicht. Es heißt in demselben (§ 13):

> „Die auf Grund des gegenwärtigen Gesetzes zusammentretende Versammlung ist dazu berufen:
>
> a) die künftige Staatsverfassung durch Vereinbarung mit der Krone festzustellen und
>
> b) die seitherigen reichsständischen Befugnisse namentlich in Bezug auf die Bewilligung von Steuern und Staatsanleihen für die Dauer ihrer Versammlung interimistisch auszuüben."

Eine Verpflichtung, sich über die Veräußerung von Befugnissen zu „vereinbaren", mag politisch wichtig und werthvoll sein, rechtlich ist sie werthlos. Die Erfüllung einer solchen Verpflichtung liegt im freien Willen des Verpflichteten, weil dieser nicht gezwungen ist, eine Uebereinstimmung mit dem anderen Kontrahenten herbeizuführen. Rechtlich wäre die Verpflichtung gesichert, wenn etwa der König die Beschlüsse der Versammlung hätte acceptiren müssen — wenn diese also statt zur Vereinbarung zur Konstituirung einer Verfassung ermächtigt worden wäre —, oder wenn etwa ein Dritter den mangelnden Konsens des Königs zu den Beschlüssen der Versammlung hätte ergänzen dürfen. Ohne die Zustimmung des Königs konnte die auf Grund des Wahlgesetzes berufene Nationalversammlung keine Verfassung vereinbaren; bis zu einer solchen Vereinbarung aber blieb der König unumschränkter Gesetzgeber und konnte daher, ohne daß er rechtlich hieran gehindert war, beliebig das Wahlgesetz wieder aufheben und die Nationalversammlung vertagen, verlegen und auflösen.[1] Anders waren die Ansichten des größten Theils der Nationalversammlung. Diese gemäß dem Wahlgesetz v. 8. April 1848 auf

[1] In Ansehung des verfassungsberathenden Norddeutschen Reichstages ist von keiner Seite auch nur in Zweifel gezogen, daß die verbündeten Regierungen den Reichstag vertagen, verlegen und auflösen könnten, und daß dieser nicht einseitig eine Verfassung festsetzen dürfte.

Grund allgemeinen, gleichen und geheimen Stimmrechts mittelbar (durch Wahlmänner) gewählte Versammlung, welche am 22. Mai 1848 in Berlin zusammenberufen wurde, zählte bei 402 Mitgliedern vier Parteien. Die Linke (Waldeck) erklärte in ihrem Rechenschaftsbericht v. 25. Juni 1848 das Prinzip der Volkssouveränität mit allen seinen Konsequenzen als maßgebend und legte demgemäß der Nationalversammlung, als der Vertretung des souveränen Volks, das alleinige Recht der Feststellung der Verfassung bei. Das Programm des linken Centrums (Rodbertus) v. 27. Mai forderte die konstitutionelle Monarchie mit demokratischer Grundlage und nur ein aufschiebendes Veto für die Krone; dasjenige des rechten Centrums (von Unruh) v. 3. Juni erkannte zwar das Wahlgesetz v. 8. April, wonach die Verfassung nur durch Vereinbarung mit der Krone zu Stande gebracht werden sollte, als maßgebend an, stellte aber zugleich den Satz auf, daß die Krone nicht das Recht habe, die Nationalversammlung aufzulösen, und daß der ersteren nur ein aufschiebendes Veto einzuräumen sei; dasjenige endlich der Rechten (Milde, Grabow, P. Reichensperger) betonte die Nothwendigkeit der erblichen konstitutionellen Monarchie, erklärte das Wahlgesetz v. 8. April als den Rechtsboden der Nationalversammlung und forderte die gemeinschaftliche Ausübung der Souveränitätsrechte durch König und Volk.[1] Die drei erstgenannten Parteien verfügten über die Mehrheit, und unter ihnen erhielt unter dem Drucke aufrührerischer Volksmassen und der Fahnenflucht vieler Mitglieder der Rechten allmählich die Linke die Führung.

Mit der Königl. Botschaft v. 20. Mai 1848 wurde der Entwurf eines Verfassungsgesetzes ohne Motive der Nationalversammlung zur Erklärung vorgelegt. (Verhandlungen der Nationalversammlung I S. 1 ff.) Die Versammlung übertrug am 15. Juni einer Kommission von 24 Mitgliedern „die Umarbeitung des Regierungsentwurfs oder die Ausarbeitung eines neuen Entwurfs". Die Kommission, deren Vorsitzender der Ober-Tribunalsrath Waldeck war, überreichte am 26. Juli einen von ihr ausgearbeiteten Entwurf der Verfassungsurkunde nebst Motiven. (Protokolle der Kommission, herausgegeben von Rauer, Berlin 1849, Verhandlungen der Nationalversammlung I S. 630 f., 729 ff.) Das Plenum berieth und

[1] Prinz Wilhelm (nachmals Kaiser Wilhelm I.), für den Wahlkreis Wirsitz gewählt, erschien am 8. Juni in der Nationalversammlung und erklärte: „Die Blicke der Welt sind auf unsere Versammlung gerichtet, da durch sie eine Vereinbarung mit unserem Könige herbeigeführt werden soll, welche für lange Zeit die Schicksale des Preußischen Volks und seiner Könige feststellen soll. — Die konstitutionelle Monarchie ist die Regierungsform, welche unser König zu gehen uns vorgezeichnet hat. Ich werde ihr mit der Treue und Gewissenhaftigkeit meine Kräfte weihen, wie das Vaterland sie von Meinem ihm offen vorliegenden Charakter erwarten kann."

beschloß in der Zeit v. 12. bis 23. Okt. nur über den Eingang und die vier ersten Artikel des Kommissionsentwurfs. Am 9. Nov. wurde die Versammlung mit Bezug auf die Bedrohungen und Einschüchterungen von Seiten aufrührerischer Volkshaufen durch Königl. Botschaft v. 8. Nov. (Ministerium Graf Brandenburg, Manteuffel) (BMBl. 1848 S. 308) nach Brandenburg verlegt und bis zum 22. Nov. vertagt. Die Mehrheit beschloß nach Reden der früheren Minister Gierke und Bornemann mit 252 Stimmen, der Botschaft nicht Folge zu leisten, der Krone das Recht zur Vertagung, Verlegung und Auflösung bestreitend. Am 10. Nov. rückten die in der Nacht zum 19. März nach siegreichem Kampfe aus Berlin abgezogenen Truppen dort ohne Schwertstreich unter Wrangel ein, worauf die Bürgerwehr widerstandslos aufgelöst und entwaffnet, der Belagerungszustand über Berlin verhängt und das Forttagen der Nationalversammlung mit Gewalt verhindert wurde, nachdem diese am 15. Nov. noch beschlossen hatte: „Das Ministerium Brandenburg ist nicht berechtigt, über die Staatsgelder zu verfügen und die Steuern zu erheben." — Durch Königl. Verordnung vom 5. Dez. 1848 (GS. 371)[1] erfolgte die Auflösung der

[1] Der in der GS. 1848 S. 371 abgedruckte Bericht des Staatsministeriums an die Krone giebt als Grund der Auflösung an, „daß die Mehrzahl der Abgeordneten, ungeachtet der Vertagung

Nationalversammlung. Am gleichen Tage verlieh der König die in der Gesetzsammlung als Gesetz veröffentlichte Verfassungsurkunde v. 5. Dez. 1848. Dieselbe heißt gewöhnlich die „oktroyirte", — weil sie nicht mit der Nationalversammlung vereinbart war —; sie ist aber nicht mehr und nicht weniger oktroyirt als alle anderen Gesetze, welche bis an jenen Tag in Preußen erlassen wurden. Aeußerlich schloß sich diese Verfassung an die Arbeiten der Kommission der Nationalversammlung an; sie enthielt wenige, aber sehr bedeutende Abweichungen von dem Entwurf dieser Kommission.

Die Rechtsgültigkeit der Verfassungsurkunde v. 5. Dez. 1848 ist vielfach bestritten worden (z. B. von den Abgeordneten der II. Kammer von Berg, Jacoby, Waldeck, von Unruh, Schneider [Schönebeck] am 19. und 20. März

und Verlegung der Versammlung, ihre Berathungen eigenmächtig in Berlin festgesetzt und sich angemaßt habe, als eine souveräne Gewalt über Rechte der Krone zu entscheiden, insbesondere die Steuerweigerung zu proklamiren und hierdurch die Brandfackel der Anarchie in das Land zu schleudern — daß hiernächst die Versammlung in Brandenburg nicht in beschlußfähiger Anzahl zusammengekommen sei, und daß die von der der Verlegung sich widersetzenden Partei späterhin dort eingetretenen Mitglieder dadurch, daß sie sich nach kurzer Frist wieder entfernt, die Versammlung abermals wieder beschlußunfähig gemacht —, daß somit die Majorität der Versammlung sich in offener Auflehnung gegen die Königl. Anordnungen befinde und auf einem Standpunkte verharre, der die Möglichkeit einer Vereinbarung mit der Krone ausschließe — —".

1849).[1] Das aus dem Wahlgesetz v. April 1848 für die Rechtsungültigkeit hergenommene Argument ist bereits widerlegt worden; das andere, viel stärker betonte, daß es „die natürliche Berechtigung jedes Volkes sei, bei allen Gesetzen mit entscheidender Stimme mitzuwirken",[2] entbehrt jeder rechtlichen Grundlage. Am 6. Dez. 1848 erließ der König zwei Wahlgesetze (GS. S. 395 und 499); dasjenige für die zweite Kammer entspricht im Wesentlichen dem vom 8. April (gleiches, allgemeines, geheimes, mittelbares Wahlrecht für alle selbstständigen Preußen); das für die erste Kammer berief zu Wahlen alle Preußen, die über 30 Jahr alt waren und wenigstens 8 Thlr. Klassensteuer im

---

[1] Vgl. Verhandlungen der (aufgelösten) zweiten Kammer 1849 S. 152, 153, 155, 176, 182.

[2] Der Abgeordnete von Bismarck-Schönhausen bemerkte am 22. März 1849 (Verhdl. der II. Kammer S. 233) den Oppositionsrednern gegenüber, sie thäten so, „als ob das ganze Staatsrecht auf der Barrikade beruhe". Viele gingen damals von der Auffassung aus, als ob naturrechtlich der Volkswille die alleinige Rechtsquelle, die Nation und bezw. ihre Vertretung der einzige und wahre Souverän seien. Dies war, bestimmter und unbestimmter ausgesprochen, die Ansicht der Mehrheit der Nationalversammlung und der politischen Tagesschriftsteller (z. B. Rodbertus). Die Nationalversammlung hatte demgemäß am 12. Okt. 1848 mit 217 gegen 143 die Worte „von Gottes Gnaden" in der Einleitungsformel zur VerfUrk. gestrichen, nachdem Schulze-Delitzsch erklärt hatte: „Man pflegt, wenn ein Handlungshaus bankerott geworden ist, die Firma nicht in das neue Geschäft herüber zu nehmen. Nun glaube ich, daß in der Geschichte der Absolutismus mit der alten Firma „von Gottes Gnaden" vollständig bankerott gemacht habe. Ich rathe daher, wir nehmen die alte bankerotte Firma nicht mit in das neue Geschäft hinüber."

Jahre zahlten oder Grundbesitz im Werthe von 5000 Thlr. oder ein jährliches Reineinkommen von 500 Thlr. nachwiesen. Beide Kammern (die zweite allerdings mit geringer Mehrheit) haben die Verfassung v. 5. Dez. 1848 „als das nunmehr gültige Grundgesetz des Preußischen Staates" ausdrücklich anerkannt.[1] Dieses Anerkenntniß, auf welches von den Staatsrechtslehrern großer Werth gelegt wird, mag für das Ansehen der Verfassung werthvoll gewesen sein; vom Rechtsstandpunkte ist es dagegen ohne jede Bedeutung, daß die Kammern, welche erst auf Grund der vom Könige verliehenen Verfassung und der zu dieser Verfassung ergangenen Gesetze v. 6. Dez. 1848 (GS. 395) erwählt waren, welche also in dieser Verfassung erst die rechtliche Grundlage ihrer Existenz fanden, dieselbe als gültig anerkannten.

Durch die Verfassungsurkunde v. 5. Dez. 1848 ist Preußen in die Reihe der konstitutionellen Staaten eingetreten. Jedes andere bis dahin erlassene Gesetz konnte der König einseitig und beliebig widerrufen; durch die Verfassungsurkunde band der König kraft eigener Prärogative seinen so lange unumschränkten Willen für alle Zukunft dahin, daß er fortan nur noch nach Maßgabe dieser Verfassung Gesetze geben und zurücknehmen durfte.

---

[1] VMBl. 1849 S. 35, 36.

Soweit die Verfassung eine Beschränkung der Königlichen Macht nicht enthielt, war der König im Vollbesitze seiner Macht verblieben. Mag die Verfassung politisch eine Nothwendigkeit gewesen sein, rechtlich ist sie ein Akt der freien Gnade gewesen; denn es gab keine Rechtsnorm, welche den König zwang oder zwingen konnte, überhaupt eine Verfassung zu geben, d. h. auf die Ausübung eines Theils seiner Königlichen Befugnisse zu verzichten.

Tritt man von diesen Gesichtspunkten in die Prüfung der staatsrechtlichen Bedeutung der Verfassung ein, so ergiebt schon die Einleitung, daß die Verfassung nur eine vorläufige sein sollte; denn es war eine Revision derselben im ordentlichen Wege der Gesetzgebung vorbehalten worden.[1] Von weit größerer rechtlicher und thatsächlicher Bedeutung ist aber Absatz 2 des Artikels 105, welcher lautet:

> „Wenn die Kammern nicht versammelt sind, können in dringenden Fällen, unter Verantwortlichkeit des gesammten Staatsministeriums, Verordnungen mit Gesetzeskraft erlassen werden, dieselben sind aber den Kammern bei ihrem nächsten Zusammentritt zur Genehmigung sofort vorzulegen."

[1] Die Kammern werden deshalb die „Revisionskammern" genannt.

Beachtet man, daß dieses Königliche Verordnungsrecht in Ansehung seines Inhaltes unumschränkt war und insbesondere auch nicht einmal an der Verfassungsurkunde seine Grenze finden sollte, so kann man der Opposition vom juristischen Standpunkte aus kaum widersprechen, wenn sie durch die angezogene Vorschrift die ganze, im Uebrigen die Königlichen Rechte weit mehr als die heutige beschränkende Verfassung v. 5. Dez. 1848 als in Frage gestellt und zur Verfügung des Königs stehend erachtete. Unter Bezugnahme auf Artikel 105 wurden bis zur Verfassungsurkunde v. 31. Jan. 1850 die wichtigsten Gesetze erlassen: über das Gerichtsverfahren in Straf- und Civilsachen, die Gerichtsorganisation, den Belagerungszustand, die Presse, das Vereins- und Versammlungswesen, das Disziplinarrecht u. dergl. m.

Auf Grund des Artikels 49 der Verfassung löste der König am 27. April 1849 die zweite Kammer auf[1] und erließ in Ausführung der Artikel 67 bis 74 und auf Grund des Artikels 105 am 30. Mai 1849 eine neue, und zwar die noch

[1] Die Auflösung erfolgte (VMBl. 1849 S. 57 f.), weil in der II. Kammer keine feste Mehrheit bestanden, und weil die Kammer u. A. bei ihren Beschlüssen, wodurch die von der Deutschen Nationalversammlung in Frankfurt beschlossene Verfassung (ohne die Zustimmung des Königs) für verbindlich und die Fortdauer des über Berlin verhängten Belagerungszustandes für ungesetzlich erklärt wurden, sich nicht immer in den Schranken ihrer Befugnisse gehalten habe.

heute gültige Wahlordnung für die zweite Kammer.[1] Mit Unrecht ist die Gültigkeit dieser Wahlordnung bestritten worden.[2] Wenn der Wortlaut des Abs. 2 Art. 105 in seiner Abweichung von den entsprechenden Vorschriften anderer Verfassungsurkunden und namentlich auch von Artikel 63 der heutigen Preußischen Verfassungsurkunde berücksichtigt, wenn erwogen wird, daß Voraussetzung und Inhalt der in Artikel 105 ausgedrückten Königlichen Oktroyirungsbefugniß ausschließlich und einzig in das Königliche Ermessen gestellt waren, wenn endlich der Inhalt und Gegenstand der übrigen, auf Grund derselben Vorschrift anstandslos vorgenommenen und von den Kammern gutgeheißenen Oktroyirungen in Betracht gezogen werden, so ist die Schlußfolgerung unabweislich, daß die Königliche Verordnung v. 30. Mai 1849, betreffend die Wahl der Abgeordneten zur zweiten Kammer, rechtlich unanfechtbar wurde, sobald sie die in Art. 105 vorbehaltene nachträgliche Genehmigung der beiden Kammern erhielt. Und sie erhielt diese Genehmigung.[3] Für die Legalität der Wahlen

[1] GS. 1849 S. 205. S. auch die Proklamation v. 15. Mai und den Bericht des Staatsministeriums v. 29. Mai 1849 (BMBl. S. 85 ff.).

[2] S. v. Rönne 4. Aufl. I S. 44 Anm. 3.

[3] Vgl. Verhandlungen der I. Kammer S. 614 ff., der II. Kammer 1690, 1691. Insbesondere beschloß die II. Kammer ohne Diskussion auf den Antrag ihrer Kommission, der Verordnung v. 30. Mai 1849 die (von der Staatsregierung nachgesuchte) verfassungsmäßige Zustimmung vorbehaltlich der Revision zu ertheilen.

und der Kammern war auch unerheblich, daß die Wahlen für die zweite Kammer von der Staatsregierung zu spät[1] anberaumt und die Kammern zu spät[1] einberufen wurden. Eine Regierung macht sich verantwortlich, wenn sie die verfassungsmäßig angeordneten Fristen für Neuwahlen und für das Zusammentreten des Landtages überschreitet; aber gleichwohl bleiben die verspäteten Wahlen gültig, und die Kammern verlieren ihre rechtliche Grundlage um deswegen nicht, weil sie nicht zur angeordneten Zeit zusammentreten. Ueberdies haben beide Kammern den Erlaß der Verordnung v. 30. Mai 1849, „wodurch der Zusammentritt der Wähler und der Kammern über die durch Artikel 49 der Verfassungsurkunde festgesetzten Termine hinaus verschoben worden, als durch die Umstände gerechtfertigt" erklärt.[2] Aus der verspäteten Einberufung der Wähler und der Kammern läßt sich nur dann ein Argument gegen die Gesetzlichkeit der (Revisions-)Kammer entnehmen, wenn man in Umkehrung des geltenden Staatsrechts von der Fiktion ausgeht, daß der eigentliche Souverän in Preußen der Volkswille gewesen sei, und daß die Krone durch die Nichtinnehaltung der von ihr selbst gesetzten Fristen und Formen sich aller ihrer

---

[1] Nämlich über die in Art. 49 der Verf. v. 5. Dez. 1848 bestimmten Termine hinaus.

[2] S. Verhandlungen der I. Kammer 1849 S. 616 ff., der II. Kammer 1849 S. 1690, 1691.

bisherigen Rechte zu Gunsten des wahren Souveräns verlustig gemacht habe.

Nach diesen Ausführungen sind die zum Zwecke der Revision der Verfassung v. 5. Dez. 1848 durch Königliche Verordnung v. 30. Mai 1849 auf den 7. Aug. 1849 zusammenberufenen Kammern die dieser Verfassung entsprechende, die legitime Volksvertretung gewesen.

Da die Verfassung v. 5. Dez. 1848 Gesetz war, so blieben ihre Vorschriften in Kraft, soweit nicht im Wege der ordentlichen Gesetzgebung, d. h. unter Uebereinstimmung der Krone und beider Kammern, Aenderungen erfolgten. Ueber solche Aenderungen wurde allerdings im großen Umfange eine Uebereinstimmung erzielt; dieselben gingen im Wesentlichen dahin, die Königliche Gewalt weiter auszudehnen und die Beschränkung der Königlichen Prärogative enger zu ziehen, als dies durch die Verfassung v. 5. Dez. 1848 geschehen war. Nachdem die Kammern die von ihnen revidirten Abschnitte der Verfassung der Staatsregierung vorgelegt hatten, richtete die Allerhöchste Botschaft v. 7. Jan. 1850 [1] an die Kammern 15 Propositionen,[2]

[1] In den Verhandlungen der 1. Kammer S. 2215 f., der II. Kammer S. 1875 f.

[2] Diese betrafen: 1. Streichung des damaligen Art. 26 (Straffreiheit von Verleger, Drucker, Vertheiler), 2. dem heutigen Art. 35 seine jetzige Fassung zu geben, 3. den damaligen Art. 35 von der Bürgerwehr, 4. den Art. 40 der Verf. v. J. 1850 von Lehnen und Fideikommissen, 5. den heutigen Art. 44 bezüglich

welche in den meisten und wesentlichsten Punkten von denselben angenommen wurden.[1] Hierauf erklärte der König in der Botschaft v. 31. Jan. 1850:[2]

„Die in der Verfassungsurkunde v. 5. Dez. 1848 vorbehaltene Revision derselben sehen Wir jetzt als beendigt an, haben die Verfassung mit sämmtlichen, von beiden Kammern übereinstimmend beschlossenen Zusätzen und Abänderungen vollzogen und deren Publikation durch die Gesetzsammlung angeordnet."

Die vom Könige am 31. Jan. 1850 vollzogene und publizirte Verfassung ist das rite und unanfechtbar zu Stande gekommene Staatsgrundgesetz des König-

der Ministerverantwortlichkeit, 6. den heutigen Art. 51, Verlängerung des Termins der Wahlen und die Zusammenberufung der Kammern nach der Auflösung, 7. den heutigen Abs. 3 in Art. 62 über Vorrechte der zweiten Kammer bezüglich des Etatsgesetzes und der Finanzgesetze, 8. den damaligen Art. 62 (erste Kammer), 9. den damaligen Art. 66, jetzt Abgeordnetenhaus, 10. Bildung eines besonderen Staatsgerichtshofs, jetzigen Art. 93, 11. das Konfliktsverfahren, heutigen Art. 95, 12. Gemeinde-, Kreis-, Bezirks- und Provinzialverbände, heutigen Art. 105, 13. den heutigen Art. 106, 14. Verfassungseid, heutigen Art. 108, endlich 15. den heutigen Art. 115.

[1] Abgelehnt wurden die Propositionen 4 und 5, die übrigen theils unverändert, theils mit einigen vom Könige gutgeheißenen Aenderungen angenommen.

[2] In den Verhandlungen der I. Kammer S. 2417, der II. Kammer S. 2279.

reichs Preußen. Das eidliche Gelöbniß des Königs erfolgte im Rittersaale des Königlichen Residenzschlosses zu Berlin vor beiden Kammern am 6. Febr. 1850. Aus der Ansprache Seiner Majestät des Königs[1] sind folgende Bemerkungen für das Verständniß der Verfassung und den Sinn, in welchem sie von der Krone vollzogen wurde, von besonderer Bedeutung:

— — — — — — — — — — —

„Das Werk, dem Ich heut Meine Bestätigung aufdrücken will, ist entstanden in einem Jahre, welches die Treue werdender Geschlechter wohl mit Thränen, aber vergebens wünschen wird aus unserer Geschichte herauszuringen. — In der Form, in der es Ihnen vorgelegt worden, ist es allerdings das Werk aufopfernder Treue von Männern, die diesen Thron gerettet haben, gegen die Meine Dankbarkeit nur mit Meinem Leben erlöschen wird; aber es wurde so in den Tagen, in welchen, im buchstäblichen Sinne des Worts, das Dasein des Vaterlandes bedroht war. Es war das Werk des Augenblicks, und es trug den breiten Stempel seines Ursprungs. Die Frage ist gerechtfertigt, wie Ich, bei solcher Betrachtung, diesem Werke die Sanktion geben könne?

[1] Im Staatsanzeiger v. 6. Febr. 1850.

Dennoch **will** Ich es, weil Ich es **kann**, und daß Ich es kann, verdank' Ich Ihnen allein. — Sie haben die bessernde Hand daran gelegt, Sie haben Bedenkliches daraus entfernt, Gutes hineingetragen und Mir durch Ihre treffliche Arbeit und die Aufnahme Meiner letzten Vorschläge ein Pfand gegeben, daß Sie die vor der Sanktion begonnene Arbeit der Vervollkommnung auch nachher nicht lassen wollen, und daß es unserm vereinten redlichen Streben auf verfassungsmäßigem Wege gelingen wird, es den Lebensbedingungen Preußens immer entsprechender zu machen. Ich **darf** dies Werk bestätigen, **weil Ich es in Hoffnung kann**. — —

Sie — müssen Mir helfen und die Landtage nach Ihnen — wider **die**, so die Königlich verliehene Freiheit zum Deckmantel der Bosheit machen und dieselbe gegen ihren Urheber kehren, gegen die von Gott eingesetzte Obrigkeit; wider **die**, welche diese Urkunde gleichsam als Ersatz der göttlichen Vorsehung, unserer Geschichte und der alten heiligen Treue betrachten möchten; alle guten Kräfte im Lande müssen sich vereinigen in Unterthanentreue, in Ehrfurcht gegen das Königthum und diesen Thron, der auf den Siegen unserer Heere ruht, in Beobachtung der Gesetze, in wahrhafter Erfüllung des Huldigungs-Eides, sowie des neuen Schwurs ‚der Treue und des Gehorsams gegen den König und des gewissenhaften Haltens der Verfassung', mit einem Worte: seine Lebensbedingung ist die, daß Mir das Regieren mit diesem Gesetze möglich gemacht werde; — denn in Preußen muß der König regieren, und Ich regiere nicht, weil es also mein Wohlgefallen ist, Gott weiß es! sondern weil es Gottes Ordnung ist; darum aber will ich auch regieren: — Ein freies Volk unter einem freien Könige." — —

Was den Charakter der Preußischen Verfassungsurkunde v. 31. Jan. 1850 anlangt, so kommen zwei verschiedene Gesichtspunkte in Betracht: das Verhältniß des Einzelnen zum Staat und das Verhältniß der Landesvertretung zur Krone. Das Verhältniß des Einzelnen zum Staat ist unmittelbar geregelt durch die Vorschriften, welche von den Rechten der Preußen handeln,[1] und mittelbar in den Vorschriften, welche von den Kammern handeln, letzteres, insoweit der Einzelne oder die Gesammtheit der Einzelnen ihren Willen in der Volksvertretung zum rechtlichen Ausdruck bringen kann.

[1] In dem Schutze des Einzelnen gegenüber der Staatsgewalt sah die Nationalversammlung die erste und vornehmlichste Aufgabe der Verfassung, Verhandlungen S. 1813.

Was die in der Preußischen Verfassungsurkunde gewährleisteten Individualrechte anlangt, so gilt in Bezug auf sie das Wort Lassalle's:[1] „Es läßt sich vom Individuum kein Pflock in den Rechtsboden schlagen und sich mittelst desselben für selbstherrlich für alle Zeiten und gegen alle künftigen zwingenden oder prohibitiven Gesetze erklären." Souverän ist und bleibt der Staat, und daher kann er die Individualrechte, „die Rechte der Preußen", wieder aufheben. Die rechtliche Bedeutung haben die Verfassungsvorschriften, welche zum Schutze der Individualrechte gegeben sind, daß sie gegen Willkür der Exekutive schützen, und daß ferner je nach Vorschrift der Verfassung die Individualrechte nur durch Gesetz oder sogar nur in den Formen eines verfassungändernden Gesetzes beschränkt oder beseitigt werden können.[2]

Ueber das Verhältniß der Volksvertretung zur Krone bestehen drei Auffassungen; die erste: die Krone hat nur die Befugnisse, welche ihr ausdrücklich in der Verfassung übertragen, bzw. belassen sind; die zweite: weder die Befugnisse der Krone noch diejenigen der Volksvertretung sind erschöpfend in der Verfassung zusammengestellt; die dritte: die Krone hat alle Befugnisse, welche ihr durch die Verfassung nicht entzogen, die Volksvertretung

[1] System der erworbenen Rechte S. 197.

[2] Ueber die juristische Natur dieser Rechte s. Vorbemerkung zu Tit. II (Art. 3 ff. der Verfassung).

nur diejenigen, welche ihr in der Verfassung übertragen worden sind.

Die erste Auffassung ist für die belgische Verfassung die richtige; denn diese beruht wie die französische auf dem Grundsatze der Souveränität des Volks, von welcher alle Gewalten, insbesondere auch diejenige der Krone, abgeleitet und beherrscht sind.[1] Die zweite Auffassung wird in der herrschenden Theorie als die den neueren deutschen Verfassungen, insbesondere der preußischen, entsprechende angesehen.[2] Die dritte Auffassung ist von mir in meinem Verordnungsrecht als die mit dem geltenden preußischen Staatsrechte

---

[1] Art. 25 der constitution belge: „Tous les pouvoirs émanent de la nation.“ — Art. 78: „Le roi n'a d'autres pouvoirs que ceux que lui attribuent formellement la constitution ou les lois portées en vertu de la constitution.“

Praktisch zum gleichen Ergebnisse kommen für das deutsche Landesstaatsrecht diejenigen Staatsrechtslehrer, welche behaupten, daß es für den Erlaß sogenannter Rechtsverordnungen stets einer Ermächtigung von Seiten der Volksvertretung bedarf; H. Schulze, Lehrbuch des deutschen Staatsrechts, Leipzig 1886 I S. 530; G. Meyer, Lehrbuch des deutschen Staatsrechts 4. Aufl. § 157. Der Irrthum, in dem diese befangen sind, entstand aus der geistreichen Schrift Laband's über das preußische Budgetrecht, in welcher dieser die thatsächlich unrichtige Behauptung aufstellt, daß in Preußen „Rechtssatz“ soviel wie „Gesetz“ bedeutet habe, aus welcher Behauptung in Verbindung mit der Vorschrift in Art. 62 der preuß. Verf. — wonach die gesetzgebende Gewalt nicht mehr allein von der Krone ausgeübt wird — gefolgert wird, daß die vollziehende Gewalt allein und aus eigenem Rechte keine Rechtssätze mehr aufstellen dürfe; s. unten zu Art. 62.

[2] H. Schulze, Lehrbuch des preuß. Staatsrechts § 163.

und der Entstehung der preußischen Verfassungsurkunde übereinstimmende nachgewiesen worden.[1] Indem ich auf die dort gemachten Ausführungen Bezug nehme, weise ich noch ferner hin auf die Zusammensetzung[2] und die Arbeiten der Revisionskammern, auf den Geist, in welchem das Verfassungswerk von der Krone acceptirt und vollzogen wurde,[3] und besonders noch auf Art. 109, welcher „alle Bestimmungen der bestehenden Gesetzbücher, einzelnen Gesetze und Ver-

---

[1] S. auch Arndt in Hirth's Annalen 1886 S. 321 ff. Inzwischen ist dieselbe Auffassung von Bornhak und von Stengel wiederholt und durch M. Seydel auch für das bayrische Staatsrecht aufgestellt und begründet worden. Auch Anschutz: „Die gegenwärtigen Theorien über den Begriff der gesetzgebenden Gewalt“ u. s. w., Tübingen 1900 S. 9, theilt diese Auffassung. Es ist gewiß, daß die gleiche Auffassung neben und schon vor mir aufgestellt war (Arndt, Verordnungsrecht S. 65). Begründet und nachgewiesen (aus der Geschichte, dem Vergleiche mit der belgischen Verfassung u. s. w.) ist diese Ansicht allerdings zuerst von mir. Uebrigens pflegen die sonstigen Vertreter nicht die Konsequenzen zu ziehen. Wenigstens G. Meyer und v. Rönne präsumiren fast stets gegen die Krone und für den Landtag, z. B. wenn es sich um Veräußerung von Staatseigenthum, Gnadenerlasse auf dem Gebiete des Finanzwesens, Verordnungen auf dem gesetzesfreien Gebiete u. s. w. handelt.

[2] Die Wahlen zur zweiten Kammer wurden unter Wahlenthaltung der demokratischen Partei vollzogen. Beide Kammern hatten kein eifrigeres Bestreben, als „den Abgrund der Revolution zu schließen“.

[3] Vgl. die Worte der Königl. Ansprache v. 6. Febr. 1850, namentlich: „Sie haben die bessernde Hand daran gelegt, Bedenkliches daraus entfernt, Gutes hineingetragen und Mir — ein Pfand gegeben, daß Sie die vor der Sanktion begonnene Arbeit der Vervollkommnung auch nachher nicht lassen wollen —“

ordnungen", also auch alle im Allgemeinen Landrecht dem Staatsoberhaupte zugeschriebenen Befugnisse aufrecht erhält, „soweit dieselben der Verfassung nicht zuwiderlaufen". Die Richtigkeit meiner Auffassung erhellt insbesondere auch aus den Weglassungen der entsprechenden Vorschriften Art. 25 und 78 in der sonst vorbildlich gewesenen belgischen Verfassung, sowie aus den Berathungen der zweiten Kammer über die Rechte des Königs. Die Kommission hatte zu Art. 41 den Zusatz beantragt: „Der König ist das Oberhaupt des Staates." Hiergegen sprach sich im Plenum der Abgeordnete Falk am 19. Sept. 1849[1] aus, weil dadurch die „Idee Platz greifen könnte, daß die Uebertragung der Oberhauptswürde an Seine Majestät den König erst jetzt durch die Verfassung unsererseits festgesetzt würde; eine solche Uebertragung habe in der belgischen Verfassung stattgefunden, könne es aber nicht in der preußischen; denn bei uns werde das Königthum nicht erst durch einen Vertrag eingesetzt; sondern wir haben es".

Ihm erwiderte als Redner der Majorität von Kleist-Retzow:[2] — —

„Dieser Ausdruck ist von Wichtigkeit als Zeugniß gegen die im vorigen Jahre laut ge-

[1] Sten. Ber. S. 332 ff.
[2] Das. S. 333.

wordene Lehre von der Volkssouveränität, als Anerkennung der Stellung Seiner Majestät des Königs auch in der konstitutionellen Monarchie und als Ausdruck der Kontinuität in dem früheren und dem gegenwärtigen Verhältnisse Allerhöchstdesselben zum Staate."

Ihn unterstützte der Berichterstatter Keller, welcher anerkannte, daß der Satz, wie er damals beantragt wurde, „nicht einmal eine Definition, geschweige denn eine neue Attribution" der Königlichen Macht erhalten sollte.[1] Irgend eine auch nur im Geringsten von den angeführten abweichende Auffassung über das Wesen und den Inhalt der Königlichen Macht ist damals nicht einmal angedeutet worden, und es ist daher unzulässig und durch nichts begründet, etwa aus dem Geiste der aufgelösten Nationalversammlung Theorien in die preußische Verfassung hineinzutragen, welche letztere, was und wie sie ist, wurde durch das gemeinschaftliche Zusammenwirken der Krone und der Revisionskammern.

Zutreffend hat ein französischer Schriftsteller[2]

---

[1] Schließlich unterblieb doch die Aufnahme des Satzes, weil es desselben nicht bedürfe und er der Idee Raum geben könnte, als ob die Uebertragung der Oberhauptwürde an den König erst jetzt vertragsmäßig festgesetzt würde (Verhandlungen der I. Kammer 1849 S. 1214).

[2] Batbie, Traité théorique et pratique du droit public et administrativ, 2e éd. Paris 1885 III p. 127 sv.

den Gegensatz des deutschen Landes- zum belgischen Staatsrecht in folgender Weise dargestellt:

„En Belgique, le pouvoir tirant son origine de la volonté nationale, les représentants de cette volonté ont tous les pouvoirs et le Roi n'a que des attributions déterminées. En Allemagne, le principe de la souveraineté populaire n'est pas admis; les souverains sont considérés comme ayant des droits propres, et c'est pour cela que le Chef de l'État a la pleine puissance, sauf les restrictions qui résultent des pouvoirs formellement attribués aux diètes."

Aeußerlich lehnt sich die preußische Verfassungsurkunde vielfach an die belgische an. Durch Auslassung gewisser Artikel (z. B. der Art. 25 und 78 der belgischen Verfassung), Einschaltung anderer (z. B. des heutigen Art. 109, welchem durch die Hinübernahme aus den „Uebergangsbestimmungen" des Kommissions-Entwurfs der Nationalversammlung in die „allgemeinen Bestimmungem" eine ganz andere wie die ursprünglich beabsichtigte und schwerwiegende Bedeutung beigelegt wurde), vor Allem dadurch, daß die wichtigsten Verfassungsschriften, z. B. Art. 61 von der Ministerverantwortlichkeit leges imperfectae blieben, wurde Inhalt und Charakter der Preußischen Verfassung grundverschieden von der Belgischen gestalltet.

Die belgische Verfassung ist demokratisch-konstitutionell, die preußische Verfassung ist monarchisch-konstitutionell. In Belgien wie in England besteht a parliamentary government, in Preußen „muß“ nach den Worten, welche König Friedrich Wilhelm IV. seinem Eidschwur vorausschickte, „der König regieren“. Das preußische Königthum ist zwar ein konstitutionelles, aber es ist kein parlamentarisches Königthum. Auch in England hat wie in Preußen die Krone eine Reihe von Prägorativen, sie beruhen aber dort nach den Worten eines britischen Staatsrechtslehrers im Parlament, und zwar im Unterhause.[1] Das Haus der Commons und die chambre des députés sind das primäre Element der Herrschaft in England wie in Belgien. Diese Herrschaft ist die Rechtsregel, die Beschränkung derselben die Ausnahme. In Preußen — und dies ist nicht bloße Theorie, die vorgefaßte Meinungen oder aus allgemeinen Obersätzen abstrahirte Folgerungen in die Verfassung hinein-

[1] Henry S. Maine, Die volksthümliche Regierung, Berlin 1887 (deutsch von P. Friedemann), bemerkt S. 6: „Es giebt kein Land, wo (wie in England) so vollständig nach der neuen Theorie (der Volkssouveränität) gehandelt wird, aber fast alle Ausdrücke und Formen der Gesetze und Verfassung sind den alten Vorstellungen über die Beziehungen zwischen Herrscher und Volk angepaßt worden.“ Die Könige Englands sind nicht entfernt so mächtig wie die Präsidenten der Vereinigten Staaten. „Die Berufungen auf England sind unser Unglück“, v. Bismarck-Schönhausen am 24. Sept. 1849 in der II. Kammer.

trägt, sondern lebendiges und geltendes Staatsrecht — ist die Macht der Krone unumschränkt, sofern ihr, was allerdings im weiten Umfange geschehen ist, nicht in der Verfassung Schranken gezogen sind.

Bei den Berathungen über die preußische Verfassung ist wiederholt zum Ausdruck gelangt, daß sie die „Trennung der Gewalten" durchführen solle. Die Trennung der Justiz von der Verwaltung ist durch die Art. 5, 6, 7, 8, 49 Abs. 3, 86 und 89 zum Ausdruck gebracht, jedoch durch die Art. 96 und 97 modifizirt.[1] Die der Gesetzgebung überwiesenen Gegenstände sind namentlich aufgeführt. Die Krone ist von der Gesetzgebung nicht ausgeschlossen, ihr sind vielmehr das „absolute Veto" und die „Sanktion" belassen. Die „Trennung der Gewalten", wenigstens wie sie damals vielfach verstanden wurde, daß der König an der Gesetzgebung keinen Antheil haben soll, ist somit nur unvollständig erfolgt.

Die preußische Verfassungsurkunde ist oft (bis jetzt durch 20 Gesetze) geändert, und zwar ausdrücklich, 1. durch G. v. 30. April 1851 (GS. 213), betr. Zahl der Abgeordneten (für Hohenzollern).

---

[1] Die lange als beseitigt gegoltene Lehre der drei Gewalten, Arndt, Reichsverfassung S. 101, Reichsstaatsrecht S. 28, findet nunmehr wieder Anerkennung auch bei Otto Mayer, Deutsches Verwaltungsrecht I S. 68 ff., und Anschutz l. c. S. 12, s. auch Schwartz S. 123.

2. G., betr. die Aenderung der Art. 94 und 95, vom 21. Mai 1852 (GS. 349) (Beseitigung der Geschworenengerichte bei politischen und Preßvergehen, Einsetzung des Staatsgerichtshofs). 3. G., betr. die Abänderung der Art. 40 und 41, v. 5. Juni 1852 (GS. 319) (Lehen und Familienfideikommisse). 4. G. wegen Bildung der Ersten Kammern v. 7. Mai 1853 (GS. 181). 5. G. wegen Aufhebung des Art. 105 v. 24. Mai 1853 (GS. 228). 6. G., betr. die Deklaration der Verfassungsurkunde (Art. 4) in Bezug auf die Rechte der mittelbar gewordenen Reichsfürsten und Grafen, vom 10. Juni 1854 (GS. 363). 7. G., betr. die Abänderung der Verfassungsurkunde in Ansehung der Benennung der Kammern und der Beschlußfähigkeit der Ersten Kammern, vom 30. Mai 1855 (GS. 316). 8. G., betr. die Aenderung des Art. 42 (freie Verfügung über Grundeigenthum) und die Aufhebung des Art. 114 (Polizeiverwaltung), vom 14. August 1856 (GS. 360). 9. G., betr. die Aufhebung des Art. 88, v. 30. April 1886 (GS. 247). 10. G., betr. die Abänderung des Art. 76, v. 18. Mai 1857 (GS. 369) (betrifft Zusammentreten des Landtages). 11. G., betr. die Abänderung des Art. 69. und des Art. 1 des G. v. 30. April 1851 (Zahl der Abgeordneten sowie diejenigen Abänderungen der Verordnung über die Wahl der Abgeordneten v. 30. Mai 1849, welche behufs Anwendung derselben in den mit der Monarchie neu

verbundenen Landestheilen erforderlich werden) (GS. 1481). 12. G., betr. eine Zusatzbestimmung zum Art. 74 und zur Verordnung wegen Bildung der Ersten Kammern, vom 27. März 1872 (GS. 143) (Mitglieder der Oberrechnungskammern dürfen nicht dem Landtage angehören). 13. G., betr. die Abänderung der Art. 15 und 18, vom 5. April 1873 (GS. 143) (Freiheit der Kirche vom Staate). 14. G. über Aufhebung der Art. 15, 16 und 18, v. 18. Juni 1875 (GS. 259) (Freiheit der Kirche vom Staate). 15. G., betr. die Vereinigung des Herzogthums Lauenburg mit der Preußischen Monarchie, vom 23. Juni 1876 § 2 (GS. 169) (Vermehrung der Zahl der Abgeordneten). 16. G., betr. eine Zusatzbestimmung zu den Art. 86 und 87, v. 19. Februar 1879 (GS. 18) (Bildung gemeinschaftlicher Gerichte). 17. G., betr. die Anstellung und das Dienstverhältniß der Lehrer und Lehrerinnen an den öffentlichen Volksschulen im Gebiete der Provinzen Posen und Westpreußen, vom 15. Juli 1886, Art. I, § 3 (GS. 185) (zu Art. 112). 18. G., betr. die Abänderung des Art. 73, v. 27. Mai 1888 (GS. 137) (Verlängerung der Legislaturperiode von 3 auf 5 Jahre). 19. G., betr. die Aenderung des Wahlverfahrens, v. 24. Juni 1891 § 2 (GS. 271). 20. G., betr. Aenderung des Wahlverfahrens, v. 29. Juni 1893, § 7 (GS. 103).

Die Gesetze zu 2, 3, 4, 5, 6, 7 und 8 stellen

Aenderungen der Verfassungen im reaktionären Sinne dar.

Die tiefgreifendste Aenderung erfolgte zwar nicht ausdrücklich, aber doch in der Sache durch das Publikationspatent über die Verfassung des Norddeutschen Bundes vom 24. Juni 1867 (B.G.Bl. 817), oder noch genauer, durch die Annahme der Norddeutschen Bundesverfassung. Diese, welche zwischen den verbündeten Regierungen und dem verfassungsberathenden Norddeutschen Reichstage vereinbart war, ist in Preußen in den Formen, welche die preußische Verfassungsurkunde (Art. 107) für Verfassungsänderungen vorgeschrieben hat, genehmigt und demnächst in der Preußischen Gesetzsammlung (1867 S. 817) abgedruckt worden.

Die Verfassung für den Norddeutschen Bund ist in Preußen auf Grund der preuß. Verfassungsurkunde v. 31. Jan. 1850 als rite beschlossenes und verkündetes preußisches Landesgesetz erlassen und ihr Inhalt hierdurch zur verbindlichen Landesnorm erklärt worden.[1]

Die Verfassung für den Norddeutschen Bund ist Folge von Staatsverträgen, sie selbst aber ist kein Staatsvertrag, sondern übereinstimmendes Landesgesetz; sie schuf kein bloß völkerrechtliches, sondern ein staatsrechtliches Rechtssubjekt.

---

[1] Arndt, Reichsstaatsrecht S. 30.

Auf Grund der Norddeutschen Bundesverfassung und gemäß der dem Bunde in dieser übertragenen Befugnisse ist die Verfassung für das Deutsche Reich vom 16. April 1871 entstanden.

Das Deutsche Reich ist ein Bundesstaat, kein Staatenbund.[1]

Für die Frage der Abgrenzung der Zuständigkeit des preußischen Staates von derjenigen des Deutschen Reichs ist zu beachten, daß das letztere nur nach Maßgabe des Inhalts „seiner Verfassung das Recht der Gesetzgebung ausübt"[2], daß es somit nur diejenigen Befugnisse besitzt, welche ihm in der Verfassung übertragen oder auf Grund der Verfassung von ihm erworben sind. Oder anders ausgedrückt: die Rechtsvermuthung spricht für die Zuständigkeit des Landes; diese ist nur dann als ausgeschlossen zur erachten, wenn die Zuständigkeit des Reichs — was allerdings in sehr weitem Umfange der Fall ist — durch eine besondere Norm begründet wird.[3]

Die Zuständigkeit des Reichs ist zuweilen eine ausschließliche[4], zuweilen eine fakulta-

---

[1] Arndt, Reichsstaatsrecht S. 38 f.

[2] S. Reichsverfassung Art. 2.

[3] Arndt, Reichsstaatsrecht S. 163 f., S. 172 f.; Arndt, Kommentar zu Art. 4 der Reichsverfassung (Verlag v. J. Guttentag, Berlin).

[4] S. besonders Reichsverfassung Art. 35, 48, 53, 54, 56; im Uebrigen Arndt, Reichsstaatsrecht S. 164 f.

tive. Im ersteren Falle ist den Einzelstaaten das Recht der Gesetzgebung ganz,[1] im letzteren nur so weit entzogen, wie das Reich von dem ihm zustehenden Gesetzgebungsrechte Gebrauch gemacht hat. In beiden Fällen aber bleibt das in den Einzelstaaten geltende Landesrecht so lange in Kraft, bis eine bindende Norm vom Reiche ergangen ist.[2] Wo ein innerhalb der Zuständigkeit der Reichsgesetzgebung erlassenes Reichsgesetz besteht, hebt dasselbe das Landesrecht auf. Diese Aufhebung erstreckt sich entweder auf alle, den betreffenden Gegenstand behandelnden gesetzlichen Vorschriften, was dann geschieht, wenn das Reichsgesetz diesen Gegenstand vollständig erschöpfen wollte; oder die Aufhebung erstreckt sich nur so weit, wie das Reichsgesetz ausdrückliche Anordnungen trifft. In letzterem Falle behält das Landesrecht rücksichtlich der nicht durch das Reichsgesetz betroffenen Theile seine Wirksamkeit.

Die Aufhebung des Landesrechts durch Reichsgesetze erfolgt ohne Weiteres, und ohne daß es der besonderen Erwähnung bedarf.[3] Ebenso wie die Reichsgesetze gehen auch die zur Ausführung und

---

[1] S. Delbrück, Art. 40 der Reichsverfassung S. 24, Arndt, Verordnungsr. S. 95, 97, Arndt, Reichsstaatsrecht S. 164.

[2] Dies ist ausdrücklich anerkannt im Schlußprotokoll mit Bayern v. 23. Nov. 1870 VI S. 24; s. auch Arndt, Komm. zu Art. 2 und 35 der Reichsverfassung.

[3] Reichsverfassung Art. 2.

auf Grund von Reichsgesetzen erlassenen Reichs- und Landesverordnungen dem Landesrechte mit Einschluß der Landesverfassungen vor.[1]

[1] Arndt, Verordnungsr. S. 184 a. a. O.; Riedel, Die Reichsverfassungsurkunde S. 41; G. Meyer, Lehrb. des Staatsrechts § 167; Laband, Reichsstaatsrecht § 69; Seydel in Hirth's Annalen 1874 S. 143 f.

II. Verfassungs-Urkunde

für den

Preußischen Staat.

Vom 31. Januar 1850.

(GS. S. 17.)

Wir **Friedrich Wilhelm**, von Gottes Gnaden,[1] König von Preußen[2] ꝛc. ꝛc.[3] thun kund und fügen zu wissen, daß Wir, nachdem die von uns unterm 5. Dezember 1848[4] vorbehaltlich der Revision im ordentlichen Wege der Gesetzgebung[5] verkündigte und von beiden Kammern Unseres Königreichs anerkannte[6] Verfassung des preußischen Staats[7] der darin angeordneten Revision[8] unterworfen ist, die Verfassung in Uebereinstimmung mit beiden Kammern endgültig festgestellt[9] haben.

Wir verkünden demnach dieselbe als Staatsgrundgesetz,[10] wie folgt:

[1] Von Gottes Gnaden (dei gratia) drückt hier aus, daß die Königliche Macht nicht auf Uebertragung des Volks beruht, sondern selbstständig und ursprünglich ist. Im Gegensatze hierzu steht die belgische Verfassung

art. 25: „Tous les pouvoirs émanent de la nation“. S. auch Schulze, Preuß. Staatsr. I S. 164 Anm. 1; v. Rönne, Preuß. Staatsr. I § 37; E. A. Chr. (von Stockmar) in Aegidi's Zeitschr. für deutsches Staatsrecht I S. 172; Arndt, Verordnungsrecht S. 63 ff.; Seydel, Bayr. Staatsr. I S. 353. Das Plenum der Nationalversammlung hatte die Worte „von Gottes Gnaden“ gestrichen (Verhdl. S. 1513).

[2] Der König in Belgien heißt „König der Belgier“. Der Antrag „König der Preußen“ zu setzen, wurde schon in der Nationalversammlung abgelehnt. Dagegen ist in der Bezeichnung König von Preußen nicht der Satz zu finden, daß der Staat Preußen im Eigenthum des Monarchen steht.

[3] Der Zusatz „rc. rc.“ war im Kommissionsentwurf der Nationalversammlung (Rauer S. 108) und vom Plenum derselben (Verhdl. 1513, 1602, 1810) gestrichen, weil das ganze Land Eine Verfassung erhalten soll (Rauer S. 120). Er hat nur insoweit Bedeutung, als er den Titel des Königs angeben soll (vgl. auch Seydel, Bayr. Staatsr. I S. 358). Vor der Erwerbung der polnischen Theile in Preußen hieß der König: „König in Preußen“.

[4] GS. 1868 S. 375.

[5] Vor dieser Verfass. v. 5. Dez. 1848 war Preußen eine absolute Monarchie. Ordentlicher Weg der Gesetzgebung war die Erklärung des Königs, es solle Etwas Gesetz sein; s. auch Anm. 1 auf S. 2. Diese Erklärung lag in der Publikation durch die Gesetzsammlung oder bis zum Ges. v. 3. April 1846 (GS. 161) durch die Amtsblätter. Die Verfass. v. 5. Dez. 1848, welche die oktroyirte genannt wird, ist so wenig und so sehr oktroyirt wie alle anderen bis dahin erlassenen Gesetze.

[6] S. oben S. 22.

[7] Die Verfass. v. 31. Jan. 1850 kennt nur einen preußischen Staat (s. Art. 1).

[8] Verfass. v. 5. Dez. 1848 Art. 112. Die Revision erfolgte im Wege der ordentlichen Gesetzgebung, nämlich mit Uebereinstimmung der Krone und beider (Revisions-) Kammern.

[9] Die Feststellung der Verfassung geschah allein durch den König. Würde mit den Kammern eine Uebereinstimmung nicht erzielt worden sein, so hätte der König auf Grund Art. 105 Abs. 2 der Verfass. v. 5. Dez. 1848 eine andere Verfassung vorläufig feststellen dürfen.

[10] Die Verfass. ist Staats-Grundgesetz; das bedeutet, daß alle Aeußerungen des Staatswillens nicht gegen den Inhalt der Verfassung sein dürfen (s. auch Art. 107). Soweit die Verfassung keine Normen aufstellt, gilt noch das alte Recht (Art. 26, 109, 110, 112). Die Verfassung erschöpft daher nicht das ganze Staatsrecht. Sie ist insbesondere nicht die rechtliche Grundlage der Königl. Gewalt. Nicht die Verfassung schuf in Preußen die Königl. Gewalt, sondern die Königl. Gewalt schuf die Verfassung; s. Arndt, unten zu Art. 43 und 53, ferner Verordnungsrecht S. 63 ff.

Titel I.

Vom Staatsgebiete.

Art. 1. Alle Landestheile der Monarchie in ihrem gegenwärtigen Umfange bilden das preußische Staatsgebiet.

Alle Landestheile der Monarchie bilden in staatsrechtlicher Hinsicht eine Einheit. Die Monarchie ist eine „eine und untheilbare"; s. auch Zorn-v. Rönne, I § 11. Die ältere Bezeichnung „Preußische Staaten", wie sie z. B. noch im Allgemeinen Berggesetz v. 24. Juni 1865 (GS. 705) gebraucht wird, ist hiernach nicht korrekt; s. Schulze, Preuß. Staatsr. I § 3, v. Rönne, Preuß. Staatsr. I §§ 32 ff., Schwartz S. 44. Aenderungen des Staatsgebiets sind nur im Wege der Gesetzgebung statthaft (Art. 2).

Art. 2. Die Gränzen dieses Staatsgebiets [1] können nur durch ein Gesetz [2] verändert [3] werden. [4] [5]

[1] Die Monarchie ist für die allgemeine Staatsverwaltung z. Z. in 12 Provinzen, 35 Regierungsbezirke und 555 Kreise (und 4 hohenzollernsche Oberämter) getheilt. Die Stadt Berlin bildet daneben eine besondere Provinz; Ges. über die allgemeine Landesverwaltung vom 30. Juli 1883 (GS. 197) § 1. Die preußische Nationalfarbe ist Schwarz-Weiß (KabOrdre v. 22. Mai 1818 in v. Kamptz Ann. II 347 und v. 12. März 1823, GS. 127). Die Provinzen, (Regierungs-)Bezirke und Kreise sind in Art. 2 nicht erwähnt. Ein Antrag, sie dort einzufügen, wurde im Central-Ausschusse der I. Kammer abgelehnt (Verhandl. der I. Kammer 1849 S. 642). Daß Aenderungen in den Grenzen der Provinzen, Regierungsbezirke und Kreise nur durch Gesetz erfolgen können, ist daher aus Art. 2 nicht zu folgern. Solches ist aber durch neuere Gesetze als Gesetzes-(nicht Verfassungs-)Recht besonders vorgeschrieben worden: für die Provinzen durch die Provinzialordnung v. 29. Juni 1875 (GS. 1881 S. 234) § 4 und für die Kreise durch die Kreisordnung v. 13. Dez. 1872 (GS. 1881 S. 180) § 3. Bevor diese Gesetze galten, und soweit sie noch nicht gelten (z. B. in Posen), war und ist die Aenderung durch Verordnung statthaft, erfolgte und erfolgt thatsächlich in dieser Weise (Arndt, Verordnungsrecht S. 144, anderer Ansicht v. Rönne, Preuß. Staatsrecht §§ 178, 179, 181). Das Abgeordnetenhaus schwankte; am 23. April

1855 (Sten. Ber. 1854/55 S. 808) war es der hier vertretenen Ansicht, welcher auch die Staatsregierung (vgl. noch VMBl. 1864 S. 267) und das Herrenhaus stets huldigten; am 22. Sept. 1867 (Sten. Ber. S. 1822 ff.), am 2. Nov. 1869 (Sten. Ber. S. 242) der entgegengesetzten. S. auch unten Art. 105. Veränderungen solcher Gemeinde- oder Gutsbezirksgrenzen, welche zugleich Provinzial- oder Kreisgrenzen sind, ziehen die Veränderung der letzteren ohne Weiteres (ohne besonderes Gesetz) nach sich. Zur Aenderung der Regierungsbezirke bedarf es nach dem Vorstehenden keines Gesetzes; s. auch MR. v. 14./7. 78 (VMBl. 1879 S. 3), ebenso Schwartz S. 48.

[2] D. h. mit Zustimmung der Landesvertretung, s. Art. 62. Es ist fraglich, ob der bloße Konsensus zwischen der Krone und der Landesvertretung genügt, oder ob die Grenzveränderung auch noch in der Form des Gesetzes in der Gesetzsammlung bekannt zu machen ist. (Vgl. hierzu E. Meier über den Abschluß von Staatsverträgen, Leipzig 1874, S. 252—261, welcher sich für die letztere Alternative ausspricht.) Diese Ansicht hat den Wortlaut des Art. 2 für sich. Ihr ist die neuere Praxis gefolgt (vgl. indeß auch Ber. d. Justiz-Komm. des HerrH. v. 23./2. 77, Anlagen zu Sten. Ber. d. HerrH. 1877 S. 120 f., 131 ff. und Verhdl. des HerrH. v. 26./2. 77, Sten. Ber. S. 157 f.); s. auch Zorn-v. Rönne, Preuß. Staatsr. I § 11.

[3] Gebiete, welche der Landesherr zum völkerrechtlichen Eigenthum erwirbt (en propriété et souveraineté), z. B. Lauenburg 1865, Schleswig-Holstein 1866, sind nicht ohne Weiteres als eine für den Staat gemachte Erwerbung zu betrachten. Dies folgt u. A. daraus, daß eine solche Vorschrift zwar in anderen und älteren Verfassungen (bayr. Thl. III § 1, württ. § 2, hessen-darmst. § 8, sächs. § 16), nicht aber in der preuß. Verfass. enthalten ist. Anderer An-

sicht sind Zorn-v. Rönne § 11, Schwartz S. 159. Man kann höchstens sagen, daß der König, wenn er mit den Mitteln des Staates ein Land erwirbt, eine gewisse moralische Verpflichtung habe, diesen Erwerb dem Staate zuzuführen. Andererseits hatte die Krone Heer und Finanzen schon vor der Verfassung, und kann sie ferner so wenig wie der Landtag den Erwerb als im Staatsinteresse liegend erachten. Die Erwerbung von Lauenburg und Schleswig-Holstein für den Staat Preußen hat das Abgeordnetenhaus von 1864 bis 1866 nicht gewollt. Auch hatte der Landtag keine Mittel für diese Erwerbungen bewilligt. Aus allen diesen Gründen war der Erwerb von Lauenburg im Gasteiner Vertrage 1865 für den König durchaus legal; s. unten zu Art. 55.

Solche Veränderungen sind durch Einverleibung der nachstehenden Gebietstheile vorgekommen:

1. der Fürstenthümer Hohenzollern-Hechingen und Hohenzollern-Sigmaringen durch Ges. v. 12./3. 50 (GS. 289);
2. des Jadegebiets durch Patent v. 5./11. 54 (GS. 593), Ges. v. 23./3. 73 (GS. 119);
3. des Königreichs Hannover, des Kurfürstenthums Hessen, des Herzogthums Nassau und der freien Stadt Frankfurt, Ges. v. 20./9. 66 (GS. 555);
4. der Herzogthümer Holstein und Schleswig, Ges. v. 24./12. 66 (GS. 875);
5. der ehemaligen bayrischen Gebietstheile:
   a) des Bezirksamts Gersfeld,
   b) des Landgerichtsbezirks Orb, ohne Aura,
   c) der zwischen Saalfeld und dem preußischen Landkreis Ziegenrück gelegenen Enklave Kaulsdorf, Ges. v. 24./12. 66 (GS. 876);

6. der ehemaligen großherzoglich hessischen Gebietstheile:
   a) der Landgrafschaft Hessen-Homburg, einschließlich des Oberamtsbezirks Meisenheim, jedoch ausschließlich der Domanialgüter Hötensleben und Oebisfelde,
   b) des Kreises Biedenkopf,
   c) des Kreises Vöhl, einschließlich der Enklaven Eimelrod und Höringhausen,
   d) des nordwestlichen Theiles des Kreises Gießen, welcher die Orte Frankenbach, Krumbach, Königsberg, Fellingshausen, Bieber, Haina, Rodheim, Waldgirmes, Naunheim und Hermannstein mit ihren Gemarkungen umfaßt,
   e) des Ortsbezirks Rödelheim,
   f) des bisher unter großherzoglich hessischer Souveränität stehenden Theiles des Ortsbezirkes Nieder-Ursel, Ges. v. 24./12. 66 (GS. 876);
7. des Herzogthums Lauenburg, Ges. v. 23./6. 76 (GS. 169);
8. der Insel Helgoland, Ges. v. 18./2. 91 (GS. 11).

Austausch- und Grenzregulirungsverträge, die gleichfalls der Landtagsgenehmigung bedürfen, sind hier nicht mit aufgeführt.

[4] In neuerworbenen Landestheilen gelten die bisherigen preußischen Gesetze und Verordnungen nur, wenn sie besonders eingeführt werden; sie gelten dagegen ohne Weiteres in Gebieten, welche bei Grenzregulirungen oder Austauschverhandlungen dem Staate zufallen; s. KabO., betr. die Anwendung der preußischen Gesetze in denjenigen Orten, welche bei Grenzregulirungen als Gebietstheile der Monarchie anerkannt oder in Folge eines Austausches an dieselbe abgetreten worden sind, vom 29. März 1837 (GS. 71).

[5] Preußen kann Theile seines Gebiets an andere Bundesstaaten ohne Reichsgesetz, an das Ausland dagegen nur unter Genehmigung eines Reichsgesetzes abtreten; Arndt, Reichsstaatsrecht S. 72, 73.

Titel II.

Von den Rechten der Preußen.

Der Tit. II, welcher nach dem Vorbilde u. A. der von der französischen Revolution proklamirten „droits de l'homme et du citoyen" und der von der Frankfurter Nationalversammlung am 21. Dez. 1848 beschlossenen Grundrechte aufgestellt ist, handelt von den Rechten, welche jedem Preußen schon wegen dieser Eigenschaft dem Staate gegenüber zustehen. Titel II enthält die zum unmittelbaren Schutze der persönlichen Freiheit aufgestellten Rechtssätze, keine subjektiven Rechte. (Aehnlich ist die Ansicht v. Gerber's, Grundzüge eines Systems des deutschen Staatsrechts § 11, P. Laband, Reichsstaatsr. I S. 142, Seydel, Bayr. Staatsr. I S. 571; andererseits erblicken Löning, Verwaltungsr. S. 13, G. Meyer, Staatsrecht § 217, u. A. in den Grundrechten subjektive Rechte.)

Die in II aufgeführten Rechtssätze bezogen sich nur auf die Preußen. Sie gelten auch heute unzweifelhaft nicht für Angehörige eines nicht zum Deutschen Reiche gehörigen Staates. Daß sie für alle Reichsangehörigen gelten, behauptet v. Cuny (Sten. Ber. des AbgH. 1888 S. 1313); vgl. andererseits Seydel, Bayr. Staatsr. I S. 523, und P. Laband, Staatsrecht I S. 152 a. a. O. In Betracht kommt Reichsverfassung Art. 3: „Für ganz Deutschland besteht ein gemeinsames Indigenat mit der Wirkung, daß der Angehörige ... eines jeden Bundesstaates in jedem anderen

Bundesstaate als Inländer zu behandeln und demgemäß zum festen Wohnsitz, zum Gewerbebetriebe, zu öffentlichen Aemtern, zur Erwerbung von Grundstücken, zur Erlangung des Staatsbürgerrechtes und zum Genusse aller sonstigen bürgerlichen Rechte unter denselben Voraussetzungen wie der Einheimische zuzulassen ... ist." Die Reichsverfassung sagt also nicht, daß jeder Reichsangehörige die preußische Staatsangehörigkeit besitzt, und daraus folgt, daß die Rechte, welche an die preußische Staatsangehörigkeit geknüpft sind, dem nichtpreußischen Reichsangehörigen nicht zustehen. Dieser kann sich auf Tit. II der Verfassung nicht beziehen. Allerdings stehen viele der hier aufgeführten Rechte auch dem Nichtpreußen zu, aber nur, weil und soweit sie durch Reichsgesetze gegeben sind, oder weil nach preuß. Rechte für Nichtpreußen oft dieselben Rechtssätze wie für Preußen gelten (z. B. Art. 8 bis 12).

Das gemeinsame (Reichs-)Indigenat bezieht sich weder auf die Aufnahme in den lokalen Gemeindeverband noch auf das Ausscheiden aus diesem (Entsch. des OVG. XXX S. 1 ff.); es bezieht sich auch nicht auf Landtagswahlen. In Bezug auf das Strafrecht ist das Deutsche Reich erst durch das Reichsstrafgesetzbuch, in Bezug auf die Civil- und Strafprozeßgesetzgebung durch § 39 des Rechtshülfegesetzes vom 21. Juni 1869 (BGBl. 305) und durch die sog. Reichsjustizgesetze v. 1877 als Inland erklärt worden. Das gemeinsame Indigenat gilt auch nur für physische, nicht für juristische Personen. Daher sind die landesrechtlichen Vorschriften, wonach juristische Personen des Auslandes nur mit besonderer Genehmigung Grundeigenthum erwerben können, rücksichtlich der juristischen Personen der übrigen Bundesstaaten in Kraft geblieben (GS. 1882 S. 8, JMBl. 1898 S. 104). Im Sinne des BGB. ist Inländer jeder Reichsangehöriger; ausländische Vereine gelten im Sinne des BGB. als rechtsfähig, wenn ihre Rechtsfähigkeit durch Beschluß des Bundesraths anerkannt ist (Art. 10 EG. z. BGB). Nach Art. 86 EG. z. BGB. sind die landesrechtlichen Vorschriften, welche den Erwerb von Rechten durch juristische Personen beschränken oder von staatlicher Genehmigung abhängig machen, durch das BGB. unberührt geblieben, soweit die Vorschriften Gegenstände im Werthe von mehr als 5000 Mk. betreffen. In Bezug auf die Armenversorgung sind — abgesehen von Bayern — alle Reichsangehörigen durch § 1 des Gesetzes über den Unterstützungswohnsitz vom 6. Juni 1870 (BGBl. S. 360) gleichgestellt.

Art. 3. Die Verfassung und das Gesetz[1] bestimmen, unter welchen Bedingungen die Eigenschaft eines Preußen und die staatsbürgerlichen Rechte[2] erworben, ausgeübt und verloren werden.[3]

[1] Die Nationalversammlung, von welcher die jetzige Fassung des Art. 3 herrührt, verstand hierunter ein neues Gesetz. Ein solches kam in Preußen nicht zu Stande; bis zur Regelung von Bundeswegen galt Ges. v. 31. Dez. 1842 (GS. 15). Jetzt gilt das Ges. über die Erwerbung und den Verlust der Bundes- und Staatsangehörigkeit vom 1. Juni 1870 (BGBl. 355). Darnach ist die Reichsangehörigkeit Folge der Staatsangehörigkeit. Seit Ges. v. 15. März 1888 (RGBl. 71) § 6 giebt es in den Schutzgebieten eine Reichs- ohne Staatsangehörigkeit. Einen ferneren Fall einer Reichs- ohne Staatsangehörigkeit s. in § 1723 BGB. Ein Reichsangehöriger kann in mehreren Bundesstaaten die Staatsangehörigkeit haben. Im Wesentlichen bestimmt das Ges. v. 1. Juni 1870 Folgendes:

Die Staatsangehörigkeit in einem Bundesstaate und damit die Reichsangehörigkeit wird erworben durch die Geburt, und zwar erwerben eheliche Kinder die

Staatsangehörigkeit des Vaters, uneheliche Kinder die der Mutter. Unerheblich ist es, wo die Geburt erfolgt, in welchem Bundesstaate oder ob im Inlande oder im Auslande. Die Staatsangehörigkeit wird ferner durch Ehelichkeitserklärung erworben. Die Wirkungen der Ehelichkeitserklärungen erstrecken sich auch auf die Abkömmlinge des Kindes. Rückwirkende Kraft hat die Ehelichkeitserklärung indessen nicht. Die Adoption bewirkt keine Veränderung der Staatsangehörigkeit. Die Staatsangehörigkeit wird sodann durch Verheirathung erworben, und zwar begründet die Verheirathung mit einem Deutschen für die Ehefrau die Staatsangehörigkeit des Mannes. Nur die gültige Ehe hat diese Wirkung. Die Nichtigkeit der Ehe hebt die durch die Ehe erworbene Staatsangehörigkeit wieder auf. Die Scheidung ist ohne Einfluß auf die durch die Ehe erworbene Staatsangehörigkeit. Die Staatsangehörigkeit wird auch nur für die Frau erworben; deren Kinder erwerben sie nur, wenn sie gleichzeitig legitimirt werden, also wenn sie von der Frau ihrem nunmehrigen Manne geboren, nicht wenn sie von einem anderen Manne gezeugt sind.

Ein Deutscher, welcher seine Staatsangehörigkeit verloren hat, ohne eine andere, ausländische Staatsangehörigkeit erworben zu haben, also staatsangehörigkeitslos ist, bewirkt durch die Verheirathung, daß auch seine Ehefrau und die in der Ehe erzeugten oder durch die Heirath legitimirten Kinder zu staatsangehörigkeitslosen Personen werden. Die Staatsangehörigkeit wird sodann erworben für Angehörige eines Bundesstaates durch Aufnahme (§ 7 des Ges. vom 1. Juni 1870); diese erfolgt durch eine von der höheren Verwaltungsbehörde auszustellende Urkunde. Diese muß auf Nachsuchen ertheilt werden, wenn der Nachsuchende nachweist: 1) die Angehörigkeit zu irgend einem anderen deutschen Bundesstaate oder die Landesangehörigkeit in Elsaß-

Lothringen,[1] 2) seine Verfügungsfähigkeit, bezw., wenn er nicht verfügungsfähig ist, den Konsens des Vaters, Vormundes u. s. w., und 3) daß er in dem Bundesstaate, in welchem er die Aufnahme nachsucht, sich niedergelassen habe. Unter Niederlassung ist nichts anderes zu verstehen als der Besitz einer eigenen Wohnung oder eines Unterkommens mit der Absicht, seinen Aufenthalt daselbst zu nehmen; eigener Haushalt wird nicht gefordert. Als Unterkommen kann auch eine bloße Schlafstelle gelten. Auch Aftermiethe genügt. Auch der Dienstbote in einem fremden Haushalt oder der Gehülfe in einem fremden Gewerbebetriebe haben eine Niederlassung[2] und können die Aufnahme verlangen. Dagegen ist Niederlassung nicht gleichbedeutend mit Aufenthalt. Letzterer kann ein nur vorübergehender sein; unter einer Niederlassung versteht man die Begründung eines dauernden Aufenthalts.[3]

Die Landesregierungen sind nicht gehindert, wenn sie wollen, auch solchen reichsangehörigen Personen, welche die Niederlassung nicht verlangen können, welche z. B. noch keine Niederlassung haben, die Aufnahme zu gewähren.

Die Staatsangehörigkeit wird durch Naturalisation für Ausländer, d. h. Nichtreichsangehörige, erworben. Ein Recht auf Naturalisation ist Niemandem gegeben, so daß jede Landesregierung berechtigt ist, einem Ausländer die Staatsangehörigkeit zu verweigern, auch wenn die in § 8 des Ges. vom 1. Juni 1870 aufgezählten Voraussetzungen, welche nur als Minimum

---

[1] Gesetz, betr. die Vereinigung von Elsaß und Lothringen mit dem Deutschen Reiche, vom 9. Juni 1871 (RGBl. 1871 S. 212).

[2] Miquel, in den Sten. Ber. des Reichstages 1871 I S. 260.

[3] Erk. des Oberverwaltungsgerichts vom 11. Nov. 1891, Entsch. XXII S. 394.

der zu stellenden Anforderungen erscheinen, erfüllt sind. Nur die im Reichsdienste angestellten Ausländer haben ein Recht auf Naturalisation.[1] Von den für die Naturalisation aufgestellten Voraussetzungen können die Landesbehörden nicht dispensieren. Wohl aber dürfen sie die Naturalisation in noch anderen Fällen ausschließen und an noch andere Voraussetzungen knüpfen. Die (von der höheren Verwaltungsbehörde auszustellende) Naturalisationsurkunde darf nur ertheilt werden, wenn der zu Naturalisirende erstens nach den Gesetzen seiner bisherigen Heimath dispositionsfähig oder der Mangel der Dispositionsfähigkeit durch die Zustimmung des Vaters, des Vormundes oder des Kurators ergänzt ist, wenn er zweitens einen „unbescholtenen Lebenswandel“ geführt hat, drittens an dem Orte, wo er sich niederlassen will, eine eigene Wohnung oder ein Unterkommen findet und viertens an diesem Orte nach den daselbst bestehenden Verhältnissen sich und seine Angehörigen zu ernähren im Stande ist. Vor Ertheilung der Naturalisationsurkunde ist die Gemeinde beziehungsweise der Armenverband desjenigen Ortes, wo der Aufzunehmende sich niederlassen will, in Beziehung auf die Erfordernisse der Naturalisation zu hören.

Sowohl die Aufnahme wie die Naturalisation sind Akte der staatlichen Hoheit, Verfügungen der Staatsgewalt.[2] Aufnahme wie Naturalisation dürfen weder auf Zeit noch unter Bedingungen ertheilt werden.[3] Ihre Ertheilung und Zufertigung schließt jede fernere Prüfung darüber aus, ob die gesetzlichen Voraussetzungen

---

[1] § 9 Abs. 1 des Ges. v. 1. Juni 1870 und Ges., betr. die Naturalisation von Ausländern, welche im Reichsdienst angestellt sind, v. 20. Dez. 1875 (RGBl. 1875 S. 324).

[2] Erk. des Oberverwaltungsgerichts v. 23. Juni 1886; Entsch. XIII S. 414, und v. 1. Juni 1894; Entsch. XXIX S. 413.

[3] Vgl. die in Anm. 2 cit. Erk. des Oberverwaltungsgerichts.

erfüllt waren; sie können daher auch, wenn sich die Behörde, welche sie ausstellt, in den Voraussetzungen geirrt hat, nicht mehr zurückgenommen werden.[1]

Stillschweigend erfolgen die Aufnahme wie die Naturalisation durch die Bestallung als Beamter, wenn diese von der Regierung oder von einer Central- oder höheren Verwaltungsbehörde eines Bundesstaates für den unmittelbaren[2] oder mittelbaren Staats- oder Kirchen-,[3] Schul- oder Kommunaldienst ausgestellt oder bestätigt ist.

Wird ein Angehöriger eines deutschen Bundesstaates im Reichsdienst angestellt, so behält er seine Staatsangehörigkeit, auch wenn er seinen Wohnsitz wechselt. Wird ein Ausländer im Reichsdienst angestellt, so erwirbt er, außer wenn er in den Schutzgebieten angestellt wird, dadurch allein noch nicht die Reichsangehörigkeit. Hat er indeß seinen Wohnsitz in einem Bundesstaate, so erlangt er dadurch ipso iure die Staatsangehörigkeit. Hat er seinen dienstlichen Wohnsitz im Auslande, so kann er, wenn er ein Diensteinkommen aus der Reichskasse bezieht, von welchem Bundesstaat er will, die Ertheilung der Naturalisationsurkunde fordern.[4]

Weder die Aufnahme- noch die Naturalisationsurkunde haben rückwirkende Kraft. Ihre Wirksamkeit

---

[1] Vgl. die in Anm. 2 cit. Erk. des Oberverwaltungsgerichts.

[2] Auch der Dienst als Officier, Fähnrich, Feldwebel u. s. w. ist in diesem Sinne Staatsdienst, auch wenn es sich nur um den Beurlaubtenstand handelt.

[3] Unter Kirche versteht man zwar im Allgemeinen und nach preußischem Rechte nur eine Landeskirche, indeß gilt als Kirche im Sinne des Ges. v. 1. Juni 1870 auch jede anerkannte Religionsgesellschaft.

[4] Gesetz, betr. die Naturalisation von Ausländern u. s. w., v. 20. Dez. 1875 (RGBl. 1875 S. 324).

beginnt nicht mit der Ausfertigung, sondern mit ihrer Aushändigung.

Die Verleihung der Staatsangehörigkeit, in welcher Form sie auch erfolgt, erstreckt sich, sofern nicht in der sie aussprechenden Urkunde eine Ausnahme gemacht wird, zugleich auf die Ehefrau und auf diejenigen minderjährigen Kinder, deren gesetzliche Vertretung dem Aufgenommenen oder Naturalisirten kraft elterlicher Gewalt zusteht. Ausgenommen sind Töchter, die verheirathet sind oder verheirathet gewesen sind.[1]

Durch den bloßen Wohnsitz wird — abgesehen von dem Falle, daß ein Ausländer im Reichsdienst angestellt wird und seinen Wohnsitz im Inlande nimmt — für sich allein die Staatsangehörigkeit nicht begründet.

Die Angehörigkeit zu einem deutschen Bundesstaate geht nicht verloren durch Erwerb einer anderen deutschen Staatsangehörigkeit. Auch durch die Erwerbung einer fremdländischen Staatsangehörigkeit wird die deutsche Staatsangehörigkeit nicht aufgehoben.[2] Doch ist der Erwerb einer fremdländischen Staatsangehörigkeit nicht ohne Einfluß auf den Verlust der Reichsangehörigkeit, wenn dazu ein längerer, mindestens fünfjähriger Aufenthalt getreten ist.[3] Auf der anderen Seite hindert das Fortbestehen eines deutschen Indigenats nicht den Erwerb einer anderen deutschen Staatsangehörigkeit. Die Aufgabe der außerdeutschen Staatsangehörigkeit ist durch das Gesetz vom 1. Juni 1870 nicht als Voraussetzung für die Erwerbung der Reichsangehörigkeit hingestellt. Doch steht nichts im Wege, daß Staatsverträge oder die Landesregierungen die Ertheilung der Naturalisationsurkunde nur zulassen, wenn zuvor die fremd-

---

[1] Art. 41 des EG. z. BGB.

[2] Erk. des Reichsgerichts v. 22. März 1892; Entsch. in Strafsachen XXIII S. 17.

[3] § 21 Abs. 3 des Ges. v. 1. Juni 1870.

ländische Staatsangehörigkeit aufgegeben ist. Die Angehörigkeit zu einem deutschen Bundesstaate geht auch nicht verloren durch noch so langen Aufenthalt in einem anderen deutschen Bundesstaate oder in einem deutschen Schutzgebiete. Sie geht verloren erstens durch Entlassung auf Antrag. Der Antragsteller muß verfügungsfähig sein. Ist er es nicht, so ist die Zustimmung seines gesetzlichen Vertreters erforderlich. Die Entlassung eines Staatsangehörigen, der unter elterlicher Gewalt oder Vormundschaft steht, kann von dem gesetzlichen Vertreter nur mit Genehmigung des Vormundschaftsgerichts beantragt werden.[1] Doch ist die Genehmigung des Vormundschaftsgerichtes nicht erforderlich, wenn der Vater oder die Mutter die Entlassung für sich und zugleich kraft elterlicher Gewalt für ein Kind beantragt.[1] Erstreckt sich der Wirkungskreis eines der Mutter bestellten Beistandes auf die Sorge für die Person des Kindes, so bedarf die Mutter in einem solchen Falle der Genehmigung des Beistandes zu dem Antrag auf Entlassung des Kindes.[2] Die Entlassung des sie Nachsuchenden erfolgt durch die von der höheren Verwaltungsbehörde seines Heimathsstaates ausgestellte Entlassungsurkunde.

Bei der Entlassung wird unterschieden, ob der sie Nachsuchende Reichsangehöriger bleibt oder nicht. Ist Ersteres erweislich der Fall, d. h. weist der zu Entlassende nach, daß er die Staatsangehörigkeit in einem anderen Bundesstaate erworben hat, oder daß er eine solche schon besitzt, so muß ihm die Entlassung unbedingt und kostenlos, ohne Rücksicht auf Militär- und Wehrverhältnisse ertheilt werden. Kann er diesen Nachweis nicht führen, so darf sie in den drei durch das Ges. v. 1. Juni 1870 aufgeführten Fällen, welche die

[1] Art. 41 des EG. z. BGB.
[2] Arndt, Reichsstaatsrecht S. 61.

Militärverhältnisse betreffen,[1] nicht in anderen Fällen, z. B. nicht wegen rückständiger Steuern, versagt werden. Wird sie irrthümlich ertheilt, so ist sie nicht ungültig; denn die Entlassung ist ebenso wie die Aufnahme und Naturalisation ein Formalakt, der definitiv den Eintritt des neuen Status nach Außen hin konstatirt. Die Wirkung der Entlassungsurkunde besteht in dem Verluste der Staatsangehörigkeit und beginnt mit dem Zeitpunkte der Aushändigung. „Ipso iure", ohne Erklärung und mit der Wirkung, als ob sie nie ausgestellt wäre, wird die Entlassung unwirksam, wenn der Entlassene nicht binnen sechs Monaten, vom Tage der Aushändigung der Entlassungsurkunde an, seinen Wohnsitz außerhalb des Bundesgebietes verlegt oder, wenn er nicht schon eine andere deutsche Staatsangehörigkeit besitzt, eine solche in einem anderen deutschen Bundesstaate erwirbt. Wohnsitz ist hier im juristischen Sinne aufzufassen. Nicht die Abmeldung, sondern die wirkliche Verlegung des Wohnortes mit der Absicht, sich im letzteren bleibend niederzulassen, ist erforderlich.

Die Entlassung erstreckt sich, insofern nicht dabei eine Ausnahme gemacht wird, zugleich auf die Ehefrau und auf diejenigen Kinder, deren gesetzliche Vertretung dem Entlassenen kraft elterlicher Gewalt zusteht.[2] Doch findet diese Vorschrift keine Anwendung auf Töchter, die verheirathet sind oder verheirathet gewesen sind, sowie auf Kinder, die unter der elterlichen Gewalt der Mutter stehen, falls die Mutter zu dem Antrage auf Entlassung der Kinder der Genehmigung des Beistandes bedarf.[3] Die Entlassung wirkt nur für den Staat, der

---

[1] Arndt, Reichsstaatsrecht S. 61.

[2] Gründe zum Erk. des Oberverwaltungsgerichts v. 23. Juni 1886; Entsch. XIII S. 417.

[3] Art. 41 des EG. z. BGB.

sie ertheilt. Sie hat also den Verlust der Staatsangehörigkeit in einem anderen deutschen Bundesstaate nicht zur Folge. Die Staatsangehörigkeit kann zweitens durch **Ausspruch der Behörde** verloren gehen. Im Falle eines Krieges oder einer Kriegsgefahr kann der Kaiser Deutsche, welche sich im Auslande aufhalten, zur Rückkehr auffordern. Solche Aufforderungen, Avokatorien, sind für das ganze Reichsgebiet anzuordnen. Wer einer solchen Aufforderung nicht innerhalb der gesetzten Frist Folge leistet, kann durch Beschluß der Centralbehörde des Staates, in dem er eine Staatsangehörigkeit besitzt, dieser Staatsangehörigkeit verlustig erklärt werden.[1] Ein solcher Beschluß wirkt nur für den Staat, der ihn erläßt, und hat keine Wirkung für ein Indigenat in einem anderen deutschen Bundesstaate. Der Verlust der Staatsangehörigkeit erstreckt sich in einem solchen Falle nicht mit auf die Ehefrau und die unter väterlicher Gewalt stehenden Kinder des Entlassenen.[2] Die nach dem Indigenatsverluste geborenen Kinder sind dagegen Ausländer. Wenn Deutsche, die ohne Erlaubniß ihrer Regierung in den Dienst eines außerdeutschen Staates getreten sind, der an sie gerichteten Aufforderung zum Austritt nicht Folge leisten, so kann ihnen durch Beschluß der Centralbehörde ihres Heimathsstaates die Angehörigkeit zu diesem Staate abgesprochen werden.[3]

Die Staatsangehörigkeit kann drittens durch bloßen **Aufenthalt im Auslande** verloren gehen.[4] In diesem Sinne gelten die Schutzgebiete als Inland.[5] Der

---

[1] § 20 des Ges. v. 1. Juni 1870.

[2] Arndt, Reichsstaatsrecht S. 64; and. Ansicht Seydel, in Hirth's Annalen 1876 S. 151.

[3] § 22 des Ges. v. 1. Juni 1870.

[4] § 21 des Ges. v. 1. Juni 1870.

[5] § 6 des Ges., betr. die Rechtsverhältnisse der deutschen Schutzgebiete, in der Fassung der Bekanntm. v. 15. März 1888 (RGBl. 1888 S. 75).

Aufenthalt muß ununterbrochen zehn Jahre gedauert haben. Besitzt der Austretende ein Reisepapier oder einen Heimathsschein, so beginnt die Frist erst mit dem Zeitpunkte des Ablaufs dieser Papiere. Die Frist der zehn Jahre wird unterbrochen, wenn der Ausgewanderte auch nur vorübergehend im deutschen Reichsgebiete oder in einem zum Deutschen Reiche gehörigen Schutzgebiete seinen Wohnsitz[1] nimmt. Die Frist wird ferner durch die Eintragung in die Matrikel eines Konsuls des Deutschen Reiches unterbrochen.[2] Dagegen unterbricht die Ausstellung eines Passes nicht die zehnjährige Frist. Der Lauf der zehnjährigen Frist beginnt von Neuem mit dem Tage, der auf die Löschung des Ausgewanderten in der Matrikel folgt. Der Verlust der Staatsangehörigkeit wegen Aufenthaltes im Auslande erfolgt von selbst, ohne Ausspruch der Behörde. „Der hiernach eingetretene Verlust der Staatsangehörigkeit erstreckt sich," nach dem Wortlaute in Abs. 2 des § 21 des Ges. v. 1. Juni 1870, „zugleich auf die Ehefrau und die unter väterlicher Gewalt stehenden minderjährigen Kinder, soweit sie sich bei dem Ehemann bezw. Vater befinden." Art. 41 des EG. z. BGB. setzt an die Stelle des citirten Abs. 2 in § 21 folgende Vorschriften:

> „Der hiernach eintretende Verlust der Staatsangehörigkeit erstreckt sich zugleich auf die Ehefrau und diejenigen Kinder, deren gesetzliche Vertretung dem Ausgetretenen kraft elterlicher Gewalt zusteht, soweit sich die Ehefrau oder die Kinder bei dem Ausgetretenen befinden. Aus-

[1] Eine Wohnsitznahme liegt nicht vor, wenn er nur, um seine Angehörigen oder Geschäftskunden zu besuchen, in das Deutsche Reich kommt.

[2] Gesetz, betr. die Organisation der Bundeskonsulate, vom 8. Nov. 1867 (BGBl. 1867 S. 137) § 12.

genommen sind Töchter, die verheirathet oder verheirathet gewesen sind."

Selbstredend ist ein für den Ehemann oder Vater ausgestelltes Reisepapier auch für seine Ehefrau und Kinder maßgebend, so daß auch für diese die zehnjährige Frist erst mit dem Ablaufe des Papieres beginnt.[1] Das Gesetz v. 1. Juni 1870 läßt zu, daß durch Staatsvertrag die zehnjährige Frist auf eine fünfjährige vermindert werden kann, wenn der Ausgewanderte ein fremdes Indigenat erworben hat. Dabei soll es keinen Unterschied machen, ob der Ausgewanderte sich im Besitze eines Reisepapieres befindet oder nicht. Solche (Bancroft-)Verträge sind mit den Vereinigten Staaten von Nordamerika abgeschlossen.[2] Ist zu dem ununterbrochenen fünfjährigen Aufenthalt der Erwerb der fremdländischen Staatsangehörigkeit hinzugetreten, so ist das deutsche Heimathsrecht endgültig erloschen[3] und kann nur wieder durch Naturalisation von Neuem erlangt werden.[4] Deutschen, welche ihre Staatsangehörigkeit durch zehnjährigen Aufenthalt im Auslande verloren haben, kann die Staatsangehörigkeit in dem früheren Bundesstaate wieder verliehen werden, ohne daß sie sich dort niederlassen.[5] Dazu genügt nicht

---

[1] Erk. des Reichsgerichts v. 5. Nov. 1897; Entsch. in Strafsachen XXX S. 297.

[2] Zuerst am 22. Febr. 1868 (BGBl. 1868 S. 228); s. auch Erk. des Oberverwaltungsgerichts v. 13. Okt. 1886; Entsch. XIV S. 388.

[3] Erk. des Reichsgerichts v. 6. Febr. 1895; Entsch. in Strafsachen XXIII S. 407; s. auch Entsch. in Strafsachen XVIII S. 384.

[4] Vgl. Gründe zum Erk. des Oberverwaltungsgerichts vom 13. Okt. 1886 in den Entsch. XIV S. 392 ff.

[5] Abs. 4 des § 21 des Ges. v. 1. Juni 1870.

die bloße Erklärung der Behörde, es ist vielmehr eine förmliche Urkunde nöthig:

„Deutsche, welche ihre Staatsangehörigkeit durch zehnjährigen Aufenthalt im Auslande verloren haben und demnächst in das Reichsgebiet zurückkehren, erwerben die Staatsangehörigkeit in demjenigen Bundesstaate, in welchem sie sich niedergelassen haben, durch eine von der höheren Verwaltungsbehörde ausgefertigte Aufnahmeurkunde, welche auf Nachsuchen ihnen ertheilt werden muß",[1]

indes nur, wenn sie inzwischen keine neue Staatsangehörigkeit erworben haben.[2] Zweifellos besitzen Deutsche, welche durch fünfjährigen Aufenthalt im Auslande, verbunden mit dem Erwerb einer fremden Staatsangehörigkeit, die deutsche Staatsangehörigkeit verloren haben, nach Rückkehr in ihre Heimath keinen Rechtsanspruch auf Wiederaufnahme.[3]

Die Entlassung, mag sie ohne den Willen oder auf Antrag des Entlassenen erfolgen, ebenso wie die Renaturalisation und die Wiederaufnahme sind keine staatsrechtlichen Verträge, sondern Staatshoheitsakte. Sie sind sämmtlich Formalakte. Jede Nachprüfung ihrer thatsächlichen und rechtlichen Voraussetzungen ist ausgeschlossen.[4]

Die Staatsangehörigkeit geht viertens verloren bei

---

[1] Abs. 5 (letzter) des § 21 des Ges. vom 1. Juni 1870.

[2] Erk. des Oberverwaltungsgerichts vom 13. Okt. 1886; Entsch. XIV S. 388, und 3. Febr. 1894; Entsch. XXVI S. 376 ff.; Arndt, Reichsstaatsrecht S. 66; Laband I S. 158, und dagegen u. A. Seydel, in Hirth's Annalen 1876 S. 143 Anm. 7, Bayr. Staatsrecht I S. 535; G. Meyer, Lehrbuch § 77 u. A. m.

[3] Arndt, Reichsstaatsrecht S. 67; Seydel, Bayr. Staatsrecht I S. 535 Anm. 9 u. A. m.

[4] Vgl. Erk. des Oberverwaltungsgerichts v. 23. Juni 1886 und 1. Juni 1894 in den Entsch. XIII S. 408 ff. und XXVII S. 410 ff.

unehelichen Kindern durch Legitimation, wenn der Vater einem anderen Staate angehört,[1] und fünftens, wenn eine Preußin einen Nichtpreußen heirathet.[2]

[2] D. h. im Gegensatze von den reinen Privatrechten (welche einem Staatsbürger gegen den anderen zustehen, und welche der Staat nur schützt, und zwar auch, wenn es Rechte eines Fremden sind) diejenigen öffentlichen Rechte, welche der Staat seinen Unterthanen gewährt. Sie zerfallen a) in die politischen Rechte (das aktive und passive Wahlrecht zu Staats- und Kommunalwahlen, die allgemeine Fähigkeit zur Bekleidung öffentlicher Aemter und zur Befugniß, Geschworener oder Schöffe zu werden), b) die übrigen öffentlichen Rechte (Vereins-, Versammlungs-, Preßfreiheit u. s. w.).

[3] Nach Art. 4 der Reichsverf. unterliegen der Beaufsichtigung Seitens des Reichs und der Gesetzgebung auch die Bestimmungen über das Staatsbürgerrecht. Hierzu ist im Schlußprotokoll zum Bündnißvertrage mit Bayern v. 23./11. 70 (BGBl. 1871 S. 9 unter II bemerkt, daß unter der Gesetzgebungsbefugniß des Bundes über Staatsbürgerrecht nur das Recht verstanden werden sollte, die Bundes- und Staatsangehörigkeit zu regeln und den Grundsatz der politischen Gleichberechtigung aller Konfessionen durchzuführen, daß sich im Uebrigen diese Legislative nicht auf die Fragen erstrecke, unter welchen Voraussetzungen Jemand zur Ausübung politischer Rechte in einem einzelnen Staate befugt sei. Dieser Bemerkung ist von Lasker im Reichstage am 8. Dez. 1870 (Sten. Ber. S. 147) — und mit Recht — widersprochen worden. In Ausübung des in Art. 4 eingeräumten Rechtes ergingen das Gesetz über die Erwerbung und den Verlust der Bundes- und Staats-

---

[1] § 13⁴ des Ges. v. 1. Juni 1870.
[2] § 13⁵ des Ges. v. 1. Juni 1870.

angehörigkeit v. 1. Juni 1870 (BGBl. 355), das Gesetz, betr. die Gleichberechtigung der Konfessionen ꝛc., v. 3. Juli 1869 (BGBl. 292) — unten zu Art. 12. Auf das Staatsbürgerrecht (Wahlrecht auch für Staatswahlen) hat Einfluß das Reichsmilitärges. v. 2. Mai 1874 (RGBl. 59) § 49 — unten zu Art. 70. Ferner sind von Einfluß auf die staatsbürgerlichen Rechte alle Vorschriften der Reichsgesetze, welche in Betreff derartiger Rechte, insbesondere der in Tit. II der preuß. VerfUrk. aufgeführten, ergangen und in den Anm. zu den bez. Art. unten aufgeführt sind.

Art. 4. Alle Preußen sind vor dem Gesetze gleich.[1] Standesvorrechte[2] finden nicht statt.[3] Die öffentlichen Aemter sind, unter Einhaltung der von den Gesetzen festgestellten Bedingungen, für alle dazu Befähigten gleich zugänglich.

[1] Gesetze (im weitesten Sinne auch Verordnungen) sind gegen Jeden gleich anzuwenden; doch finden nicht nothwendig die gleichen Gesetze auf Jeden Anwendung. Der Verfass. steht somit nicht entgegen, daß für die Besteuerung der Beamten und Militärpersonen verschiedene Rechtsnormen gelten, daß die Disziplinarverhältnisse der richterlichen Beamten von denjenigen der nichtrichterlichen verschieden sind, daß einzelne Klassen von Gewerbetreibenden eine Genehmigung zum Gewerbebetriebe bedürfen, andere Klassen nicht u. s. w. Wegen der Gleichheit in Ansehung der Konfessionen s. unten Art. 12. Auf Nichtpreußen erstreckt sich der Art. 4 nicht; die dort ausgesprochene Gleichheit vor dem Gesetz gilt auf Grund reichsrechtlicher Normen, namentlich des Art. 3 der Reichsverfassung, in sehr wesentlichen Beziehungen auch für die nichtpreußischen Reichsangehörigen, Vorbem. zu Art. 2. Da Art. 4 nur auf Preußen Anwendung findet, ist es z. B. statthaft,

Angehörige eines bestimmten fremden Staates (z. B. Zigeuner) vom Gewerbebetrieb im Inlande auszuschließen, V. v. 31./10. 83 (RCBl. 305).

[2] Darunter sind alle politischen Vorrechte zu verstehen, welche den einzelnen Mitgliedern gewisser Stände im öffentlichen oder im Privatrecht zustehen. Streitig war, ob das im ALR. Thl. II Tit. 1 §§ 30—33 enthaltene Eheverbot als Ausfluß eines Standesvorrechts anzusehen und demgemäß durch Art. 4 aufgehoben sei. Der Streit ist erledigt durch Gesetz, betr. die Aufhebung der §§ 30 bis 33 ALR. II 1 und der damit zusammenhängenden Bestimmungen, v. 22. Febr. 1869 (GS. 365). S. a. RG. v. 6./2. 75 (RGBl. 23) § 39. Dies bezieht sich nicht auf die Ehen von vormals Reichsunmittelbaren, s. unten S. 77, ferner Loening, Ueber Heilung notorischer Mißheirathen, Halle 1899.

Von besonderem Interesse sind: Reglement v. 6./8. 1808 wegen Besetzung der Stellen der Porte-Épée-Fähnriche und Offiziere (GS. 1806/1810 S. 403): „Einen Anspruch auf Offizierstellen sollen von nun an in Friedenszeiten nur Kenntnisse und Bildung gewähren, in Kriegszeiten ausgezeichnete Tapferkeit und Ueberblick. — Aller bisher stattgehabte Vorzug des Standes hört beim Militär ganz auf, und Jeder ohne Rücksicht auf seine Herkunft hat gleiche Rechte und Pflichten", und Publikandum, betr. die Verfassung der obersten Staatsbehörden, V. f. v. 16./12. 1808, bei Rabe IX 383: „— Dem ausgezeichneten Talent in jedem Stande und Verhältniß wird Gelegenheit eröffnet, davon zum allgemeinen Besten Gebrauch zu machen."

[3] Die Nationalversammlung (Verhdl. S. 1888) hatte den Zusatz beschlossen: „Der Adel ist abgeschafft." Die VerfUrk. begnügte sich mit der Abschaffung der Standesvorrechte. Auch diese sich für das Königliche und das Fürstliche Hohenzollern'sche Haus und den hohen Adel aufrecht erhalten bezw. wieder eingeführt worden:

A. Zum Königlichen Hause gehören die Königin, die ebenbürtigen Königl. Wittwen, die Prinzen und Prinzessinnen, welche von dem ersten Erwerber der Krone durch anerkannte, ebenbürtige, rechtmäßige Ehe in männlicher Linie abstammen (die Prinzessinnen treten aus dem Königlichen Hause, sobald sie sich mit einem Prinzen aus einem fremden Hause vermählen), die ebenbürtigen Gemahlinnen der preußischen Prinzen und ihre Wittwen während des Wittwenstandes. In streitigen Rechtssachen haben sie den Gerichtsstand von dem mit dem Kammergericht verbundenen Geheimen Justizrath und in letzter Instanz von dem Reichsgericht (EG. § 5 zum GVG. und Preuß. Ausführungsges. v. 24. April 1878 [GS. 230] § 18). Für vermögensrechtliche Ansprüche darf jedoch die Zulässigkeit des Rechtswegs nicht von der Einwilligung des Landesherrn abhängig gemacht werden (§ 5 Satz 2 EG. z. CPO.). Wegen der Portofreiheit s. D. S. ferner H. Schulze § 121, Seydel, Bayr. Staatsr. I S. 425 f., Schwartz S. 51. Nach Art. 57 EG. z. BGB. finden in Ansehung der Landesherren und der Mitglieder der landesherrlichen Familien, sowie der Mitglieder der Fürstlichen Familie Hohenzollern die Vorschriften des BGB. nur insoweit Anwendung, als nicht besondere Vorschriften der Hausverfassungen oder der Landesgesetze abweichende Bestimmungen enthalten. Das Gleiche gilt in Ansehung der Mitglieder des vormaligen Hannoverschen Königshauses, des vormaligen Kurhessischen und des vormaligen Herzoglich Nassauischen Fürstenhauses.

Die Mitglieder des Königlichen Hauses sind befreit von den staatlichen Personal-(auch Stempel-)Steuern; und von der kommunalen Einkommensteuer, von kommunalen Naturaldiensten nur, soweit sie nicht auf den Grundstücken lasten (Kommunalabgabenges. v. 14./7. 93 § 40 Nr. 5, § 68 GS. 152). Von der Kommunal-Grundbesitzsteuer sind nach § 24 nur die Königlichen

Schlösser nebst den zugehörigen Nebengebäuden, Hofräumen und Gärten befreit. Bezüglich der Verbrauchssteuern bestehen keine Befreiungen.

B. Die Mitglieder des Fürstl. Hohenzollern'schen Hauses haben dieselben Rechte, s. AErl. v. 14. Aug. 1852 (GS. S. 771) und die Citate in A und D.

C. Zum hohen Adel gehören die vormals unmittelbaren deutschen Reichsstände. Die Deutsche Bundesakte (Art. XIV), die Wiener Kongreßakte (Art. 23 und 43) und andere Bundesgesetze sicherten den vormals unmittelbaren deutschen Reichsständen bestimmte Rechte zu: a) Zugehörigkeit zum hohen Adel und Ebenbürtigkeit mit den regierenden Häusern, b) daß sie und ihre Familien die privilegirteste Klasse, insbesondere in Ansehung der Besteuerung, bilden, c) daß ihnen alle aus ihrem Eigenthum und dessen ungestörtem Genuß herrührenden Rechte bleiben, welche nicht zu der Staatsgewalt und den höheren Regierungsrechten gehören. Zur Ausführung der Bundesgesetze ergingen in Preußen die Verordnung v. 21. Juni 1815 (GS. 103), welche Art. XIV der Bundesakte wiederholt und nähere Angaben über die Privilegien macht, und die Instruktion zu dieser Verordnung v. 30. Mai 1820 (GS. 81). Die Standesherren haben den Huldigungseid zu leisten und sind den allgemeinen Landesgesetzen unterworfen; sie haben Rechte auf Titel und Wappen („Wir"), Kirchengebet, öffentliche Trauer, Ehrenwache; sie mit ihren Familiengliedern sind befreit von „aller Militärpflicht", Grund- und Personalsteuern, aber nicht von indirekten Steuern. Vom Erbschaftsstempel sind sie bei Successionen in der Standesherrschaft, welche innerhalb der Familie stattfinden, unbedingt, bei anderen Erbschaften und Vermächtnissen aber nur insoweit befreit, als diese innerhalb der Standesherrschaft ihnen zufallen. Sie sollten Privilegien für sich und ihre Familienangehörigen in Ansehung der streitigen und nichtstreitigen Gerichtsbarkeit genießen; ihnen bleibt in ihren standesherrlichen Bezirken „die Benutzung jeder Art der Jagd- und Fischereigerechtigkeit, der Bergwerke — soweit sie ihnen bereits zusteht“; sie hatten eigene, standesherrliche Gerichtsbarkeit, Exemtion von Landespolizeibehörden, die Kirchen- und Schulaufsicht.

Alle diese Vorrechte hat die Verfassungsurkunde durch Art. 4 beseitigen wollen. Dabei blieb unbeachtet, daß die Rechte der vormals Reichsunmittelbaren auf Bundesgesetzen beruhten, welche den Landesgesetzen vorgingen. Erst nach der Beseitigung des Bundes i. J. 1866 können die Landesgesetze — und zwar ohne Zustimmung der vormals Reichsunmittelbaren — deren Privilegien einseitig aufheben (Arndt, Reichsstaatsrecht S. 32, Nr. 54 des Staatsanzeigers 1873, Drucksachen des Bundesraths 1873 Nr. 30: s. auch RG. v. 7./5. 80, Entsch. in Civils. II 145).

In Bezug auf Art. 4 der preuß. Verf. erging die nachfolgende Deklaration:

Ges., betr. die Deklaration der Verfass.-Urk. v. 31./1. 50, in Bezug auf die Rechte der mittelbar gewordenen Deutschen Reichsfürsten und Grafen, v. 10./6. 54 (GS. S. 363).

„Die Bestimmungen der Verfassungs-Urkunde vom 31. Januar 1850 stehen einer Wiederherstellung derjenigen durch die Gesetzgebung seit dem 1. Januar 1848 verletzten Rechte und Vorzüge nicht entgegen, welche den mittelbar gewordenen Deutschen Reichsfürsten und Grafen, deren Besitzungen in den Jahren 1815 und 1850 der Preußischen Monarchie einverleibt oder wieder einverleibt worden, auf Grund ihrer früheren staatsrechtlichen Stellung im Reiche und der von ihnen besessenen Landeshoheit zustehen, und namentlich durch den Artikel XIV. der Deutschen Bundesakte vom 8. Juni 1815 und durch die Artikel 23. und 43. der Wiener Kongreßakte vom 9. Juni 1815, sowie durch die spätere

Bundesgesetzgebung zugesichert worden sind, sofern die Betheiligten sie nicht ausdrücklich durch rechtsbeständige Verträge aufgegeben haben. Diese Wiederherstellung erfolgt durch Königliche Verordnung."

Auf Grund des vorstehenden Gesetzes ergingen zwei V. v. 12./11. 55. Die eine (GS. 1855 S. 686) stellt den durch die Gesetzgebung seit 1. Jan. 1848 aufgehobenen privilegirten Gerichtsstand (Instr. v. 30. Mai 1820 §§ 14 ff.) mit geringen Abweichungen wieder her. Die zweite (GS. 1855 S. 688) erklärte für wiederhergestellt diejenigen durch die Gesetzgebung seit dem 1. Jan. 1848 verletzten Rechte und Vorzüge, welche den mittelbar gewordenen deutschen Reichsfürsten und Grafen — auf Grund ihrer früheren staatsrechtlichen Stellung im Reiche und der von ihnen besessenen Landeshoheit — zustehen und von den Betheiligten nicht durch rechtsbeständige Verträge ausdrücklich aufgegeben worden sind. Behufs Feststellung des Umfangs dieser Rechte und Regulirung der zur Herstellung des verletzten Rechtszustandes erforderlichen Maßregeln fanden Verhandlungen statt, welche mit der Mehrzahl der Betheiligten zu Rezessen führten, in denen die Rechte der Standesherren einzeln aufgeführt, ihnen auch für nicht wiederherzustellende Rechte Geldentschädigungen zugesprochen wurden. Wegen dieser Entschädigung bedurfte die Staatsregierung der Zustimmung des Landtages (Art. 99 der VerfUrk.). Das AbgH. bestritt die Gültigkeit der Rezesse, weil die Staatsregierung den Standesherren in denselben mehr Rechte eingeräumt habe, als die Bundesgesetzgebung und das Ges. v. 10. Juni 1854 verlangen und zulassen, und weil die Wiederherstellung entgegen dem Ges. v. 10. Juni 1854 nicht im Wege der Königl. Verordnung, sondern in dem des Vertrages erfolgt sei. Beide Gründe gegen die Gültigkeit sind nicht stichhaltig; der erste nicht, da es Zweck des Ges. v. 10. Juni 1854 war, den alten

Zustand, wie er in Preußen auf Grund namentlich der Instr. v. 30. Mai 1820 war, wiederherzustellen, der zweite nicht, da, wenn der Gesetzgeber einen Gegenstand der Königl. Verordnung überweist, er damit nur die Mitwirkung des Landtages ausschließen will und ein Vertrag also zugleich Verordnung sein kann, weil staatsrechtlich Alles, was der Form des Gesetzes entbehrt, Verordnung ist. Gleichwohl mußte sich die Staatsregierung, da sie wegen der Geldbewilligung die Mitwirkung des Landtages nicht entbehren konnte, dazu verstehen, das Ges. v. 15. März 1869, betr. die Ordnung der Rechtsverhältnisse der mittelbaren deutschen Reichsfürsten und Grafen (GS. 490) anzunehmen, in welchem der Landtag die Gelder zur Leistung der Entschädigungen bewilligte, andererseits aber bestimmt wurde, daß in Zukunft die Wiederherstellung der verletzten Rechte und Vorzüge nur noch durch die Gesetzgebung erfolgen dürfe. Solche Gesetze ergingen (zwei) am 25. Okt. 1878 (GS. 305, 311).

Die Rezesse und die Ges. v. 25. Okt. 1878 stellen die Rechte im Allgemeinen in dem Umfange wieder her, welcher dem oben entwickelten Inhalte der Instr. v. 30. Mai 1820 entspricht.

Weder die Instr. v. 30. Mai 1820 noch das Ges. v. 10. Juni 1854 finden Anwendung auf die Standesherren in den 1866 erworbenen Provinzen; für diese kommen die alten Bundesgesetze und die auf Grund derselben ergangenen landesherrlichen Gesetze, Verordnungen und Rezesse zur Anwendung; für die Herzöge von Arenberg-Meppen erging das Ges. v. 27. Juni 1875 (GS. 327). Letztere sind zum Theil von der Grund- und Gebäude-, nicht von Personal- und indirekten Steuern befreit. Im Uebrigen besteht für die Standesherren in den 1866 erworbenen Provinzen nicht (oder nur sehr beschränkt) Steuerbefreiung. (Näheres hierüber bei v. Rönne §§ 150, 152.) Die Mitglieder der

Familien des Hannover'schen Königshauses, des kurhessischen und Herzoglich Nassauischen Fürstenhauses sind von der Klassen- und Einkommensteuer frei, auch sind die im Besitze derselben befindlichen Gebäude im bisherigen Umfange der Gebäudesteuer nicht unterworfen: vgl. die beiden Verordnungen v. 28./4. 1867 (GS. 536 und 541) § 8 und die Verordnung v. 11. Mai 1867 (GS. 597) § 9. Nach dem Einkommensteuerges. v. 24./6. 1891 sind von der Einkommensteuer befreit: 1) die Mitglieder des Königlichen Hauses und des hohenzollernschen Fürstenhauses; 2) die Mitglieder des Hannoverschen, Kurhessischen und Nassauischen Fürstenhauses.

Nach dem Ges. v. 18./6. 76 (GS. 245), der hannoverschen KrO. v. 6./5. 84 § 53, der hessen-nassauischen v. 7./6. 85 § 54, der westfälischen v. 31./6. 86 § 99 und der rheinischen v. 30./5. 87 § 99 steht einzelnen Mediatisirten das Recht zu, sich durch Stellvertreter an Kreistagswahlen zu betheiligen und bei Bestellung von Amtsvorstehern, Bürgermeistern 2c. gehört zu werden. Wegen der Mitgliedschaft am Herrenhause s. unten zu Art. 65 ff.

Die Steuervorrechte sind durch die sog. Miquel'sche Steuerreform in Preußen eingeschränkt. Das Recht auf Befreiung von ordentlichen Personalsteuern oder auf Bevorzugung der vormals Reichsunmittelbaren ist vom 1. April 1893 ab (gegen Entschädigung) aufgehoben (G. v. 18./7. 92. GS. 210); ebenso die Befreiung von der kommunalen Grund- und Gebäudesteuer (Kommunalabgabenges. v. 14./7. 93 §§ 24, 96, GS. 152). Befreit sind die vormals Reichsunmittelbaren im bisherigen Umfange mit ihren Familien von der Gemeindeeinkommensteuer, desgleichen von kommunalen Naturaldiensten, soweit diese letzteren nicht auf den ihnen gehörigen Grundstücken lasten (§§ 40 u. 68 des Kommunalabgabenges.). Die Mitglieder des vormaligen Hannover'schen Königshauses, des vormaligen kurhessischen und des vormaligen nassauischen Fürstenhauses sind von der Einkommensteuer befreit (Einkommensteuerges. v. 24./6. 91, GS. 175 § 3). Bezüglich der Kommunalabgaben s. Kommunalabgabenges. v. 14./7. 73 § 40 u. 68.

Das Recht der Standesherren für ihre Person und Familie aus der Verbindung mit der Gemeinde zu scheiden (Reskr. v. 30. Mai 1820 § 32) besteht noch fort.

D. Da Reichsrecht dem Landesrecht vorgeht, so sind die Privilegien des preußischen Staatsrechts aufgehoben auf allen Gebieten, wo eine reichsrechtliche Regelung stattgefunden hat, ohne daß ein solches Privileg wiederholt wurde.

Gemäß Art. 2 und 35 der Reichsverfassung sind betreffs der Reichssteuern alle landesrechtlichen Privilegien mit Einschluß derjenigen des Königlichen Hauses aufgehoben, so daß gegenüber den Zöllen, Tabaksteuern u. s. w. keine Steuerbefreiungen mehr bestehen. Dagegen sind die Mitglieder der regierenden Häuser der Einzelstaaten des Reichs und die Mitglieder der mediatisirten, vormals reichsständischen und derjenigen Häuser, welchen die Befreiung von der Wehrpflicht durch Verträge zugesichert ist oder auf Grund besonderen Rechtstitels zusteht, von der Wehrpflicht befreit (§ 1 des Ges. v. 9. Nov. 1867, BGBl. 131).

Befreit sind ferner die Mitglieder des Königlichen Hauses (nicht von den Kriegsleistungen, G. v. 13./6. 73 [RGBl. 129] § 5) von der Einquartierungslast im Frieden bezüglich der ihnen gehörigen Wohngebäude, Ges. v. 25. Juni 1868 (BGBl. 523) § 4, und hinsichtlich der Vorspannleistungen bezüglich der für ihren Hofhalt bestimmten Pferde, Ges. v. 13. Febr. 1875 (RGBl. 52) § 3. Befreiung von Porto- und Telegraphengebühren steht nach § 1 des Ges. v. 5. Juni 1869 (BGBl. 141) und V. v. 2./6. 77 (RGBl. 524) nur noch den regierenden Fürsten des Deutschen Reichs, deren Gemahlinnen und Wittwen zu. Das Gerichtsverfassungsgesetz erkennt den privilegirten Gerichtsstand für die mittelbar gewordenen deutschen Reichsfürsten und Grafen in Streit- und Strafsachen nicht an, hält indeß das landesgesetzlich (auch in gesetzlichen Verordnungen) den (Häuptern der) standesherrlichen Familien (vor Inkrafttreten des GVG. bereits) gewährte Recht auf Austräge EG. § 7 zu GVG.) aufrecht. Da GVG. nur die streitige Gerichtsbarkeit betrifft (EG. § 2), so sind die Bestimmungen über die nichtstreitige Gerichtsbarkeit der standesherrlichen Familien in Geltung geblieben, Preuß. AusfGes. z. GVG. v. 24./4. 78 (GS. 230) § 27.

Art. 58 EG. z. BGB. bestimmt: „In Ansehung der Familienverhältnisse und der Güter derjenigen Häuser, welche vormals reichsständig gewesen und seit 1806 mittelbar geworden sind, oder welche diesen Häusern durch Beschluß der vormaligen deutschen Bundesversammlung oder vor dem Inkrafttreten des Bürgerlichen Gesetzbuchs durch Landesgesetz gleichgestellt worden sind, bleiben die Vorschriften der Landesgesetze und nach Maßgabe der Landesgesetze die Vorschriften der Hausverfassung unberührt.

Das Gleiche gilt zu Gunsten des vormaligen Reichsadels und derjenigen Familien des landsässigen Adels, welche vor dem Inkrafttreten des Bürgerlichen Gesetzbuchs dem vormaligen Reichsadel durch Landesgesetz gleichgestellt sind."

Es gelten also z. B. noch die Vorschriften über Ebenbürtigkeit, Mißheirathen und deren Folgen.

Art. 5.[1] Die persönliche Freiheit ist gewährleistet.[2] Die Bedingungen und Formen, unter welchen eine Beschränkung derselben, insbesondere eine Verhaftung zulässig ist, werden durch das Gesetz[3] bestimmt.[4]

[1] Art. 5 kann im Falle des Belagerungszustandes außer Kraft gesetzt werden; s. Art. 111; s. ferner Art. 39 bezüglich des Heeres.

[2] Aus diesem Art. 5 läßt sich folgern, daß Sklaverei, Leibeigenschaft und Hörigkeit mit der Verfassung nicht vereinbar sind. In der Hauptsache (und für das praktische Recht) wollte Art. 5 nur, daß die gerichtliche Verhaftung und die Festnahme zum Zwecke der gerichtlichen Verhaftung nicht von dem arbiträren Ermessen der Justiz- oder Polizeibehörden, sondern nach gesetzlichen Normen erfolgen sollte. Dagegen schließt Art. 5 nicht aus, daß die Verwaltungsbehörden zur Durchführung ihrer Aufgaben Zwangsmittel gegen die Person anwenden; s. Arndt in Hirth's Annalen 1886 S. 313; ferner Erk. d. OTr. v. 25. März und 20. Juni 1870, GA. XVIII 435 und 286; Erk. d. RG. v. 23. März 1880 und 24. Sept. 1880, Entsch. in Straff. I 33, II 262. Die Sistirung und die Verhaftung als polizeiliche Exekutivmittel sind deshalb bestehen geblieben; s. u. A. Reskr. d. Min. d. Innern v. 7. Juli 1850, betr. das polizeiliche Verfahren gegen die der Prostitution ergebenen Frauenzimmer, und v. 20. Jan. 1854, betr. die Zulässigkeit der polizeilichen Exekutivhaft (VMBl. 1850 S. 247, 1854 S. 10). Art. 5 steht daher auch nicht im Wege, daß anstößig werdenden Konkubinaten durch Zwang gegen die Person polizeilich entgegengetreten wird, OVG. v. 16. März 1881, E. VII 370; s. auch Erk. d. OVG. v. 11. Okt. 1884 und 19. Nov. 1884, E. XI 382, 389. In dem gleichen Umfange sind auch Polizeiverordnungen statthaft, selbst wenn sie die persönliche Handlungsfreiheit beschränken; s. auch OVG. v. 9. Jan. 1884, E. IX 365.

[3] Ges. zum Schutze der persönlichen Freiheit v. 12. Febr. 1850 (GS. 45). Dasselbe erging zur Ausführung der Art. 5 und 6 der Verf. und ist, soweit Zwecke der gerichtlichen Strafverfolgung, gerichtlichen

Verhaftung, vorläufigen Festnahme zum Zwecke gerichtlicher Verhaftung und Haussuchungen zur Vorbereitung gerichtlicher Untersuchungen in Frage stehen, durch Abschnitt 8 und 9 der StPO. beseitigt worden. Danach sind nur die §§ 6–10 in Kraft geblieben; s. auch RG. v. 7./11. 98, E. in Straff. XXXI. 307. Das Ges. v. 12. Febr. 1850 bezieht sich nicht auf Sistirungen und Verhaftungen als rein polizeiliche Zwangsmaßregeln; s. Anm. 2. Die Beschränkung der persönlichen sowie jeder anderen Freiheit durch polizeiliche Maßregeln, sofern sich diese nicht auf besondere gesetzliche Anordnungen stützen, gründet sich auf ALR. Thl. II Tit. 17 § 10: „Die nöthigen Anstalten der öffentlichen Ruhe, Sicherheit und Ordnung, auch zur Abwendung der dem Publiko oder einzelnen Mitgliedern desselben bevorstehenden Gefahren zu treffen, ist das Amt der Polizei", und ist nur in dem durch diese Vorschrift gegebenen Umfange statthaft; vgl. auch Anm. 1 zu Art. 9.

[4] Auch die polizeilichen Beschränkungen der persönlichen Freiheit gründen sich auf konstitutionelle oder vorkonstitutionelle Gesetze. Namentlich auch § 10 II 17 ALR.: „Die nöthigen Anstalten der öffentlichen Ruhe, Sicherheit und Ordnung und zur Abwendung der dem Publiko, oder einzelnen Mitgliedern desselben drohenden Gefahr zu treffen, ist das Amt der Polizei." Hieraus ergiebt sich das Recht der polizeilichen Internirung Cholera- und Pockenkranker oder dieser Krankheit verdächtiger Personen, der Untersuchung und Internirung von Prostituirten und deren Zuhälter; vgl. auch OVG. I 347, VI 382, XVI 387, XXIII 399. Nun bestimmt § 132 des Ges. über die allgemeine Landesverwaltung v. 30. Juli 1883 GS. 197, daß die fr. Behörden berechtigt sind, die von ihnen in Ausübung der obrigkeitlichen Gewalt getroffenen, durch ihre gesetzlichen Befugnisse gerechtfertigten Anordnungen durch Anwendung von (gesetzlich bestimmten und be-

grenzten) Zwangsmitteln durchzusetzen. Gesetzliche Befugnisse sind nicht nur die in Spezialgesetzen ertheilten, sondern auch die aus der allgemeinen gesetzlichen Zuständigkeit der Behörde folgenden; s. auch OVG. XV 423. Zu den allgemeinen gesetzlichen Befugnissen der Behörden gehört auch, strafbaren Handlungen vorzubeugen und (selbst unter Eingriff in die persönliche Freiheit) den durch das verbotene Handeln oder Unterlassen herbeigeführten ordnungswidrigen Zustand zu beseitigen; vgl. OVG. V 278, IX 275, XXIII 384.

Art. 6.[1] Die Wohnung ist unverletzlich. Das Eindringen[2] in dieselbe und Haussuchungen,[2] so wie die Beschlagnahme von Briefen[3] und Papieren[3] sind nur in den gesetzlich bestimmten Fällen und Formen gestattet.[4]

[1] Art. 6 kann im Falle des Belagerungszustandes außer Kraft gesetzt werden, Art. 111; s. ferner für das Heer Art. 39.

[2] Dieselben sind statthaft nach StrPO. §§ 102 bis 110, ferner nach CPO. § 678 (für Gerichtsvollzieher); außerdem sofern in Reichs- bezw. Bundes- oder Vereinszoll-Gesetzen dieselben gestattet sind; s. Arndt in der Zeitschrift f. d. gesamte Strafrechtswissenschaft 1885 S. 277. Die landesrechtlichen Vorschriften hierüber sind durch die vorcitirten Bestimmungen des Reichsrechts aufgehoben worden. Fortbestehen noch die Vorschriften in den §§ 7 bis 10 des Ges. zum Schutze der bürgerlichen Freiheit v. 12. Febr. 1850 (GS. 45). Ferner gelten noch gemäß § 6 des EG. z. StrPO. diejenigen, welche das Verfahren wegen Zuwiderhandlungen gegen die Zoll- und Steuergesetze betreffen, also z. B. die preuß. Steuerordnung v. 8. Febr. 1812 (GS. 102) § 54, Verordnung v. 17. Mai 1867 (GS. 633) § 45 und Ges. wegen Untersuchung und

Bestrafung der Zollvergehen v. 23. Jan. 1838 (GS. 78) §§ 28 ff. Diese Vorschriften sind, soweit nicht die §§ 453 bis 455, 459 bis 463 StrPO. abweichende Bestimmungen enthalten, in Kraft geblieben.

[3] StrPO. §§ 99 bis 111, Reichs-Konkurs-Ordn. § 121; das Briefgeheimniß ist auch reichsrechtlich gewährleistet durch § 5 des Ges. über das Postwesen des Deutschen Reichs v. 28. Okt. 1871 (RGBl. 347)

[4] Auch Art. 6 bezieht sich, abgesehen von der Gewährleistung des Briefgeheimnisses, nur auf solche Maßregeln, welche unmittelbar oder mittelbar die gerichtliche Bestrafung vorbereiten wollen. Art. 6 steht dagegen nicht im Wege, daß in ein Haus, dessen Beschaffenheit Gefahr drohend ist, oder in eine Wohnung, in welcher unbefugt ein Gewerbe betrieben oder eine konzessionspflichtige, aber nicht konzessionirte Anlage sich befindet, oder in welcher durch Unzucht, Konkubinat ꝛc. Aergerniß erregt wird, aus polizeilichen Gründen eingedrungen und die bez. Anlage inhibirt, die Aergerniß gebenden Personen polizeilich entfernt werden u. s. w.; s. Anm. 1 und 4 zu Art. 5, OVG. v. 21./3. 87 und 15./11. 89.

Art. 7.[1] Niemand darf seinem gesetzlichen Richter entzogen werden. Ausnahmegerichte und außerordentliche Kommissionen sind unstatthaft.[2]

[1] Art. 7 ist jetzt ersetzt durch GVG. § 16:

„Ausnahmegerichte sind unstatthaft. Niemand darf seinem gesetzlichen* Richter entzogen werden. Die gesetzlichen Bestimmungen über Kriegsgerichte und Standrechte werden hiervon nicht berührt.“

* Daraus folgt, daß der Gerichtsstand nur durch Gesetz, durch Verordnung also nur, wenn dieselbe auf Grund des Gesetzes erlassen ist, begründet und verändert werden kann.

[2] Gemäß Art. 111, Reichsverf. Art. 68, Preuß. Ges. v. 4. Juni 1851 (GS. 451) kann der Art. 7 zeit- und distriktsweise außer Kraft gesetzt werden; s. Arndt, Kom. zu Art. 68 der Reichsverfassung, Arndt, Reichsstaatsrecht S. 473.

Art. 8. Strafen[1] können nur in Gemäßheit des Gesetzes[2] angedroht[3] oder verhängt werden.

[1] Hiermit sind nur die von den ordentlichen Gerichten zu verhängenden Strafen, nicht administrative Exekutivstrafen gemeint. Trotz Art. 8 können daher von den Polizei- und anderen Verwaltungsbehörden innerhalb ihrer sich auf konstitutionelle oder vorkonstitutionelle Gesetze stützenden allgemeinen Befugnisse Exekutivstrafen angedroht, verhängt und beigetrieben werden (s. Arndt in Hirth's Ann. 1886 S. 314: Reskr. d. Min. d. Inn. v. 14. Aug. 1849, 28. Juni 1849, 28. Juni 1850, 20. April 1854, VMBl. 1849 S. 161, 1850 S. 212, 1854 S. 10; Th. F. Oppenhoff, Ressortges. S. 181, Anm. 535, 536; s. auch OVG. v. 16. März 1881, E. VII 370. Die moderne Entwickelung hat aber dahin geführt (§ 132 des Ges. über die allgemeine Landesverwaltung vom 30. Juli 1883. GS. 197), daß auch polizeiliche und Exekutivstrafen nur auf Grund oder in Gemäßheit des konstitutionellen oder vorkonstitutionellen Gesetzes angedroht und verhängt werden können; s. auch Rosin, Polizeiverordnungsrecht S. 21 ff. und im Verwaltungsarchiv III S. 293. Mit Art. 8 der Preuß. Verf. und Art. 8 der Belgischen war aber nur an die gerichtlichen Strafen gedacht.

[2] das will sagen, daß Strafen fortan nicht mehr vom Könige allein, sondern nur noch mit Uebereinstimmung des Landtags, d. i. im Wege der Gesetzgebung, angedroht oder verhängt werden können. Dem Gesetze gleich steht die „in Gemäßheit des Gesetzes“, d. i. auf Grund gesetzlicher Ermächtigung — wie eine solche

z. B. das Ges. über die Polizeiverwaltung v. 11. März 1850, GS. 265 enthält — erlassene Verordnung. Art. 8 ist identisch mit art. 8 der Belgischen Verfass.: Nulle peine ne peut être etablie ni appliquée qu'en vertu de la loi. Art. 8 ist aber nicht identisch mit StrGB. § 2: „eine Handlung kann nur dann mit einer Strafe belegt werden, wenn die Strafe gesetzlich bestimmt war, bevor die Handlung begangen wurde." Denn dieser § 2 bedeutet, daß Strafnormen nicht auf Gewohnheit, sondern auf ausdrücklicher Gesetzesvorschrift beruhen müssen, und daß sie keine rückwirkende Kraft haben, auch daß die Strafen nicht völlig in das richterliche Ermessen zu stellen sind. Art. 8 drückt dagegen eine Beschränkung der königlichen Gewalt aus, insofern er vorschreibt, daß der König bezw. die vollziehende Gewalt nicht mehr allein, sondern nur noch auf Grund und in Gemäßheit des Gesetzes Strafen androhen und verhängen lassen darf. S. über diesen gewöhnlich mißverstandenen Art. 8 Arndt, Verordnungsr. S. 157 bis 169 und im Arch. f. öff. Recht 1900 (Juliheft).

[3] Da Art. 8 nicht bloß durch Gesetze, sondern auch „in Gemäßheit des Gesetzes" angedrohte Strafen zuläßt, so enthalten die Gesetze, in welchen die Befugniß, Strafnormen zu erlassen, delegirt ist, z. B. das Gesetz über die Polizeiverwaltung v. 11. März 1850 (GS. 265) keine Verfassungsänderung; s. auch Kommissionsbericht der I. Kammer zu § 5 des Ges. v. 11. März 1850 in der Bearbeitung bei v. Rönne S. 406, Sten. Ber. der I. Kammer 1849/50 S. 2327.

Art. 9. Das Eigenthum ist unverletzlich.[1] Es kann nur aus Gründen des öffentlichen Wohles gegen vorgängige in dringenden Fällen wenigstens vorläufig festzustellende Entschädigung[2] nach Maaßgabe des Gesetzes[3] entzogen oder beschränkt werden.

[1] Art. 9 bezieht sich nur auf Expropriationen des Eigenthums zu allgemeinen Zwecken und betrifft nicht die aus dem Nachbarrecht herrührenden Beschränkungen des Grundeigenthums, und steht nicht entgegen, daß durch polizeiliche Verfügungen oder Verordnungen das Eigenthum beschränkt oder verletzt, z. B. Klärbassins für die Ausflüsse von Fabriken und Bergwerken, Beleuchtung der Treppen, Beseitigung von Ofenklappen, Errichtung von Nothausgängen (bei Theatern), massive Treppen (bei feuergefährlichen Fabriken), Funkenfänger (bei Schornsteinen) aufgegeben wird; s. Arndt in Hirth's Ann. 1866 S. 315; OVG. v. 9. Jan. 1884, E. X 315, Kammergericht v. 3. Okt. und 10. Nov. 1881, E. III 301, IV 307, RG. 15. März 1884 in Gruchot's Beiträgen 1884 Beilageheft S. 975, RG. 19. April 1881, E. in Straff. IV 106, Erk. des OVG. v. 5. Mai 1886, Entsch. XIII 414 sowie Entsch. des OVG. XXIV 399. Art. 9 hindert also auch die Schulverwaltung nicht, mit Kosten verknüpfte neue Unterrichtsgegenstände einzuführen, die Bildung neuer Schulklassen anzuordnen, die Einkommen- und Pensionsverhältnisse der Volksschullehrer zu regeln und die Kosten hierfür im Verwaltungswege beizutreiben.

Die Polizei darf nur in den gesetzlich zugelassenen Fällen und also nur dann in das Eigenthum eingreifen, wenn Gefahr in polizeilicher Hinsicht vorliegt (wie dies z. B. das Allgem. Berggef. v. 24. Juni 1865, GS. 705 §§ 198, 199 besonders ausspricht) und wenn (beides nach dem vernünftigen Ermessen der Polizeibehörde) die Gefahr nicht in anderer Weise beseitigt werden kann. Um ein Denkmal von allen Seiten sichtbar zu erhalten, kann sie also nicht einschreiten, OVG. IX 354. Der Eingriff ist (möglichst) gegen das Eigenthum dessen zu richten, der die Gefahr hervorgerufen hat, oder der ihr vorzubeugen verpflichtet ist; gegen das Eigenthum eines

Anderen nur, wenn einerseits die Gefahr in anderer Weise nicht abwendbar ist und (wiederum nach dem Ermessen der Polizeibehörde) der zugefügte Schaden zurücktritt gegen den dem gemeinen Wohl dadurch gebotenen Vortheil; vgl. hierzu die im Allgemeinen übereinstimmenden Ausführungen in den Entsch. d. OVG. Bd. XII S. 397 ff., 401 ff., XXIV 406.

[2] Eine solche Entschädigung ist nur für Expropriationen, nicht aber für die in Anm. 1 erwähnten sonstigen Eigenthumsbeschränkungen gegeben. Sie findet für letztere nur dann und nur so weit statt, wie sie in einem Spezialgesetze besonders vorgeschrieben ist; s. OTr. v. 20. Nov. 1871, E. Bd. 67 S. 216, G. Meyer, Lehrb. d. Deutsch. Staatsrechts 2. Aufl. S. 656, E. Löning, Verwaltungsrecht S. 254 f., Leuthold in Hirth's Annalen 1884 S. 265; vgl. auch Gruchot, Beiträge 1884 S. 975, und Entsch. d. OVG. VIII S. 327, XI S. 365. XIII S. 314.

[3] Dieses Gesetz über die Enteignung von Grundeigenthum ist am 11. Juni 1874 (GS. 221) ergangen. Neben diesem Gesetz sind gemäß § 54 desselben unter Anderem die Vorschriften über die Entziehung und Beschränkung des Grundeigenthums im Interesse der Landeskultur, des Bergbaues (s. hierfür Allgem. Berggeś. v. 24. Mai 1865. GS. 705, §§ 135 f.), der Landestriangulation in Geltung geblieben. Auch giebt es nicht wenige reichsrechtliche Vorschriften über Expropriation, z. B. im Ges. v. 7. April 1869, betr. Maßregeln gegen die Rinderpest (BGBl. 105), betr. Abwehr 2c. von Viehseuchen v. 23. Juni 1880 (RGBl. 153), über die Kriegsleistungen v. 13. Juni 1873 (RGBl. 129) und über die Naturalleistungen 2c. v. 13. Febr. 1875 (RGBl. 52), Ges. betr. die Beschränkungen des Grundeigenthums in der Umgebung von Festungen v. 21. Dez. 1871 (RGBl. 150).

Art. 10. Der bürgerliche Tod und die Strafe[1] der Vermögenseinziehung[2] finden nicht statt.[2 3]

[1] Die Strafen sind jetzt in der Hauptsache nach dem StrGB. zu bemessen; für landesgesetzliche Strafen s. § 5 des EG. z. StrGB.

[2] Die Vermögenseinziehung findet statt auf Grund reichsrechtlicher Normen in den Fällen StrGB. § 93 (Hoch- und Landesverrath) und § 140 (Verletzung der Wehrpflicht). Das Verfahren s. StrPO. §§ 480 bezw. 425, 426; s. auch § 340.

Die Einziehung (Konfiskation) einzelner Vermögensgegenstände als Strafe ist durch Art. 10 nicht ausgeschlossen; s. z. B. Feld- und Forstpolizeiges. v. 1. April 1880 (GS. 230) § 23. Selbstverständlich ist, daß Art. 10 der reichsrechtlich normirten Konfiskation einzelner Gegenstände nicht entgegen steht (z. B. Vereinszollges. v. 1./7. 1869, BGBl. 317 §§ 134, 135).

[3] Die Bestimmungen der §§ 1199 bis 1203 Thl. II Tit. 11 ALR., wonach Mönche und Nonnen nach abgelegtem Klostergelübde in Ansehung aller weltlichen Geschäfte als verstorben angesehen werden sollen, sind nicht durch Art. 10 (RG. in Civils. XLI 293), wohl aber durch das BGB. aufgehoben. Dagegen bleiben nach Art. 87 EG. z. BGB. die landesgesetzlichen Vorschriften, welche die Wirksamkeit von Schenkungen an Mitglieder religiöser Orden oder ordensähnlicher Kongregationen von staatlicher Genehmigung abhängig machen, unberührt; desgleichen die landesgesetzlichen Vorschriften, nach welchen Mitglieder religiöser Orden oder ordensähnlicher Kongregationen nur mit staatlicher Genehmigung von Todeswegen erwerben können. Mitglieder solcher religiöser Orden oder ordensähnlicher Kongregationen, bei denen Gelübde auf Lebenszeit oder auf unbestimmte Zeit nicht abgelegt werden, unterliegen nicht den vorangeführten Vorschriften.

Art. 11.[1] Die Freiheit der Auswanderung kann von Staatswegen[2] nur in Bezug auf die Wehrpflicht[3] beschränkt werden.

Abzugsgelder dürfen nicht erhoben werden.

[1] Nach Art. 4 Ziff. 1 der Reichsverfassung unterliegt die Auswanderung nach außerdeutschen Ländern der Beaufsichtigung Seitens des Reichs und der Gesetzgebung desselben. Die Auswanderung ist nur in Bezug auf Militärverhältnisse durch die §§ 15 und 17 des Ges. v. 1. Juni 1870 (BGBl. 355) beschränkt. Aus anderen öffentlichrechtlichen, abgesehen von strafgerichtlichen Gründen, z. B. wegen rückständiger Steuern, darf sie nicht beschränkt werden (Entsch. des OVG. XV 405). Die Zulassung und Ueberwachung der Auswanderungsunternehmer und Auswanderungsagenten fallen nicht unter die Reichs-Gewerbeordnung, s. § 6 derselben; unterstehen also noch der Landesgesetzgebung. In Preußen gilt namentlich Ges., betr. die Beförderung von Auswanderern, v. 7. Mai 1853 (GS. 729). Auf Grund des Ges. über das Auswanderungswesen v. 9. Juni 1897 (RGBl. 463) bestellt das Reich Aufsichtskommissare, deren Thätigkeit im Wesentlichen eine beaufsichtigende ist.

[2] Privatrechtliche Beschränkungen, z. B. aus dem ehelichen Rechte, der väterlichen und vormundschaftlichen Gewalt sind hierdurch nicht berührt. Ebensowenig hat Jemand ein Recht, sich durch Auswanderung einer Untersuchungs- oder Strafhaft zu entziehen (vgl. auch Mot. zum § 17 des Ges. v. 1./6. 70, Anl. z. d. Sten.Ber. d. Reichstages 1870 S. 159).

[3] S. jetzt StrGB. §§ 140 und 360 Nr. 3; ferner Reichsmilitärges. v. 2./5. 74 (RGBl. 45) §§ 57 bis 59, 61, 69 Nr. 8, Ges. v. 6./5. 80 (RGBl. 103) Art. I § 3; ferner Ges. v. 1./6. 70 (BGBl. 351) §§ 15 und 17.

Art. 12. Die Freiheit des religiösen Bekenntnisses,[1] der Vereinigung zu Religionsgesellschaften (Art. 30. und 31.)[2] und der gemeinsamen häuslichen und öffentlichen Religionsübung wird gewährleistet.[3] Der Genuß der bürgerlichen und staatsbürgerlichen Rechte ist unabhängig von dem religiösen Bekenntnisse.[4] Den bürgerlichen und staatsbürgerlichen Pflichten darf durch die Ausübung der Religionsfreiheit kein Abbruch geschehen.[5] [6]

[1] Schon das ALR. II Tit. 11 §§ 1 ff. gewährleistete die Gewissens- und Glaubensfreiheit. Alle Religionsgesellschaften sollten sich in allen Angelegenheiten, welche sie mit anderen bürgerlichen Gesellschaften gemein haben, nach den Gesetzen des Staates richten. Die Privat- und öffentliche Religionsübung einer jeden Kirchengesellschaft war dem Oberaufsichtsrechte des Staates unterworfen, der auch berechtigt war, von dem, was in der Versammlung der Kirchengesellschaft gelehrt und verhandelt wird, Kenntniß zu nehmen. Geduldeten Religions- und Kirchengesellschaften war die freie Ausübung des Privatgottesdienstes gestattet. Um die Rechte einer geduldeten Kirchengesellschaft zu erlangen, sind die Meldung und der Nachweis erforderlich, daß Ehrfurcht gegen die Gottheit, Gehorsam gegen die Gesetze, Treue gegen den Staat und sittlich gute Gesinnungen gegen die Mitbürger nicht mißachtet werden. Der Uebergang aus einer Religionsgesellschaft zu einer anderen war gestattet. Das Patent, betr. die Bildung neuer Religionsgesellschaften v. 30./3. 47 (GS. 121) wiederholt im Wesentlichen die Grundsätze des Landrechts. Die staatliche Genehmigung zur Religionsübung, welche ALR. Thl. II Tit. 11 § 10 vorschrieb,

ist fortgefallen durch Art. 12, s. auch Erk. des OVG. v. 3. Dez. 1887, Entsch. XVI 387.

[2] Die Bezugnahme auf Art. 30 u. 31 ergiebt, daß auch für die religiösen Vereine prinzipaliter die allgemeinen Normen über das Vereins- und Versammlungsrecht anwendbar sind; OR. XVII 14, GA. XXIV 675, Johow V 273, ferner VMBl. 1850 S. 250. Haben religiöse und kirchliche Vereine keine Korporationsrechte, so gelten sie als solche, welche eine Einwirkung auf öffentliche Angelegenheiten bezwecken und ihre Versammlungen als solche, in denen öffentliche Angelegenheiten erörtert werden, d. h. sie müssen Statuten und Mitgliederverzeichniß der Ortspolizeibehörde zur Kenntnißnahme einreichen und von ihren Versammlungen dieser vorher Anzeige machen; G. v. 11./3. 50 (GS. 277) § 2.

[3] Das Ges., betr. den Austritt aus der Kirche v. 14. Mai 1873 (GS. 207) gestattet den Austritt aus einer Kirche mit bürgerlicher Wirkung durch eine in Person vor dem Richter abzugebende Erklärung. Mit der Freiheit der Religionsübung ist auch die des Religionsunterrichts gewährleistet. Letztere unterliegt daher nicht den Art. 20 und 22, sondern dem Art. 12 der VerfUrk. Auch die Religionsgesellschaften, welche Korporationsrechte nicht besitzen, können über die im Vereinsges. v. 11./3. 50 gezogenen Schranken hinaus präventiv nicht gehindert werden, in ihren Versammlungen und als Theil der gemeinsamen Religionsübung durch ihre Vorsteher, Prediger, Sprecher auch die Belehrung, den Unterricht über religiöse Meinungen und Lehren an Erwachsene oder an Kinder jeden Alters ertheilen lassen, repressiv finden auf solche Unterweisungen die allgemeinen Gesetze Anwendung, OVG. 21./11. 91 XXII 396 ff.

[4] Dieser Satz ist nicht übereinstimmend ausgelegt worden (vgl. v. Rönne § 142 II S. 170). Jetzt gilt (Reichs-)Ges., betr. die Gleichberechtigung der Konfessionen in bürgerlicher und staatsbürgerlicher Beziehung v. 3./7. 69 (BGBl. 292): „Alle noch bestehenden, aus der Verschiedenheit des religiösen Bekenntnisses hergeleiteten Beschränkungen der bürgerlichen und staatsbürgerlichen Rechte werden hierdurch aufgehoben. Insbesondere soll die Befähigung zur Theilnahme an der Gemeinde- und Landesvertretung und zur Bekleidung öffentlicher Aemter vom religiösen Bekenntnisse unabhängig sein." Dieses Gesetz bezieht sich nicht auf Ausländer, Erk. des RG. vom 22. Dez. 1885, Entsch. in Straff. XIII 207.

[5] Die Mot. in der Denkschrift des Ministers v. Ladenberg v. 15./12. 48 S. 7 bemerken hierzu: „Sollte also z. B. künftig eine Religionsgesellschaft zum Verderben des heranwachsenden Geschlechtes unsittliche Lehren verbreiten, sollte sie unter dem Scheine der Religion die Verfassung des Staates angreifen oder sollte sie die neben ihr stehenden Gemeinschaften in ihrem verfassungsmäßigen Rechte kränken oder unter dem Vorwande der Religionsübung den öffentlichen Frieden stören, so würde sie sich vergeblich gegen die repressiven Maßregeln der Staatsgewalt auf die Freiheit berufen, weil eine Religion, welche sich ein solches Ziel setzt, keinen Anspruch auf den öffentlichen Schutz hat, und weil in der Gewissensfreiheit das Recht, gewissenlos zu handeln, nicht enthalten ist." In den §§ 13 und 27 ALR. Thl. II Tit. 11 ist vorgeschrieben, daß jede Religionsgesellschaft ihren Mitgliedern Ehrfurcht gegen die Gottheit, Gehorsam gegen die Gesetze, Treue gegen den Staat und sittlich gute Gesinnung gegen ihre Mitglieder einflößen soll, und daß sich sowohl öffentlich aufgenommene als bloß geduldete Religions- und Kirchengesellschaften in allen Angelegenheiten, die sie mit anderen

bürgerlichen Gesellschaften gemein haben, nach den Gesetzen des Staates richten müssen.

[6] Die Freiheit der Religionsübung und des Gottesdienstes schließt das Recht der Polizeibehörde nicht aus, gemäß § 10 Thl. II Tit. 17 ALR. Vorkehrungen zum Schutze des Publikums zu treffen, also z. B. wegen Ueberfüllung, welche das Leben gefährdet, Vermeidung von Feuersgefahr, mit Bezug auf ansteckende Epidemien das Erforderliche vorzuschreiben, vgl. die Anm. 2, 3 und 4 zu Art. 5, Erk. des OVG. v. 26. Juni 1880 und 3. Dez. 1887, Entsch. VI 371 und XVI 387.

Der Schutz der äußerlichen kirchlichen Ordnung der anerkannten Religionsgesellschaften bildet einen Theil der Landes-, nicht der Ortspolizei; Erk. d. OVG. v. 10. Dez. 1884 (VMBl. 1885 S. 22), OVG. XX 422, XXXI 420.

Art. 13.[1] Die Religionsgesellschaften,[2] so wie die geistlichen Gesellschaften,[3] welche keine Korporationsrechte haben, können diese Rechte nur durch besondere Gesetze[4] erlangen.

[1] Die im Staate öffentlich aufgenommenen Kirchengesellschaften haben gemäß § 17 Thl. II Tit. 11 ALR. die Rechte privilegirter Korporationen. Nur die ihnen gehörenden gottesdienstlichen Gebäude werden „Kirchen“ genannt und haben als solche die Vorrechte der öffentlichen Gebäude des Staats (ALR II 11 § 18; s. auch §§ 19, 96, 97, 160 f., bes. 174, 774 bis 776). Oeffentlich aufgenommen oder, wie das Patent v. 30. März 1847 (GS. 121) sagt, „geschichtlich und nach Staatsverträgen bevorrechtigt“ sind nur die katholische Kirche (Religionsedikt v. 9. Juli 1788 in Rabe, Samml. preuß. Ges. I Abth. 7 S. 726) und die aus der lutherischen und reformirten vereinigte evangelische Landeskirche (KO. v. 27./9. 17, betr. die Vereinigung

der lutherischen und reformirten Kirche, in v. Kamptz Anm. 1 1 S. 64, s. auch KO. v. 30./4. 30, GS. 84). S. auch v. Stengel S. 544.

Korporationsrechte haben außerdem nachstehende, nicht bevorrechtigte Religionsgesellschaften:

a) die von der Gemeinschaft der evangelischen Landeskirche sich getrennt haltenden Lutheraner, Generalkonzession v. 23./7. 1845 (GS. 516 Nr. 3) und die Reformirte Niederländische Konfession, Generalkonzession v. 24. Nov. 1849 (VMBl. 1854 S. 7);
b) die Herrenhuter und Böhmischen Brüder, Generalkonzession v. 7. Mai 1746 und 18. Juli 1763;
c) die Synagogengemeinden nach Maßgabe des Ges. v. 23./6. 1847 (GS. 263) § 37, s. auch § 6 des Ges. v. 28./7. 76, betr. den Austritt aus den jüdischen Synagogengemeinden (GS. S. 353);
d) die Mennonitengemeinden nach Maßgabe des Ges. v. 12./7. 1874 (GS. 238) §§ 1, 2;
e) die Baptistengemeinden nach Maßgabe des Ges. v. 7./7. 1875 (GS. 374) §§ 1, 2.

Religionsgesellschaften ohne Korporationsrechte sind namentlich (Schwartz S. 77) Irwingianer, Nazarener, freie Gemeinden, Deutsch-Katholiken, Philipponen, diese sind reine Privatgesellschaften, s. Anm. 2.

Die dem Gottesdienste gewidmeten Gebäude der zu a bis e genannten Gemeinden haben weder den Namen noch die Rechte der Kirchen (ALR. II 11 § 18), Patent, die Bildung neuer Religionsgesellschaften betr., 30./3. 47 (GS. 121).

[3] Unter Religionsgesellschaft ist hier (und jedenfalls im Sinne des ALR.) nicht die Gesammtkorporation, sondern nur die einzelne Gemeindeverbindung zu verstehen (s. v. Kamptz Annal. II S. 73).

[3] Geistliche Gesellschaften sind (ALR. II 11 §§ 939 ff.) nur die vom Staate aufgenommenen Stifte, Klöster und Orden: die katholischen Domstifte und Kapitel, die Kollegialstifte, Klostergesellschaften, die geistlichen Ritterorden, die protestantischen Stifte, Klöster und Ritterorden. Das Ges. v. 4. Juli 1872 (RGBl. 252) schließt den Orden Jesu und die ihm verwandten Orden und ordensähnlichen Kongregationen vom Gebiete des Deutschen Reichs aus, untersagt die Errichtung neuer und verfügt die Aufhebung bestehender Niederlassungen. S. hierzu B. v. 5. Juli 1872 und 20. Mai 1873 (RGBl. 1872 S. 254, 1873 S. 109). Als verwandte Orden sind die Redemptoristen und die Priester vom heiligen Geist nicht (mehr) anzusehen; Bek. v. 18. Juli 1894 (RGBl. 503). Das Ges. v. 31./5. 75 (GS. 217) erklärte „alle Orten und ordensähnlichen Kongregationen der katholischen Kirche" vom Gebiete der Preußischen Monarchie für ausgeschlossen, mit Ausnahme der ausschließlich der Krankenpflege gewidmeten, Art. 5 des Ges. v. 29. April 1887 (GS. 127) läßt diejenigen wieder zu, welche sich a) der Aushülfe in der Seelsorge, b) der Uebung der christlichen Nächstenliebe, c) dem Unterricht und der Erziehung der weiblichen Jugend in höheren Mädchenschulen und gleichartigen Erziehungsanstalten widmen, und d) deren Mitglieder ein beschauliches Leben führen. Das Ges. betr. die Verleihung von Korporationsrechten an Niederlassungen geistlicher Orden und ordensähnlicher Kongregationen der katholischen Kirche v. 22. Mai 1888 (GS. 113) hat einer Anzahl Niederlassungen von Orden und Kongregationen Korporationsrechte verliehen.

[4] Damit ist der Verordnungsweg ausgeschlossen. Solche Gesetze, deren Erlaß auch vor Emanation des in Art. 31 vorgesehenen allgemeinen Gesetzes über Korporationen statthaft ist, sind die vorcitirten Ges. v. 12./6. 74 (GS. 231) und v. 7./7. 75 (GS. 374).

Art. 14. Die christliche Religion wird bei denjenigen Einrichtungen des Staats, welche mit der Religionsübung im Zusammenhange stehen, unbeschadet der im Art. 12. gewährleisteten Religionsfreiheit, zum Grunde gelegt.

Art. 14 ist neu bei der Revision in die Verf.-Urk. eingefügt worden. Er bezieht sich nach Wortlaut und Entstehung nur auf die mit der Religionsübung im Zusammenhange stehenden Einrichtungen, z. B. was öffentliche Feiertage sind, welchen Charakter die öffentlichen Schulen haben, was für theologische Lehrstühle an den Hochschulen zu errichten sind (s. Rede Stahl's in den Sten.Ber. der I. Kammer 1849/50 S. 978).

Ueber kirchliche Simultanverhältnisse vgl. Sehling im Arch. f. öff. Recht Bd. 7 S.1 ff.

Die Art. 15,[1] 16[1] und 18[1] sind durch folgendes Ges. v. 18. Juni 1875 (GS. 259) aufgehoben.[2] [3]

„Die Artikel 15, 16 und 18 der Verfassungs-Urkunde v. 31. Jan. 1850. sind aufgehoben."

v. Rönne § 162. S. auch Mot. z. Ges. v. 18./6. 75 in den Sten. Ber. d. AbgH. 1875, Anl. Bd. II S. 1513.

[1] Dieselben lauteten:

Art. 15: „Die evangelische und die römisch-katholische Kirche, sowie jede andere Religionsgesellschaft, ordnet und verwaltet ihre Angelegenheiten selbstständig und bleibt im Besitz und Genuß der für ihre Kultus-, Unterrichts- und Wohlthätigkeitszwecke bestimmten Anstalten, Stiftungen und Fonds."

Art. 16: „Der Verkehr der Religionsgesellschaften mit ihren Oberen ist ungehindert. Die Bekanntmachung kirchlicher Anordnungen ist nur denjenigen Beschränkungen unterworfen, welchen alle übrigen Veröffentlichungen unterliegen."

Art. 18: „Das Ernennungs-, Vorschlags-, Wahl- und Bestätigungsrecht bei Besetzung kirchlicher Stellen ist, soweit es dem Staate zusteht, und nicht auf dem Patronat oder besonderen Rechtstiteln beruht, aufgehoben.

Auf die Anstellung von Geistlichen beim Militair und an öffentlichen Anstalten findet diese Bestimmung keine Anwendung."

[2] Nach dem bis zur Verfassung in Preußen bestandenen Rechte (ALR. Thl. II Tit. 11) hatte der Staat ein ausgedehntes weltliches Oberaufsichtsrecht über alle Kirchengesellschaften, wonach u. A. jede Religionsübung der Oberaufsicht des Staates unterlag (s. Anm. 1 zu Art. 12). Demgegenüber sanktionirten die Art. 15, 16 und 18 die Unabhängigkeit der Kirche vom Staate. Da diese Artikel dem Erlasse kirchenpolitischer Gesetze entgegenstanden, erfolgte deren Aufhebung. Vor der Aufhebung der Art. 15, 16 und 18 hatte das Ges. v. 5. April 1873 (GS. 143) die Art. 15 und 18 in nachstehender Weise verändert:

Art. 15: „Die evangelische und die römisch-katholische Kirche, sowie jede andere Religionsgesellschaft ordnet und verwaltet ihre Angelegenheiten selbstständig, bleibt aber den Staatsgesetzen und der gesetzlich geordneten Aufsicht des Staates unterworfen.

Mit der gleichen Maßgabe bleibt jede Religionsgesellschaft im Besitz und Genuß der für ihre Kultus-, Unterrichts- und Wohlthätigkeitszwecke bestimmten Anstalten, Stiftungen und Fonds."

Art. 18: „Das Ernennungs-, Vorschlags-, Wahl- und Bestätigungsrecht bei Besetzung kirch licher Stellen ist, soweit es dem Staat zusteht und nicht auf dem Patronat oder besonderen Rechtstiteln beruht, aufgehoben.

Auf Anstellung von Geistlichen beim Militair und an öffentlichen Anstalten findet diese Bestimmung keine Anwendung.

Im Uebrigen regelt das Gesetz die Befugnisse des Staates hinsichtlich der Vorbildung, Anstellung und Entlassung der Geistlichen und Religionsdiener und stellt die Grenzen der kirchlichen Disziplinargewalt fest."

[3] Die Aufhebung der Art. 15, 16 und 18 hat keine rückwirkende Kraft. Soweit diese Artikel frühere, vor Erlaß der VerfUrk. bestandene Vorschriften, z. B. das placetum regium (ALR. Thl. II Tit. 11 §§ 117, 118), beseitigt haben, sind diese durch die Aufhebung der Artikel nicht wieder in Kraft getreten. Vgl. auch RG. in Strafs. VI 91, XXII 118, Bierling, Arch. f. öff. Recht Bd. 7 S. 2196, und Schwartz S. 82. Die angezogenen G. v. 5./4. 73 u. 18./6. 75 beziehen sich nur auf die kirchlichen Angelegenheiten, nicht z. B. auf die Kirchenbuchführung als staatliche Einrichtung, RG. in Strafs. XXII 118.

Art. **17.** Ueber das Kirchenpatronat und die Bedingungen, unter welchen dasselbe aufgehoben werden kann, wird ein besonderes Gesetz ergehen.[1]

[1] Das in Art. 17 verheißene besondere Gesetz ist noch nicht ergangen, vgl. auch v. Rönne § 162 (Bd. II S. 385 f.). Es gelten noch ALR. Thl. II Tit. 11 Abschn. 8 „von Kirchenpatronen" u. G. v. 8./5. 37 (GS. 99); s. auch RG. Civils. XLIII 361.

Art. 18 ist aufgehoben, Ges. v. 18. Juni 1875 (GS. 259), s. oben S. 94.

Art. **19.** Die Einführung der Civilehe erfolgt

nach Maßgabe eines besonderen Gesetzes, was auch die Führung der Civilstandsregister regelt.[1]

[1] Dieses Gesetz erging am 9. März 1874 über die Beurkundung des Personenstandes und die Form der Eheschließung (GS. 95). Dasselbe ist ersetzt durch das Reichsgesetz über die Beurkundung des Personenstandes und die Eheschließung v. 6. Febr. 1875 (RGBl. 23); s. auch Art. 46 EG. z. BGB.

Vorbemerkung zu den Art. 20 bis 26.

Nach dem unter die Uebergangsbestimmungen gestellten Art. 112 soll es bis zum Erlaß des in Art. 26 vorgesehenen Unterrichtsgesetzes hinsichtlich des Schulwesens bei den jetzt geltenden gesetzlichen Bestimmungen bewenden. v. Rönne (§ 167 II S. 451/52), Schulze (Preuß. Staatsr. II S. 456) und früher das Abgeordnetenhaus (Sten. Ber. 1864 S. 592 ff.) nehmen an, daß durch Art. 112 die Art. 20 bis 25 der Verfassung nur so weit suspendirt seien, wie sie zu ihrer Verwirklichung noch des Erlasses des im Art. 26 verheißenen Unterrichtsgesetzes bedürfen. Bierling (Die konfessionelle Schule in Preußen, Gotha 1875 S. 12 ff., 109 ff.) erachtet dafür, daß die Art. 20 bis 25, soweit sie mit den bisherigen gesetzlichen Bestimmungen nicht in Widerspruch stehen, „als oberste Verwaltungsmaximen ansehen und als solche für alle weiteren Verwaltungsanordnungen auf dem Unterrichtsgebiete so lange bindend sind, als sie nicht im Wege der Verfassungsänderung beseitigt oder durch neue Gesetze unausführbar gemacht sind." Gneist (Die konfessionelle Schule 2c., Berlin 1869 S. 12) erklärt die Art. 20 bis 25 als „Zukunftsrecht". Er erachtet somit dieselben als gänzlich suspendirt, ebenso G. Meyer, Verwaltungsrecht I S. 222, und E. Löning, Verwaltungsrecht S. 738, 752. Die letzte Auffassung ist die richtige; denn Art. 112 ist durch Stiehl (anscheinend im Auftrage der Unterrichtsverwaltung) gerade zu dem Zwecke beantragt und von den Revisionskammern angenommen worden, damit die genannte Verwaltung an die Art. 20 bis 25 bis zum Erlasse des in Aussicht gestellten Unterrichtsgesetzes nicht gebunden sei (s. Arndt in der Zeitschr. f. öff. Recht 1886 S. 512 f.). Hiermit stimmt die Judikatur überein: Erk. d. OTr. v. 12./10. 74 und 14./6. 77 in Entsch. Bd. 73 S. 406 ff., Bd. 80 S. 377; s. auch OR. XV 655 und XVII 10, ebenso Schwartz S. 84. Die Art. 20 bis 25 haben hiernach nur die aktuelle Bedeutung, daß sie bei dem zukünftigen Unterrichtsgesetz dem Gesetzgeber als Richtschnur dienen. Andererseits verbietet Art. 112 nicht gerade die Art. 20 bis 25, so daß die Unterrichtsverwaltung, wenn auch nicht verpflichtet, so doch berechtigt ist, die Art. 20 bis 25, soweit Gesetze nicht entgegenstehen, schon jetzt anzuwenden.

Art. 20. Die Wissenschaft und ihre Lehre ist frei.

Diese Freiheit schließt nicht aus, daß (repressiv) das StrGB. und alle Strafgesetze auch auf die Wissenschaft und ihre Lehre Anwendung finden, und ebensowenig (präventiv), daß, um Unterricht gewerbsmäßig zu ertheilen, staatliche Genehmigung erforderlich ist (s. Art. 22). Mit dem in Art. 20 ausgesprochenen Satze soll die Verwaltung die Direktive erhalten, die Wissenschaft nicht einseitig zu beeinflussen, bestimmte Lehrmeinungen nicht vorzuziehen, die Vorlesungen der Professoren nicht zu überwachen 2c., entgegengesetzt dem Beschlusse des Deutschen Bundes v. 20./9. 1819, welcher gemäß der Bekanntmachung v. 18./10. 1819 (GS. 218) in Preußen als Gesetz publizirt wurde.

Art. 21. Für die Bildung der Jugend soll durch öffentliche Schulen genügend gesorgt werden.[1]

Eltern und deren Stellvertreter dürfen ihre Kinder oder Pflegebefohlenen nicht ohne den Unterricht lassen,[2] welcher für die öffentlichen Volksschulen[3] vorgeschrieben ist.[4]

[1] Nach der Vorbemerkung zu dem Art. 20 stellt Abs. 1 des Art. 21 vorerst keinen (erzwingbaren) Rechtssatz auf.

[2] Es gilt das ältere Recht: im Allgemeinen LR. II Tit. 2 § 75, Tit. 12 §§ 7, 43 bis 48, ausgedehnt auf die nicht landrechtlichen Provinzen durch KO. v. 24./5. 25 (GS. 149); s. auch KO. v. 20./6. 35 (GS. 131). Die in den Provinzen Ost- und Westpreußen, in Schlesien und der Grafschaft Glatz bestandenen besonderen provinzialrechtlichen Vorschriften wegen der Höhe der Strafe sind durch Ges. v. 6./5. 86 (GS. 144) aufgehoben. Es gilt auch in diesen Provinzen hierüber ALR. II 12 § 48. Für Hannover gilt Ges. v. 26./5. 45 (GS. für Hannover S. 465) §§ 3 bis 5, für Kurhessen s. Kurhessische GS. 1818 S. 7, 1853 S. 9, für Nassau s. VerordnSamml. Bd. III S. 294, für Schleswig-Holstein die Chronol. Samml. der Verordn. 1814 S. 112 (v. Rönne, § 171 II S. 470). Die angedrohten Strafen sind sog. Kriminalstrafen, d. h. nur das Gericht kann wegen begangener Nichtbefolgung die Eltern bestrafen, und es ist, soweit es sich um begangene Nichtbefolgung handelt, die Exekutivstrafe ausgeschlossen; s. Erk. des Ger. z. Entsch. der Kompetenz-Konflikte v. 14./3. 63 (JMBl. 126) und des OVG. v. 12./2. 81, Entsch. Bd. VII S. 215, Johow, Jahrb. der Entsch. d. KG. V 390, 396. Der Schulpflicht ist auf einer preußischen Volksschule zu genügen, Erk. d. Kammerger. v. 12./4. 92, Centralbl. der Unterrichtsverwaltung 1883 S. 152; der Besuch einer außerdeutschen Schule genügt nur, wenn er mit Erlaubniß der

Schulaufsichtsbehörde erfolgt (Johow, Jahrb. der Entsch. d. KG. XI 315, dagegen V 390).

Es fehlt ein einheitliches Gesetz und damit die gleichmäßige Festsetzung des Beginns und Endes der Schulpflicht.

Der Schulzwang bezieht sich nicht auf die Kinder der in Preußen wohnenden Nichtpreußen, Johow, Entsch. des KG. XII 255. Zwischen den verschiedenen deutschen Staaten sind Abmachungen getroffen, Inhalts deren Kinder anderer Bundesstaaten dort, wo sie sich aufhalten, die öffentlichen Schulen besuchen dürfen und müssen; s. VMBl. 1876 S. 272, Schwartz S. 87 f.

Der regelmäßige Schulbesuch kann auch polizeilich erzwungen werden, Johow, Jahrb. VIII 229.

[3] Damit sind die sog. „gemeinen", „Elementar- und Volksschulen" verstanden, Erk. des OVG. v. 11. März 1885, Entsch. XII 97, v. 15./2. 89, Entsch. XVII 160.

[4] Bezüglich des Religionsunterrichts gilt § 11 II 12 ALR.: „Kinder, die in einer anderen Religion" (als des Vaters, §§ 74, 75 II 2 ALR., s. auch Deklaration v. 21./11. 1803, GS.1825 S. 221), „als welche in der öffentlichen Schule gelehrt wird, nach den Gesetzen des Staates erzogen werden sollen, können dem Religionsunterricht beizuwohnen nicht angehalten werden." Der Vater, auch wenn er einer staatlich anerkannten Religionsgesellschaft nicht angehört, muß seine Kinder, wenn er für deren religiösen Unterricht nicht in einer der Schulaufsichtsbehörde genügenden Weise sorgt, an dem Religionsunterricht in den öffentlichen Volksschulen theilnehmen lassen (allgemeine Verf. des Kultusministers v. 16./1. 92 im CentrBl. f. die ges. Unterrichtsverwaltung S. 435, Johow, Jahrb. VI 291, Schwartz S. 93 f.), s. auch Schwartz S. 94.

Art. 22. Unterricht zu ertheilen und Unterrichtsanstalten zu gründen und zu leiten, steht Jedem frei, wenn er seine sittliche, wissenschaftliche und technische Befähigung den betreffenden Staatsbehörden nachgewiesen hat.

Die GewO. (§ 6) findet im Allgemeinen auf das Unterrichtswesen keine Anwendung, ausgenommen auf die Ertheilung von Tanz-, Turn- und Schwimmunterricht (GewO. § 35). Daraus, sowie in Verbindung mit der Vorbemerkung zu Art. 20 folgt, daß das preußische Landesrecht in Kraft geblieben ist. Es gelten insbesondere ALR. II 12 §§ 3 bis 8, KO. v. 10./6. 34, betr. die Aufsicht des Staats über Privatanstalten und Privatpersonen, die sich mit dem Unterrichte und der Erziehung der Jugend beschäftigen (GS. 135), und dazu Staatsministerialbeschl. v. 31./12. 39, BMBl. 1840 S. 94, gemäß V. v. 18./2. 1887 gültig für den ganzen Staat, LBl. f. die ges. Unterrichtsverwaltung 1887 S. 396. Hiernach bedürfen Privatunterrichts- und Erziehungsanstalten, desgl. (gewerbsmäßige) Privatlehrer, Hauslehrer, Erzieher und Erzieherinnen der staatlichen (widerruflichen), von der Regierung zu ertheilenden Genehmigung. Vgl. auch Anm. 3 zu Art. 12. S. auch v. Stengel, Preuß. Staatsr. S. 527 f., Schwartz S. 97.

Diese Vorschriften beziehen sich indeß nur auf den Unterricht der Jugend; Privatunterricht Erwachsenen zu ertheilen, ist frei, Reskr. v. 27./2. 62 (BMBl. 114). S. auch zu Art. 22 v. Rönne § 169.

Zum Einschreiten wegen unbefugten Ertheilens von Unterricht sind nicht die Polizei-, sondern die Unterrichtsbehörden befugt, s. OVG. XXII 396, oben Anm. 3 zu Art. 12.

Art. **23.**[1] Alle öffentlichen und Privat-Unterrichts- und Erziehungsanstalten[2] stehen unter der Aufsicht vom Staate ernannter Behörden.[3]

Die öffentlichen Lehrer haben die Rechte und Pflichten der Staatsdiener.[4]

[1] Art. 23 ist durch Art. 112 suspendirt (Vorbem. zu Art. 20). Es gilt daher das ältere Recht, insbes. ALR. Th. II Tit. 12. Dieses ältere Recht ist, soweit es die öffentliche Aufsicht betrifft, durch das „in Ausführung des Art. 23 der Verf." ergangene Ges., betr. die Beaufsichtigung des Unterrichts- und Erziehungswesens, v. 11./3. 72 (GS. 183) nur klarer gestellt:

„§. 1. Unter Aufhebung aller in einzelnen Landestheilen entgegenstehenden Bestimmungen steht die Aufsicht über alle öffentlichen und Privat-Unterrichts- und Erziehungs-Anstalten dem Staate zu.

Demgemäß handeln alle mit dieser Aufsicht betrauten Behörden und Beamten im Auftrage des Staates.

§. 2. Die Ernennung der Lokal- und Kreisschulinspektoren und die Abgrenzung ihrer Aufsichtsbezirke gebührt dem Staate allein.

Der vom Staate den Inspektoren der Volksschule ertheilte Auftrag ist, sofern sie dies Amt als Neben- oder Ehrenamt verwalten, jederzeit widerruflich.

Alle entgegenstehenden Bestimmungen sind aufgehoben.

§. 3. Unberührt durch dieses Gesetz bleibt die den Gemeinden und deren Organen zustehende Theilnahme an der Schulaufsicht, sowie der Artikel 24 der Verfassungs-Urkunde vom 31. Januar 1850.

§. 4. Der Minister der geistlichen, Unterrichts-

und Medizinalangelegenheiten wird mit der Ausführung dieses Gesetzes beauftragt."

[2] Nach § 1 Thl. II Tit. 12 ALR. sind Volksschulen, welchen religiösen Charakter sie auch haben, auch jüdische, Veranstaltungen des Staates (OVG. XXVIII 169), und sind auch die Lehrer an jüdischen Volksschulen Staatsbeamte und haben deren Steuerprivilegien, OVG. XXXIV 168 ff.

[3] Die Centralbehörde der Unterrichtsverwaltung war früher der Minister des Innern, jetzt der Unterrichtsminister (AE. v. 3./11. 17, GS. 289, und für die neuen Provinzen Verordnung v. 13./5. 67, GS. 667). Die Befugnisse des Ministers in Schulangelegenheiten regeln sich nach der Verordnung v. 27./11. 10 (GS. 3) und begreifen das Recht in sich, soweit Gesetze nicht entgegenstehen, Prüfungsvorschriften für Lehrer und Schüler zu erlassen, die Unterrichtsgegenstände zu bestimmen u. s. w.: s. auch OVG. v. 29./9. u. 2./12. 76, E. I 173 f., 205 f. Als Provinzialinstanz fungiren für die höheren Schulen einschließlich der Lehrerseminare die Provinzial-Schul-Kollegien, s. Dienst-Instr. für die Provinzial-Konsistorien v. 23./10. 17 (GS. 237) §§ 6 bis 8, 10 bis 15, KO. v. 31./12. 25 (GS. 1826 S. 5) B I 9, AE. v. 26./8. 59 (GS. 535), und für die neuen Provinzen Verordnung v. 22./9. 67 (GS. 1570), Lauenburg Ges. v. 23./6. 76 (GS. 169) § 5; für Elementar-, Bürger- und Privatschulen die Regierung, Abth. für Kirchen- und Schulwesen, RegInstr. v. 23./10. 17 (GS. 237) § 2 Nr. 6, § 18, KO. v. 31./12. 25 (GS. 1826 S. 5) D II 2. Die obere Leitung in wissenschaftlicher Hinsicht steht auch in Ansehung dieser Schulen den Provinzial-Schulkollegien zu. Die Reichsschulkommission hat nur die Aufgabe, Gutachten darüber abzugeben, ob und unter welchen Bedingungen Lehranstalten die Berechtigung zum Einjährig-Freiwilligendienst ertheilen dürfen, Arndt, Reichsstaatsrecht S. 521.

[4] Entspricht dem älteren Recht; Diensteid gemäß Verordnung v. 6./5. 67 (GS. 715), s. auch VMBl. 1874 S. 11. Auch die durch die Gemeinde ausgeübte Schulaufsicht ist Staatsaufsicht, die sie ausübenden Beamten sind Staatsbeamte, RG. 17./11. 96, E. in Civils. XXXVIII 371.

Art. 24.[1] Bei der Einrichtung[2] der öffentlichen Volksschulen sind die konfessionellen Verhältnisse möglichst zu berücksichtigen.[3]

Den religiösen Unterricht in der Volksschule leiten die betreffenden Religionsgesellschaften.[4]

Die Leitung der äußeren Angelegenheiten der Volksschule steht der Gemeinde zu[5] Der Staat stellt unter gesetzlich geordneter Betheiligung der Gemeinden,[5] aus der Zahl der Befähigten[6] die Lehrer der öffentlichen Volksschulen an.

[1] Es gilt (Vorbemerkung zu Art. 20) das ältere Recht. Nach diesem hat z. B. noch die Exekutive die Einrichtung der Schule zu bestimmen (vgl. auch OVG. v. 29./9. 76 Entsch. I 179).

[2] Es gilt die allgemeine Verfügung des Unterrichtsministers über Einrichtung, Aufgabe und Ziel der preußischen Volksschule v. 15./10. 72 (VMBl. 273). Nach dem Ges., betr. die Feststellung von Anforderungen an Volksschulen, v. 26. Mai 1887 (GS. 175) ist bei Anforderungen, welche durch neue oder erhöhte Leistungen der zur Unterhaltung der Schule Verpflichteten zu gewähren sind, in Ermangelung des Einverständnisses der Verpflichteten bei Landschulen der Beschluß des Kreisausschusses, bei Stadtschulen der Beschluß des Bezirksausschusses maßgebend mit Beschwerde an den endgültig entscheidenden Provinzialrath.

[3] Man unterscheidet die kirchliche, die konfessionelle, die Simultan- oder paritätische und die konfessionslose Schule. In der ersteren ist das ganze Unterrichtswesen, bei welchem der Religionsunterricht vorherrscht, von konfessionell-kirchlichem Geiste durchdrungen. Die Schule ist Annex der Kirche und steht unter deren Leitung. Bei der konfessionellen Schule wird Religionsunterricht nur in einer bestimmten Konfession nicht als der, wohl aber als einer der Hauptgegenstände ertheilt. Die Lehrer gehören regelmäßig dieser Konfession an; es steht aber die Schule unter Leitung des Staates als Staatsschule. Die Simultanschule ist für Kinder verschiedener Konfessionen berechnet; der Religionsunterricht wird für die verschiedenen Konfessionen besonders ertheilt, die Lehrer werden ohne Rücksicht auf eine bestimmte Konfession angestellt. In der konfessionslosen Schule wird Religionsunterricht nicht ertheilt und auf die Konfession der Lehrer keine Rücksicht genommen. Die Schule des ALR. II 12 §§ 11 ff. (s. auch schles. Schulreglement v. 18./5. 1801, Korn's Ediktensamml. VII 206 u. s. w.) ist die Konfessionsschule: nicht die kirchliche noch die Simultanschule. Letztere ist nur im Bedürfnißfalle zu gestatten (CR. des Unterrichts-Min. v. 16./6. 76, CBl. der UnterrVerw. 495). In der Theorie behauptet Gneist (Die konfessionelle Schule. Ihre Unzulässigkeit nach preuß. Landrecht, Berlin 1869): „Die gesetzmäßige preußische Volksschule ist die, in welcher die Religion konfessionell gelehrt werden muß, die Wissenschaft nicht konfessionell gelehrt werden darf, die Staatsaufsicht in diesem Sinne gehandhabt werden soll." Ihm sind Schulze II S. 568, v. Rönne u. A. gefolgt. Bierling, Die konfessionelle Schule in Preußen, Gotha 1885, behauptet, daß die Konfessionsschule dem Preuß. Recht entspricht, ebenso v. Stengel S. 533. Schwartz S. 100 behauptet, Art. 24 per-

horrescire wohl die konfessionslose, nicht aber die Simultanschule.

[4] Art. 24 Abs. 2 giebt den Religionsgesellschaften noch kein aktuelles Recht, Vorbem. zu Art. 20, s. auch OTr. 12./4. 74 u. 14./6. 77, CR. XV 655, E. 80, S. 377 OR. XVIII 415. Nach dem Erl. d. KultMin. v. 18./2. 76 (VMBl. 68) ist der schulplanmäßige Religionsunterricht in der Volksschule den an derselben angestellten Lehrern und Lehrerinnen, unabhängig von der missio canonica, zu übertragen als staatliches Amt; vgl. auch CBl. d. UntVerw. 1880 S. 228. Die Generalsuperintendenten haben die religiöse Seite des höheren Unterrichts zu beaufsichtigen, v. Kamptz, Ann. XIII 279, CBl. f. d. höh. Unterrichtsverw. 1869 S. 49. Für jüdische Kinder können bei vorhandenem Bedürfniß ausnahmsweise öffentliche jüdische Schulen eingerichtet werden: Ges. v. 23./7. 47 (GS. 275) §§ 60 bis 67.

[5] Da das ältere Recht gilt (Vorbemerk. zu Art. 20), kommen zur Anwendung ALR. II 12 §§ 22 bis 25, anerkannt v. OTr. 26./2. 64, Strieth. A. Bd. 58 S. 11, in Ost- und Westpreußen Schulordn. v. 11./12. 45 (GS. 1846 S. 1) §§ 6 ff., 37, Schlesien KO. v. 30./9. 12 (GS. 185). Nach Ges., betr. die Anstellung &c. der Lehrer und Lehrerinnen im Gebiete der Prov. Posen und Westpreußen v. 15./7. 86 (GS. 185), sollen Magistrat, ev. Schuldeputation, Gemeinde- (Guts-)(Schul-)Vorstand vorher gutachtlich gehört werden. Gemeinde ist die politische, nicht die Schulgemeinde (Schulsozietät). Bei Besetzung der mit kirchlichen Bedienungen verbundenen Lehrerstellen ist Einverständniß der Kirchenbehörde erforderlich, VMBl. 1865 S. 156, 177.

[6] S. Prüfungsordnung für Volksschullehrer, Lehrer an Mittelschulen und Rektoren v. 15./10. 72 (VMBl. 292), für Lehrerinnen und Schulvorsteherinnen v. 24./4. 74, InstrBl. f. die ges. UnterrVerw. S. 234, für

Lehrerinnen der englischen Sprache, Zeichnen- und Handarbeitslehrerinnen ebendort 608, 635, 733. Vorschriften über Aufnahmeprüfung an den Kgl. Schullehrer-Seminarien v. 15./10. 72 (VMBl. 283), Lehrordnung und Lehrplan für die Kgl. Schullehrer-Seminare v. 15./10. 72 (VMBl. 286).

Art. 25.[1] Die Mittel zur Errichtung, Unterhaltung und Erweiterung der öffentlichen Volksschule werden von den Gemeinden, und im Falle des nachgewiesenen Unvermögens, ergänzungsweise vom Staate[2] aufgebracht. Die auf besonderen Rechtstiteln beruhenden Verpflichtungen Dritter bleiben bestehen.

Der Staat gewährleistet demnach den Volksschullehrern ein festes, den Lokalverhältnissen angemessenes Einkommen.

In der öffentlichen Volksschule wird der Unterricht unentgeltlich ertheilt.[3]

[1] Da nach der Vorbemerkung zu Art. 20 der Art. 25 bis auf Weiteres suspendirt ist, gilt auch hier das ältere Recht (ALR. Th. II Tit. 12 §§ 20 bis 38). Hiernach trägt die Kosten der Schule, soweit das Schulvermögen und das von den Regierungen, Abth. für Kirchen- und Schulwesen, zu regulirende (Instr. v. 23./10. 17 § 18) Schulgeld nicht hinreichen, die Schulgemeinde, d. h. die Hausväter des Ortes bezw. der Konfession. Hausväter sind alle wirthschaftlich selbstständigen physischen Personen (OVG. 30./9. 82, E. IX 123). Soweit die Schulgemeinde (Sozietät) hierzu außer Stande ist, muß der Gutsherr eintreten, ALR. II § 33, OVG. 21./5. 83, E. X 126; dagegen ist der Gutsherr in seiner Gemeinde auch als Besitzer von

bäuerlichen Grundstücken von den Schullasten befreit. OVG. 11./10. 82, E. IX 132. Vor dem ALR. kommen, soweit sie Bestimmungen enthalten, auch die Provinzialgesetze zur Anwendung: z. B. Rhein. GemOrdn. v. 23./7. 45 (GS. 523) § 8. Endlich können unter Genehmigung der Aufsichtsbehörden Abweichungen beschlossen werden, so daß die politische (und nicht die Schul-)Gemeinde die Schullast trägt, OVG. 28./11. 77 III 125.

[2] Nach dem Gesetz, betr. die Erleichterung der Volksschullasten, v. 14. Juni 1888 (GS. 240) zahlt der Staat (auch ohne Nachweis des Unvermögens der Gemeinde) in allen Fällen jährliche Beiträge zu dem Diensteinkommen der an öffentlichen Volksschulen angestellten Lehrer und Lehrerinnen. Diese Beiträge belaufen sich nach § 27 d. Ges. v. 3./3. 97 (GS. 25) für die Stelle eines alleinstehenden Lehrers sowie eines ersten Lehrers auf 500, eines andern Lehrers auf 300, einer Lehrerin auf 150 Mk. für höchstens 25 Schulstellen in derselben politischen Gemeinde. Gemeinden (mit mehr als 25 Schulstellen), die wegen der Beschränkung des Staatszuschusses auf 25 Stellen einen Ausfall an Staatsbeiträgen gegenüber den G. v. 14./6. 88 und 31./3. 89 erleiden, wird dieser nach Maßgabe Königlicher Verordnung (G. v. 3./9. 97 VI Abs. 4) vergütet, s. z. B. V. v. 8./11. 98 GS. 298.

Die Verfassung wollte übrigens dem Staate nicht verbieten, ohne nachgewiesenes Unvermögen der Gemeinde, Schullasten zu tragen, sondern ihm nur im Interesse der „Rechte der Preußen“ gebieten, im Falle des nachgewiesenen Unvermögens der Gemeinden die Schullasten aufzubringen. Nach § 26 d. Ges. v. 6./7. 85 (GS. 298) wird die Pension der Volksschullehrer bis zur Höhe von 600 Mk. aus der Staatskasse getragen; s. auch Ges. v. 26./4. 90 (GS. 89) und Ges. v. 23./7. 93 (GS. 194).

Das Diensteinkommen der endgültig angestellten Lehrer und Lehrerinnen an öffentlichen Volksschulen ist nach Ges. v. 3./3. 97 (GS. 25) ein festes, nach den örtlichen Verhältnissen und der besonderen Amtsstellung angemessenes und besteht (§ 2) aus Grundgehalt (nicht weniger als 900 Mk. für Lehrer, 700 für Lehrerinnen), Alterszulagen und Wohnung (ev. Miethsentschädigung), ferner aus Umzugskosten und Gnadenquartal. Wittwen und Waisen der seit 1./4. 1900 gestorbenen Lehrer oder pensionirten Lehrer an öffentlichen Volksschulen bekommen nach Ges. v. 2./14. 99 (GS. 587) nach gleichen Grundsätzen wie bei Beamten Versorgung, Wittwen 40% der Pension, mindestens 216 und höchstens 2000 Mk., Halbwaisen 1/5, Vollwaisen 1/3 der Wittwenpension. Das Wittwengeld wird — außer bei Berliner Volksschulen — bis 420, bei Halbwaisen bis 84 und bei Vollwaisen bis 140 Mk. jährlich aus der Staatskasse getragen.

[3] Abs. 3 ist nunmehr theilweise geltendes Recht geworden durch Ges. v. 14./6. 88 (GS. 240) § 4. Die Erhebung eines Schulgeldes bei Volksschulen findet fortan nicht statt. Ausnahmen sind nur gestattet:

1. für solche Kinder, welche innerhalb des Bezirks der von ihnen besuchten Schule nicht einheimisch sind:
2. so weit, als das gegenwärtig bestehende Schulgeld durch den Staatsbeitrag nicht gedeckt wird „und anderenfalls eine erhebliche Vermehrung der Kommunal- oder Schulabgaben eintreten müßte" — und zwar bei Stadtschulen mit Genehmigung des Bezirksausschusses, bei Landschulen mit Genehmigung des Kreisausschusses (s. auch Art. II Ges. v. 31./3. 89, GS. 64).

Art. 26. Ein besonderes Gesetz regelt das ganze Unterrichtswesen.[1]

[1] Dieses Ges. ist noch nicht ergangen. Art. 26 schließt den Erlaß von Spezialgesetzen nicht aus; Arndt, Zeitschr. f. öff. Recht 1886 S. 512 f. Art. II § 3 des für Posen und Westpreußen erlassenen Ges., betr. die Anstellung der Lehrer ꝛc., v. 15. Juli 1886 (GS. 185), wonach Art. 112 der VerfUrk., insoweit er den Bestimmungen dieses Gesetzes entgegensteht, aufgehoben wurde, war daher überflüssig.

Art. 27.[1] Jeder Preuße hat das Recht, durch Wort, Schrift, Druck und bildliche Darstellung seine Meinung frei zu äußern.[2]

Die Censur darf nicht eingeführt werden;[3] jede andere Beschränkung der Preßfreiheit nur im Wege der Gesetzgebung.[4]

[1] Gemäß Art. 4 Nr. 16 der Reichsverfassung unterliegen die Bestimmungen über die Presse der Gesetzgebung des Reichs. Auf Grund dieser Vorschrift erging das Ges. über die Presse v. 7./5. 74 (RGBl. 65). Gemäß § 30 Abs. 2 und 3 dieses Ges. sind aufrecht erhalten: §§ 6, 9, 10 und 41 des Ges. über die Presse v. 12./5. 51 (GS. 273), Entsch. d. Kammergerichts II 242. XIII 250, OVG. V 413, welches letztere Ges. im ganzen preußischen Staate gilt (Verordnung v. 25./6. 67, GS. 921).

[2] Art. 27 und 28 können im Falle des Belagerungszustandes zeit- und distriktweise außer Kraft gesetzt werden; s. Art. 111 und § 30 Abs. 2 Ges. über die Presse v. 7. Mai 1874 (RGBl. 65). Die Preßfreiheit betrifft neue Erzeugnisse der Buchdruckerpresse und andere, durch mechanische oder chemische Mittel bewirkte, zur Verbreitung bestimmte Vervielfältigungen von Schriften, bildlichen Darstellungen und Musikalien, nicht die öffentliche Aufführung eines Schauspiels.

Polizeiverordnungen, die vorschreiben, daß vor Veranstaltung einer öffentlichen Theatervorstellung die Erlaubniß der zuständigen Verwaltungsbehörde unter Beifügung des aufzuführenden Stückes eingeholt werden muß, und daß diese Genehmigung auch bei wiederholter Aufführung desselben Stückes erforderlich ist, sofern Veränderungen vorgenommen werden sollen, sind sonach nicht unzulässig, OVG. v. 1./12. 92, Entsch. XXIV 311; Entfaltung rother oder dänischer Farben ist als Meinungsäußerung unstatthaft nach Erk. des KG. v. 5./3. 85 (Johow, Jahrb. V 367), dagegen statthaft nach OVG. v. 18./6. 91, Entsch. XXI 400, und daher nach OVG. nur aus § 10 Th. II Tit. 17 ALR. (s. oben Art. 5) zu verbieten, wenn dadurch unmittelbare Gefahr für die Ordnung entsteht. Ein präventives polizeiliches Einschreiten gegen gewerbliche Ankündigungen in Druckschriften verstößt gegen Art. 27, OVG. XXIII 276, XXVIII 326, XXXV 431.

[3] S. OVG. v. 1./12. 92, Entsch. XXIV 311, in Anm. 2.

[4] Damit sollte der Verordnungsweg, nicht die Nothverordnung auf Grund des Art. 63 ausgeschlossen sein. Daß durch Nothverordnung Beschränkungen der Preßfreiheit eingeführt werden können, hat bei Berathung des Art. 27 der Abgeordnete Simson ausdrücklich anerkannt. Die erste Nothverordnung, welche auf Grund des Art. 63 erging, v. 5. Juni 1850 (GS. 329), enthielt einschneidende Beschränkungen der Preßfreiheit, z. B. den Kautionszwang. Gleichwohl ist damals die Gültigkeit derselben, soweit ihr Inhalt in Frage kam, nicht bemängelt worden. Am 19. Nov. 1863 hat das AbgHaus dagegen die Erklärung beschlossen, daß das Gebiet der Preßfreiheit dem Nothverordnungsrecht entgegen sei. Ueber diese seit der reichsrechtlichen Regelung gegenstandslos gewordene Frage s. Anm. 2 zu Art. 63 und Arndt im Archiv für öffentliches Recht Bd. IV S. 438 f.

Art. 28.[1] Vergehen, welche durch Wort, Schrift, Druck oder bildliche Darstellung begangen werden, sind nach den allgemeinen Strafgesetzen[2] zu bestrafen.[3]

[1] S. Anm. 1 und 2 zu Art. 27.

[2] Hierdurch ist nicht ausgeschlossen, daß für die Preßfreiheit, außer durch die allgemeinen Strafgesetze, auch noch durch besondere, die Staatsbürger als solche nicht betreffende rechtliche Beziehungen, in die Jemand eintritt, Schranken gezogen sein können, z. B. für Beamte, Erk. des OVG. v. 20. Dez. 1886, Entsch. XIV 404, anderer Ansicht Schwartz S. 107 a. a. O.

[3] An Stelle Art. 28 gilt jetzt:

Ges. über die Presse v. 7./5. 74 (RGBl. 65):

§ 20. „Die Verantwortlichkeit für Handlungen, deren Strafbarkeit durch den Inhalt einer Druckschrift begründet wird, bestimmt sich nach den bestehenden allgemeinen Strafgesetzen.

Ist die Druckschrift eine periodische, so ist der verantwortliche Redakteur als Thäter zu bestrafen, wenn nicht durch besondere Umstände die Annahme seiner Thäterschaft ausgeschlossen wird."

Art. 29.[1] Alle Preußen sind berechtigt, sich ohne vorgängige obrigkeitliche Erlaubniß friedlich und ohne Waffen in geschlossenen Räumen[2] zu versammeln.[3] [4]

Diese Bestimmung bezieht sich nicht auf Versammlungen unter freiem Himmel,[5] welche auch in Bezug auf vorgängige obrigkeitliche Erlaubniß der Verfügung des Gesetzes[6] unterworfen sind.[7]

[1] Gemäß Abs. 2 in Art. 30 soll „ein Gesetz" (die Verordnung v. 11. März 1850, GS. 277) „ins-

besondere zur Aufrechterhaltung der öffentlichen Sicherheit" die Versammlungs-(wie die Vereins-)freiheit regeln. Art. 29 kann gemäß Art. 111 zeit- und distriktweise außer Kraft gesetzt werden. Für das Heer s. Art. 38, 39. Art. 29 gilt nur für Preußen; indeß giebt es z. B. kein Gesetz, welches Versammlungen von Nichtpreußen oder die Theilnahme von Nichtpreußen an Versammlungen verbietet.

[2] D. s. Räume, welche in Länge, Breite und Höhe geschlossen sind.

[3] Diese Versammlungen sind frei von Präventivmaßregeln; die Polizei hat sie aus politischen Gründen nicht zu verbieten oder zu erlauben. Polizeiliche Maßregeln auf Grund § 10 Thl. II Tit. 17 ALR. zum Schutze des Publikums sind statthaft. (OVG. v. 26./9. 76, 26./6. 80, 11./10. 84, 3./12. 87, E. I 347, VI 382, XVI 387, Anm. 6 zu Art. 12, Anm. 2 und 3 zu Art. 5.) Daher kann die Veranstaltung öffentlicher Lustbarkeiten an polizeiliche Genehmigung geknüpft, auch für solche Lustbarkeiten eine Polizeistunde vorgeschrieben werden, OVG. v. 24./9. 88, Entsch. XVIII 422. Die Polizei darf und muß daher z. B. bei ansteckenden Epidemien oder lebensgefährlicher Ueberfüllung einschreiten. Was in den Versammlungen gesagt oder gethan wird, unterliegt den allgemeinen Strafgesetzen, OVG. v. 9./7. 92, E. XXIII 399, auch dem Gebot der Polizeistunde, OR. XV 43, GA. XX 56, OVG. XXIII 39.

[4] Auch Frauen haben Versammlungsfreiheit, OVG. XXXIV 441. Verbot der polnischen Sprache in Versammlungen ist unzulässig, außer, wenn deren Gebrauch lediglich auf Verhinderung der Kenntniß des Gesprochenen abzielt, OVG. XXXII 395.

[5] Denen öffentliche Aufzüge gleichgestellt sind; s. § 10 der Verordnung v. 11. März 1850 (GS. 277).

[6] Dies bedeutet, daß das Ges., nämlich die Verordnung v. 11. März 1850 (GS. 277), im Rahmen der

Verfassung Versammlungen unter freiem Himmel auch von der vorgängigen obrigkeitlichen Erlaubniß oder von anderen Beschränkungen abhängig machen oder auch ganz verbieten kann; s. Anm. 7.

[7] Nach § 9 der V. v. 11./3. 50 bedürfen öffentliche Versammlungen unter freiem Himmel der vorgängigen schriftlichen Genehmigung der Ortspolizeibehörde. Die Genehmigung ist mindestens 48 Stunden vorher nachzusuchen und darf nur versagt werden, wenn aus Abhaltung der Versammlung (unmittelbare) Gefahr für die öffentliche Sicherheit oder Ordnung zu befürchten ist. Ob Letzteres der Fall, hat nicht der ordentliche Richter zu prüfen und bestimmt — unbeschadet der Nachprüfung durch das Verwaltungsgericht — die Polizeibehörde, OR. XIV 339, OVG. XXXI 420. Den Versammlungen unter freiem Himmel werden öffentliche Aufzüge in Städten und Ortschaften oder auf öffentlichen Straßen (nicht Wasserstraßen, OR. VII 310) gleichgestellt. Gewöhnliche Leichenbegängnisse (bei denen es nicht auf politische Demonstration ankommt, OR. XVIII 468, OVG. XXXII 451, Hochzeitszüge, Wallfahrten und Bittgänge, wenn sie in der fr. Gegend hergebracht sind (OR. XVI 234, I 287, III 19, 48, 513), bedürfen weder der Anzeige noch der Genehmigung. Aus allgemeinen sicherheitspolizeilichen Gründen (Epidemien, Störung des Verkehrs) kann die Polizei stets einschreiten, VMBl. 74 S. 201, Arndt in Hirth's Ann. 1886 S. 314. Innerhalb zweier Meilen von der jedesmaligen Residenz des Königs oder vom Sitze des Landtages (während der Sitzungsperiode) dürfen Volksversammlungen unter freiem Himmel nicht gestattet werden, V. v. 11./3. 50 § 11.

Art. 30.[1] Alle Preußen[2] haben das Recht, sich zu solchen Zwecken, welche den Strafgesetzen nicht zuwiderlaufen,[3] in Gesellschaften zu vereinigen.

Das Gesetz[4] regelt, insbesondere zur Aufrechthaltung der öffentlichen Sicherheit, die Ausübung des in diesem und in dem vorstehenden Artikel (29.) gewährleisteten Rechts.[5]

Politische Vereine[6] können Beschränkungen[7] und vorübergehenden[8] Verboten im Wege der Gesetzgebung[9] unterworfen werden.[10]

[1] Art. 30 kann gemäß Art. 111 zeit- oder distriktweise außer Kraft gesetz werden. Für das Heer s. Art. 38, 39. Nach Art. 4 Nr. 16 der Reichsverfassung unterliegt das Vereinswesen der Beaufsichtigung Seitens des Reichs und der Gesetzgebung desselben. Ein Reichsges. über das Vereinsrecht fehlt. Es giebt nur einzelne reichsrechtliche Vorschriften für das Heer (s. zu Art. 38, 39 der preuß. Verfassung).

[2] Nichtpreußen können sich auf Art. 30 nicht berufen; Vorbem. zu Art. 3. Andererseits giebt es kein Gesetz, welches Vereine von Nichtpreußen oder die Theilnahme von Nichtpreußen an Vereinen mit Strafe bedroht.

[3] Solche Strafgesetze s. StrGB. §§ 128, 129.

[4] Daher Verordnungsweg ausgeschlossen, nicht aber die Nothverordnung auf Grund Art. 63; s. Anm. 2 zu Art. 63. Das Gesetz ist die Verordnung über die Verhütung eines die gesetzliche Freiheit und Ordnung gefährdenden Mißbrauches des Versammlungs- und Vereinigungsrechtes v. 11./3. 50 (GS. 277); gültig jetzt für den ganzen Umfang der Monarchie, Verordnung v. 5./6. 67 (GS. 921) Art. II und (für Lauenburg) Ges. v. 23./6. 76 (GS. 172) § 10. Dieses G. bestimmt: § 1. Von allen Versammlungen (in geschlossenen Räumen), in welchen öffentliche Angelegenheiten (solche, welche über den Rechtskreis der betreffenden Personen hinausgehen, OR. VIII 290, GA. XV 489) verhandelt werden, hat der Unternehmer mindestens 24 Stunden

vor dem Beginn unter Angabe des Ortes und der Zeit Anzeige bei der Ortspolizeibehörde zu machen. Die Behörde hat darüber (sofort und selbst an Sonn- und Feiertagen) eine Bescheinigung zu ertheilen. Sie und ihre vorgesetzte Behörde sind befugt (§ 4), in jede solche Versammlung 1 oder 2 Personen als Abgeordnete zu senden, denen ein angemessener Platz und auf Erfordern vom Vorsitzenden Auskunft über die Person der Redner zu geben ist. Die Abgeordneten dürfen jede Versammlung auflösen, wenn die Bescheinigung der erfolgten Anzeige nicht vorgelegt werden kann, oder wenn Anträge oder Vorschläge erörtert werden, die eine Aufforderung oder Anreizung zu strafbaren Handlungen enthalten, oder wenn Bewaffnete auf Aufforderung nicht entfernt bleiben. Auch aus allgemeinen polizeilichen Gründen (lebensgefährliche Ueberfüllung) kann die Auflösung erfolgen, OVG. I 347, XI 382, nicht wegen Gebrauchs von fremden Sprachen, Anm. 4 zu Art. 29. Nach Auflösung, auch wenn sie ohne gesetzlichen Grund erfolgte, müssen sich alle Anwesenden sofort entfernen, § 6, OR. IX 726. Vereine, welche eine Einwirkung auf öffentliche Angelegenheiten bezwecken, müssen Statuten und Mitgliederverzeichniß (sowie Aenderungen) binnen 3 Tagen der Ortspolizeibehörde einreichen (§ 2). Politische Vereine dürfen (§ 8) keine Frauenspersonen, Schüler und Lehrlinge als Mitglieder aufnehmen. Seit dem Ges. v. 11./12. 99 (RGBl. 699) dürfen sie auch mit anderen Vereinen gleicher Art in Verbindung treten. Wahlvereine (die in Bezug auf anstehende Wahlen wirken) unterliegen nicht dem § 8 (§ 21 Abs. 2). § 17 des Reichstags-Wahlges. v. 31./5. 69 (BGBl. 145) giebt Versammlungs- und Vereinsfreiheit den Wahlvereinen, läßt aber die Bestimmungen der Landesges. über Anzeige und Ueberwachung der Versammlungen unberührt.

[5] Abs. 2 in Art. 30 steht nicht im Wege, daß die

Polizeiverordnungen über Polizeistunde gleichfalls für Versammlungen gelten, OVG. XXIII 399, und daß Polizeiverordnungen über äußere Heilighaltung des Sonntags zur Anwendung kommen, OVG. XXXV 424.

[6] D. s. solche, welche den Staat und seine Einrichtungen betreffende Gegenstände behandeln; s. VMBl. 1864 S. 209, GA. I 380, XXIV 66, OR. VII 353, XVII 79, Erk. d. RG. v. 10. Nov. 1887, Entsch. in Strafs. XVI 383. Das OVG. XX 435 und XXXIV definirt: Politische Vereine sind die, welche bezwecken, politische Gegenstände in Versammlungen zu erörtern, gleichviel ob sie sich zugleich auch die Aufgabe einer Einwirkung auf öffentliche Angelegenheiten stellen oder nicht. Verein kann auch eine lose Verbindung sein, OVG. XXVII 42, XXIX 425, 429, XXXIV 444; auch eine nicht geschlossene Gesellschaft ist immer ein Verein, XXXIV 445.

[7] Auch dauernden, wohingegen die Verbote nur vorübergehend sein sollen. Die Beschränkungen sind in § 8 der Verordnung v. 11. März 1850 (GS. 277) enthalten.

[8] Vgl. Anm. 7; s. auch Sten. Ber. der 1. (Revisions-) Kammer 1849/50 Bd. III S. 1279.

[9] Der Verordnungsweg ist also ausgeschlossen, nicht die Nothverordnung auf Grund des Art. 63. Die Gesetzgebung liegt in der Anm. 4 cit. Verordnung v. 11./3. 50 (GS. 277).

[10] Vereine, welche Versicherungsgesellschaften darstellen, d. h. solche, welche einen Rechtsanspruch dem Versicherten geben, sind dem Ges. v. 17./5. 53 (GS. 293) aus polizeilichen Zwecken unterstellt. Ein von der Polizeigewalt verschiedenes Aufsichtsrecht über erlaubte Privatgesellschaften besteht nicht, OVG. v. 19./11. 88, E. XVII 403 ff.

Art. 31. Die Bedingungen, unter welchen

Korporationsrechte[1] ertheilt oder verweigert werden, bestimmt das Gesetz.[2] [3]

[1] Das bedeutet, daß Vereine unter Kollektivnamen Petitionen stellen dürfen (Art. 32), daß sie als solche Vermögen (auch Schulden) haben können; s. ALR. Thl. II Tit. 6 §§ 70 f., 81 f., 91 f., Laband in Goldtschmidt's Zeitschr. für das gesammte Handelsrecht Bd. XXX S. 497 ff.

[2] Mit Art. 31 sollte festgestellt werden, daß Gesellschaften nicht ohne Weiteres, sondern nur durch einen staatlichen Akt Korporationsrechte erlangen, und daß solche Akte von der Exekutivgewalt nicht nach Willkür, sondern nach Maßgabe eines Gesetzes vorgenommen werden sollten (Sten. Ber. der I. Kammer 1849/50 Bd. II S. 775, v. Rönne § 145, II S. 203).

[3] Da dieses Gesetz noch nicht erlassen ist, gelten gemäß Art. 109 die bisherigen Vorschriften; s. auch OHG. v. 13./4. 75, E. XVII 80 (für Religionsgesellschaften gilt Art. 13 der VerfUrk.)

In einigen Fällen sind durch die Reichs- oder Landesgesetzgebung Korporationsrechte generell ertheilt worden: so den Aktiengesellschaften, den Versicherungsanstalten zur Durchführung der Invalidenversicherung, Ges. v. 12./6. 99 (RGBl. 463), den Unfallversicherungsberufsgenossenschaften, den Kranken- und Knappschaftskassen (Ges. v. 15./6. 83, RGBl. 73 § 25, v. 6./7. 84, RGBl. 64 § 9, Preuß. Bergges. v. 24./6. 65 GS. 705 § 165), ferner Stadt- und Dorfgemeinden, s. ALR. Thl. II Tit. 8 § 108, Thl. II Tit. 7 § 19, den religiösen und kirchlichen Gesellschaften (s. Anm. 1 zu Art. 13 der Verfassung), Universitäten, Gymnasien, den höheren Schulen (ALR. II Tit. 12 §§ 54, 67) und den gehörig organisirten Schulsozietäten, Plenarbeschl. d. OTr. v. 20./6. 53 in den Entsch. Bd. 25 S. 301. In diesen

Fällen bedarf es einer besonderen Ertheilung der Korporationsrechte nicht. Im Uebrigen galt für Preußen Thl. II Tit. 6 ALR. Unrichtig ist (was v. Rönne § 146, II S. 205 behauptet), daß die Ertheilung der Korporationsrechte eine Handlung der Gesetzgebung ist. Es genügt ein Verwaltungsakt. Es ist auch nur nothwendig, daß erlaubte Gesellschaften staatlich genehmigt sind; nicht nothwendig ist, daß ihnen ausdrücklich die Korporationsrechte ertheilt werden (ALR. II 6 §§ 13, 14, 22—24, Erk. d. OHG. v. 13./4. 75, Entsch. XVII 80). Ebensowenig ist nothwendig, daß die Korporationsrechte bezw. die für die Gesellschaft erforderliche staatliche Genehmigung vom Könige ertheilt wird (s. ALR. II 13, § 16, Vorbemerkung zu Art. 60 der Verfass. und das cit. Erk. d. OHG. v. 13./4. 75). Ueber das Verfahren bei Ertheilung und Versagung der Korporationsrechte, welche in das freie Ermessen der Staatsbehörde gestellt waren, s. VMBl. 1876 S. 193, 274). Jetzt kommen die §§ 21 bis 89 BGB. in Betracht: § 21: „Ein Verein, dessen Zweck nicht auf einen wirthschaftlichen Geschäftsbetrieb gerichtet ist, erlangt Rechtsfähigkeit durch Eintragung in das Vereinsregister des zuständigen Amtsgerichts." § 22: „Ein Verein, dessen Zweck auf einen wirthschaftlichen Geschäftsbetrieb gerichtet ist, erlangt in Ermangelung besonderer reichsgesetzlicher Vorschriften Rechtsfähigkeit durch staatliche Verleihung. Die Verleihung steht dem Bundesstaate zu, in dessen Gebiet der Verein seinen Sitz hat." § 23: „Einem Verein, der seinen Sitz nicht in einem Bundesstaate hat, kann in Ermangelung besonderer reichsgesetzlicher Vorschriften Rechtsfähigkeit durch Beschluß des Bundesraths verliehen werden." § 55: „Die Eintragung eines Vereins der in § 21 bezeichneten Art in das Vereinsregister hat bei dem Amtsgerichte zu geschehen, in dessen Bezirk der Verein seinen Sitz hat." § 56: „Die Eintragung soll nur erfolgen, wenn die

Zahl der Mitglieder mindestens sieben beträgt." § 57: „Die Satzung muß den Zweck, den Namen und den Sitz des Vereins enthalten und ergeben, daß der Verein eingetragen werden soll. Der Name soll sich von den Namen der an demselben Orte oder in derselben Gemeinde bestehenden eingetragenen Vereine deutlich unterscheiden." § 58: „Die Satzung soll Bestimmungen enthalten: 1. über den Eintritt und Austritt der Mitglieder; 2. darüber, ob und welche Beiträge von den Mitgliedern zu leisten sind; 3. über die Bildung des Vorstandes; 4. über die Voraussetzungen, unter denen die Mitgliederversammlung zu berufen ist, über die Form der Berufung und über die Beurkundung der Beschlüsse." § 59: „Der Vorstand hat den Verein zur Eintragung anzumelden — —. Die Satzung soll von mindestens sieben Mitgliedern unterzeichnet sein." § 60: „Die Anmeldung ist, wenn den Erfordernissen der §§ 55 bis 59 nicht genügt ist, von dem Amtsgericht unter Angabe der Gründe zurückzuweisen. Gegen einen zurückweisenden Beschluß findet die sofortige Beschwerde nach den Vorschriften der CPO. statt". § 61: „Wird die Anmeldung zugelassen, so hat das Amtsgericht sie der zuständigen Verwaltungsbehörde mitzutheilen. Die Verwaltungsbehörde kann gegen die Eintragung Einspruch erheben, wenn der Verein nach dem öffentlichen Vereinsrecht unerlaubt ist oder verboten werden kann, oder wenn er einen politischen, sozialpolitischen oder religiösen Zweck verfolgt." § 62: — „Der Einspruch kann im Wege des Verwaltungsstreitverfahrens angefochten werden." § 65: „Mit der Eintragung erhält der Name des Vereins den Zusatz: eingetragener Verein." § 67: „Jede Aenderung des Vorstandes, sowie die erneute Bestellung eines Vorstandsmitglieds ist von dem Vorstande zur Eintragung anzumelden." § 71: „Aenderungen der Satzung bedürfen zu ihrer Gültigkeit der Eintragung in das Vereinsregister . . .

die Vorschriften der §§ 60 bis 64 ... finden entsprechende Anwendung."

Art. 32. Das Petitionsrecht steht allen Preußen zu.[1] Petitionen unter einem Gesammtnamen sind nur Behörden[1] und Korporationen[2] gestattet.

[1] Kein Gesetz verbietet einem Preußen oder Nichtpreußen, an den Landtag zu schreiben. Das Petitionsrecht bedeutet, daß der es Ausübende sich auf § 193 StrGB. (Wahrnehmung berechtigter Interessen) berufen und daß der Landtag über den Inhalt der Petition berathen und Resolution fassen darf. Bei Korporationen s. auch Anm. 2. Das Petitionsrecht beschränkt sich nicht auf bestimmte Rechte, welche den Petenten gegen den Staat oder einen Dritten zustehen; anderer Ansicht sind G. Meyer, Staatsr. § 213, und Schulze, Preuß. Staatsr. § 112, welche das Petitionsrecht als ein nur formales Recht, kein selbstständiges Recht mit besonderem materiellem Inhalt, sondern bloß als ein Mittel zur Aufrechterhaltung der übrigen Rechte ansehen.

Das Petitionsrecht steht nur Preußen zu. Doch können die Kammern auch von Nichtpreußen Petitionen annehmen. Personen des Soldatenstandes (das Heer) haben das Petitionsrecht nur insoweit, als die militärischen Disziplinarvorschriften nicht entgegenstehen, Art. 39. Petitionen sind Gesuche um Abhülfe von Beschwerden oder Anträge auf Vornahme bestimmter Maßregeln. Es sind in Art. 32 hauptsächlich Petitionen an eine der beiden Kammern gemeint (s. indeß Art. 81 Abs. 2). Daß Petitionen erst nach Erschöpfung des ordentlichen Instanzenzuges von den Kammern entgegengenommen werden dürfen, schreibt die Verfassung nicht vor.

[2] Also nur solche Vereine, welche Korporationsrechte besitzen (Art. 31), haben das Petitionsrecht; in-

deß auch nur, soweit ihre Handlungsfähigkeit reicht; Stadtgemeinden mithin nur, soweit die kommunalen Interessen in Frage stehen. Dies hat inzwischen auch das OVG. in dem Erk. v. 10. März 1886, (Entsch. XIII 89, angenommen; gleicher Ansicht Schwartz S. 112. In dem Berichte der Revisionskommission (Vhdl. der II. Kammer 1849/50 S. 633) ist bemerkt, daß zu Art. 32 der Zusatz „nur innerhalb ihres Wirkungskreises" beantragt, aber als „unausführbare Beschränkung" des Petitionsrechts abgelehnt sei. Wenn, so bemerkt der Bericht, in einzelnen Fällen Behörden oder Korporationen in Petitionen die Grenzen ihres Wirkungskreises überschreiten, so liege der Behörde ob, sie in diese Grenzen zurückzuweisen. Wichtig ist die Frage für Gemeindevertretungen. Die Staatsregierung vertritt die Ansicht (CirkReſk. vom 6. Juni 1863, VMBl. 118), daß denselben nicht das Recht zustehe, Petitionen in Betreff allgemeiner Staatsverfassungsangelegenheiten anzubringen. Das AbgH. hat sich i. J. 1860 (Sten. Ber. S. 898) im gleichen, am 10. März 1865 (Sten. Ber. S. 408) im entgegengesetzten Sinne ausgesprochen. Nach dem Erk. d. OVG. v. 10. März 1886, Entsch. XIII 89, steht das Petitionsrecht Gemeindevertretungen nur zu (d. h. die Aufsichtsbehörde kann die Berathung und Absendung der Petition in anderen Fällen verbieten und verhindern), soweit kommunale Interessen in Frage stehen. Hiernach hält das OVG. eine Petition gegen Getreidezölle für statthaft, wenn sie gerade mit Bezug auf die besonderen Verhältnisse einer Stadt (als Hafenplatz) erfolgt, dagegen eine Petition um Aenderung des Wahlsystems für Reichs- oder Staatswahlen, Vermehrung der Zahl der in einer Stadt gewählten Reichs- oder Landtagsabgeordneten als unzulässig.

Art. 33. Das Briefgeheimniß ist unverletzlich.[1]

Die bei strafgerichtlichen Untersuchungen und in Kriegsfällen nothwendigen Beschränkungen sind durch die Gesetzgebung festzustellen.[2]

Art. 33 ist durch reichsrechtliche Bestimmungen ersetzt.

[1] Die Verletzung des Briefgeheimnisses ist unter Strafe gestellt durch StrGB. § 299; (für Beamte) durch StrGB. §§ 354, 355, 358; s. auch Postges. v. 28./10. 71 (RGBl. 347) § 5; Ges. über das Telegraphenwesen des Deutschen Reichs v. 6./4. 92 (RGBl. 467). Vgl. auch Art. 6 der preuß. Verf.

[2] Wegen der Zulässigkeit von Beschlagnahmen s. StrPO. §§ 99, 100, 110, für den Fall des Konkurses s. KonkOrdn. § 121. StrPO. § 99: „Zulässig ist die Beschlagnahme der an den Beschuldigten gerichteten Briefe und Sendungen auf der Post, sowie der an ihn gerichteten Telegramme auf den Telegraphenanstalten; desgleichen ist zulässig an den bezeichneten Orten die Beschlagnahme solcher Briefe, Sendungen und Telegramme, in Betreff derer Thatsachen vorliegen, aus welchen zu schließen ist, daß sie von dem Beschuldigten herrühren oder für ihn bestimmt sind, und daß ihr Inhalt für die Untersuchung Bedeutung habe.“ Zuständig zur Beschlagnahme ist gemäß StrPO. § 100 der Richter, bei Gefahr im Verzuge der Staatsanwalt.

Art. 34. Alle Preußen sind wehrpflichtig.[1] Den Umfang und die Art dieser Pflicht bestimmt das Gesetz.[2]

Arndt, Reichsstaatsrecht S. 518 ff.; G. Meyer, Lehrb. d. Staats. §§ 195 ff.; Derselbe, Verwaltungsrecht Bd. II §§ 193 ff.; Seydel in Hirth's Annalen 1884 S. 1035 f., 1875 S. 53, 1081 f., 1393 f.

[1] Jetzt kommt in Betracht Reichsverfassung Art. 57: „Jeder Deutsche ist wehrpflichtig und kann sich in Aus-

übung dieser Pflicht nicht vertreten lassen." Ausgenommen sind durch § 1 des Kriegsdienstges. v. 9./11. 67 (BGBl. 13) die Mitglieder der regierenden Häuser und die der mediatisirten, vormals reichsständischen und derjenigen Häuser, welchen die Befreiung von der Wehrpflicht durch Verträge zugesichert ist oder auf Grund besonderer Rechtstitel zusteht.

[2] Jetzt die Reichsgesetzgebung. Es gelten (Bundes-) Ges. v. 9. Nov. 1867, betr. die Verpflichtung zum Kriegsdienste (BGBl. 131), ergänzt und theilweise abgeändert durch das (R.)Militärges. v. 2./5. 74 (RGBl. 45); letzteres ergänzt durch Ges. v. 6./5. 80 (RGBl. 103) und 11. Febr. 1888 (RGBl. 11). Hiernach sind alle tauglichen Männer wehrpflichtig. Die Wehrpflicht dauert vom vollendeten 17. bis zum vollendeten 45. Lebensjahre und zerfällt in die Dienst- und die Landsturmpflicht. Erstere währt 12 Jahre vom Dienstantritt (20. Lebensjahre) an — bei den Fahnen 3 Jahre für die Kavallerie und reitende Feldartillerie, sonst 2 Jahre, Ges. v. 3./8. 93 (RGBl. 233) Art. II, 4 Jahre in der Reserve, 5 oder 3 Jahre in der Landwehr ersten Aufgebots, sodann bis zum 31. März desjenigen Lebensjahres, in welchem das 39. Lebensjahr zurückgelegt wird, in der Landwehr zweiten Aufgebots (Ges. v. 11. Febr. 1888, RGBl. 11). — Neben dem Heere kann im Falle feindlichen Ueberfalls durch kaiserliche Verordnung der Landsturm aufgeboten werden aus allen nicht dem Heere und der Marine angehörigen Wehrpflichtigen vom 17. bis 45. Lebensjahr, Kriegsdienstges. v. 9. Nov. 1867 (BGBl. 131) §§ 3, 16, Ges. v. 12. Febr. 1875 (RGBl. 63). Die einberufenen Landsturmleute gehören zum aktiven Heer. Dem Aufrufe unterliegen Diejenigen nicht, welche wegen geistiger oder körperlicher Gebrechen dauernd dienstunbrauchbar befunden sind. Der Landsturm zerfällt in zwei Aufgebote. Zum ersten Aufgebot gehören die Landsturmpflichtigen bis zum

31. März desjenigen Kalenderjahres, in dem sie ihr 39. Lebensjahr vollenden. Der Aufruf des Landsturmes erfolgt nach Jahresklassen durch kaiserliche Verordnung, bei unmittelbarer Kriegsgefahr durch die kommandirenden Generale, die Gouverneure und Kommandanten der Festungen. Solange kein Aufruf ergangen ist, unterliegen die Landsturmpflichtigen weder der militärischen Kontrole noch der Pflicht zur Uebung. Alle Vorschriften über die Dauer der Militärpflicht gelten nur für den Frieden. „Im Kriege entscheidet darüber allein das Bedürfniß, und werden alsdann alle Abtheilungen des Heeres und der Marine, soweit sie einberufen sind, von den Herangezogenen und Zurückgebliebenen nach Maßgabe des Abganges ergänzt," § 14 des Ges. v. 9./11. 67 (BGBl. 131).

Die Kosten und Lasten des gesammten Kriegswesens werden von allen Bundesstaaten (mit einer mehr scheinbaren Ausnahme für Bayern) gleichmäßig getragen (Art. 58 der Reichsverf.).

Zur Ausführung der vorcitirten Gesetze ergingen die Kaiserliche Wehrordnung v. 28./9. 75 (RCBl. 535), ergänzt durch die Allerh. Erl. v. 31./8. 80 (RCBl. 578) und v. 27./8. 85 (RCBl. 409), auch abgedruckt bezw. im BMBl. 1876 Beilage zu Seite 8, 1880 S. 283 und 1885 S. 198; jetzt ersetzt durch die im Verlage von Mittler u. Sohn erschienene Deutsche Wehrordnung v. 22. Nov. 1888; RCBl. 1889 S. 1; mit Abänderungen RCBl. 1890 S. 63, 69, 1893 S. 240 u. s. w.; ferner die Königl. Preuß. Heerordnung v. 22. Nov. 1888, im Buchhandel veröffentlicht, mit Aenderungen im Preuß. Armeeverordnungsbl. 1889 S. 56, 1890 S. 76, 131, 1891 S. 206, 242. Die Gültigkeit und gehörige Publikation der Wehrordnung und der Heerordnung sind bestritten, z. B. von Hänel, Organisatorische Entwickelung S. 79, indeß vertheidigt in Arndt's Verordnungsrecht S. 132 Anm. 4, S. 138, 139, 209 a. a. O. Näheres s. in Arndt, Reichsstaatsrecht § 46.

Art. 35.[1] Das Heer begreift alle Abtheilungen des stehenden Heeres und der Landwehr.[2]

Im Falle des Krieges kann der König[3] nach Maaßgabe des Gesetzes[4] den Landsturm aufbieten.

[1] Abs. 2 in Art. 33 (jetzt 35) der Verf. v. 5./12. 48 lautete: „Besondere Gesetze regeln die Art und Weise der Einstellung und die Dienstzeit." Dieser Abs. wurde gemäß Proposition II auf Antrag der Krone gestrichen und dem Art. 35 seine heutige Fassung gegeben. Auch hieraus ergiebt sich, daß bis zur gesetzlichen Regelung die fragliche Materie innerhalb der königlichen Prärogative geblieben ist und bleiben sollte.

[2] Desgleichen der Kriegsmarine (Flotte und Seewehr) Die jährliche Friedensstärke des stehenden Heeres, ungerechnet die Einjährig-Freiwilligen, Offiziere und Unteroffiziere, ist durch Ges. v. 3./8. 93 (RGBl. 233 Art. I) für die Zeit vom 1. Okt. 1893 bis 31. März 1899 auf durchschnittlich 479229 festgesetzt. Das Ges., betr. die Friedenspräsenzstärke des deutschen Heeres, v. 25./3. 99 (RGBl. 213) bestimmt, daß vom 1. Okt. 1899 an die Friedenspräsenzstärke des deutschen Heeres als Jahresdurchschnittsstärke allmählich derart erhöht wird, daß sie im Laufe des Rechnungsjahres 1903 die Zahl von 495500 Gemeinen, Gefreiten und Obergefreiten erreicht und in dieser Höhe bis zum 31. März 1904 bestehen bleibt (die Offiziere, Unteroffiziere, Militärbeamten und Einjährig-Freiwilligen sind in diese Präsenzstärke nicht mit einbegriffen). Am Schlusse des Jahres 1902 sollen bestehen: bei der Infanterie 625 Bataillone, bei der Kavallerie 482 Eskadrons, bei der Feldartillerie 574 Batterien, bei der Fußartillerie 38, den Pionieren 26, den Verkehrstruppen 11 und dem Train 23 Bataillone.

Bei den 482 Eskadrons sind die Jäger zu Pferde (Melderreiter) mit einbegriffen. Im Frieden besteht die ganze Heeresmacht des Deutschen Reichs aus 23 Armeekorps, wovon 3 Bayern, 2 Sachsen, 1 Württemberg, 17 Preußen mit seinen Verbündeten stellen. Preußen hat gegen Aenderung der Militärgesetzgebung, auch der Friedenspräsenz ein Veto, Art. 5 Abs. 2 der Reichsverfassung, Fürst Bismarck im Reichstage am 11./8. 87 (Sten. Ber. 342), Arndt, Reichsstaatsr. S. 512 ff., Komm. zu Art. 63 der Reichsverfassung, Laband, Reichsstaatsrecht II S. 587, Seydel, in Hirth's Ann. 1875 S. 1413, Komm. S. 322. Das Landheer ist königlich preußisch, die Kriegsmarine ist Kaiserliche Reichs-Kriegsmarine.

[3] Jetzt der Kaiser; s. Abs. 2 in Anm. 2 zu Art. 34.

[4] Ges. v. 9. Nov. 1867 (BGBl. 131) §§ 3, 16, Ges. v. 12./2. 75 (RGBl. 63); s. oben Anm. 2 zu Art. 34.

Art. 36. Die bewaffnete Macht[1] kann zur Unterdrückung innerer Unruhen und zur Ausführung der Gesetze nur in den vom Gesetze bestimmten Fällen und Formen und auf Requisition der Civilbehörde verwendet werden.[2] In letzterer Beziehung hat das Gesetz die Ausnahmen zu bestimmen.[3]

[1] Hierbei ist an die militärisch organisirte Gendarmerie nicht gedacht; s. hierzu Verordnung über die Organisation der Gendarmerie v. 30. Dez. 1820 (GS. 1821 S. 1 ff.). S. für die neuen Provinzen Verordnung v. 23./5. 67 (GS. 777). Die Gendarmen haben (ohne daß für sie Art. 36 Anwendung findet) ohne Weiteres den Aufträgen der Landräthe und den Requisitionen der Ortspolizeibehörden zu entsprechen; s. auch OVG. XXXV 449.

[2] Diese Fälle sind: a) Verordnung wegen verbesserter Einrichtung der Provinzialbehörden rc. v. 26. Dez. 1808 (s. GS. 1817 S. 288) § 48 Nr. 3, nebst Geschäftsanweisung für die Regierungen v. 31. Dez. 1825 (v. Kamptz, Annalen IX 821) Abschn. II Litt. A, (und zwar mit Genehmigung der höheren Behörde oder bei Gefahr im Verzuge unter gleichzeitiger Anzeige an diese), wenn zur Handhabung dringender polizeilicher Maßregeln Militär nöthig oder wenn sonst die Verwaltungsexekution fruchtlos bleiben würde;

b) § 150 I 24 der Allgem. GerO. nebst Anhang § 179; s. ferner CPO. § 759 Abs. 2.

Die Fälle a und b betreffen Requisition der Verwaltungs- und Gerichtsbehörden, nachdem die sonstigen Exekutionsmittel fruchtlos geblieben sind;

c) bei öffentlichen Aufläufen und Tumulten; s. auch Verordnung v. 17./8. 35 (GS. 170); diese gilt mit dem Ges. v. 20./3. 37 (GS. 60) auch in den neuen Landestheilen, GS. 1867 S. 729, 791, 1534, ferner § 6 der Verordnung über Verhütung eines — Mißbrauchs des Versammlungs- und Vereinigungsr. v. 11. März 1850 (GS. 277);

d) bei Theilnahme an der Feuerpolizei, s. KO. v. 29./8. 18 (GS. 155).

In allen diesen Fällen darf das Militär erst auf Requisition der Civilpersonen eingreifen.

Ueber das Recht des Militärs zum Waffengebrauche erging Ges. v. 20./3. 37 (GS. 60), ausgedehnt durch Art. II G der Verordn. v. 25./6. 67 (GS. 923) auf die neuen Provinzen. Dieses Ges. gilt **nicht** für die Landgendarmen, die zwar militärisch organisirt sind, jedoch auch zu den polizeilichen Vollzugsorganen gehören und eine besondere Staatseinrichtung bilden, OVG. XXXI 449.

[3] Art. 36 kann gemäß Art. 111 für den Fall eines Krieges oder Aufruhrs ganz oder theilweise außer Kraft gesetzt werden (s. Art. 111 nebst Anm.).

Art. 37.[1] Der Militairgerichtsstand des Heeres beschränkt sich auf Strafsachen[2] und wird durch das Gesetz[3] geregelt. Die Bestimmungen über die Militairdisziplin im Heere bleiben Gegenstand besonderer Verordnungen.[4]

[1] An Stelle des ersten Satzes in Art. 37 gilt jetzt RMilG. v. 2. Mai 1874 (RGBl. 45) § 39:

„Die besondere Gerichtsbarkeit über Militärpersonen beschränkt sich auf Strafsachen und wird durch Reichsgesetz geregelt."

§ 7 EG. zum GVG. bestimmt:

„Die Militärgerichtsbarkeit (sowie das landesgesetzlich den Standesherren gewährte Recht auf Austräge) werden durch das Gerichtsverfassungsgesetz nicht berührt."

[2] Und zwar auf alle, nicht bloß militärische Strafhandlungen, § 1 der Militärstrafgerichtsordnung v. 1./12. 98 (RGBl. 1189), in Kraft mit 1./10. 1900. Ausgenommen, also den bürgerlichen Behörden vorbehalten, sind nur (§ 2) die Zuwiderhandlungen gegen Finanz-, Polizei-, Jagd- und Fischereigesetze und diejenigen Amtsverbrechen und -Vergehen, die von aktiven, nicht dem Offizierstande angehörigen Militärpersonen bei einstweiliger Verwendung im Civildienste und gegen die Civilgesetze begangen werden. Strafthaten, bei denen auch Civilpersonen betheiligt sind, können (§ 4) den bürgerlichen Gerichten überwiesen werden; s. Arndt, Reichsstaatsr. S. 572.

[3] Jetzt Militärstrafgerichtsordnung v. 1./12. 98 (RGBl. 1189). Der Militärgerichtsbarkeit sind unterstellt (§ 1): 1. die Militärpersonen des aktiven Heeres und der Marine (38 A und B des Reichsmilitärges. v. 2./5. 74, RGBl. 45); 2. die zur Disposition gestellten Offiziere, Sanitätsoffiziere und Ingenieure des Soldaten-

standes (der Militärgerichtsstand der verabschiedeten Offiziere ist durch Ges. v. 3./5. 90, RGBl. 63, aufgehoben); 3. die Studirenden der Kaiser Wilhelms-Akademie für das militärärztliche Bildungswesen; 4. die Schiffsjungen, solange sie eingeschifft sind; 5. die in militärischen Anstalten versorgten invaliden Offiziere und Mannschaften; 6. die nicht zum Soldatenstand gehörigen Offiziere à la suite und Sanitätsoffiziere à la suite, wenn und solange sie zu vorübergehender Dienstleistung zugelassen sind; 7. die verabschiedeten Offiziere, Sanitätsoffiziere und Ingenieure des Soldatenstandes, wenn und solange sie als solche oder als Militärbeamte im aktiven Heere oder in der Marine vorübergehend wieder Verwendung finden; 8. die in den §§ 153, 157, 158, 166 des MilStrafgesB. v. 20./6. 72 (RGBl. 174) bezeichneten Personen (der sog. Armentroß), solange sie den Militärgesetzen unterworfen sind. Sachlich beschränkt ist die Anwendbarkeit der Militär-Strafgerichtsordnung (§ 5) 1. für Personen des Beurlaubtenstandes auf die Zuwiderhandlungen gegen die auf sie Anwendung findenden Vorschriften der Militärstrafgesetze (z. B. Fahnenflucht, Nichtgestellung, unbefugte Veranstaltung von Versammlungen u. s. w.); 2. für die dem Beurlaubtenstand angehörenden Offiziere, Sanitätsoffiziere und Ingenieure des Soldatenstandes auf Zweikampf (auch Kartelltragen, Herausforderung); 3. für die oben unter 6 bezeichneten Personen auf die in Militäruniform begangenen Zuwiderhandlungen gegen die militärische Unterordnung; 4. für Ausländer und Deutsche auf die in §§ 160, 161 MilStrG. bezeichneten Handlungen. In einzelnen Fällen sind der Militärgerichtsbarkeit auch vor dem Diensteintritte begangene Handlungen unterstellt, §§ 6, 7 der Militär-Strafgerichtsordnung; in anderen wird sie über die Dienstzeit hinaus verlängert, § 11. Näheres Arndt, Reichsstaatsr. S. 573. Bezüglich des Gerichtsstandes gilt § 39 Abs. 2 des RMilG. v. 2./5. 74: „Den allgemeinen

Gerichtsstand haben die Militärpersonen bei dem Gerichte des Garnisonortes . . ." Das erstinstanzliche Gericht in Strafsachen wird durch die Gerichtsherren bestimmt, §§ 25, 27 der Militär-Strafgerichtsordnung. Erkenntnisse der Militärgerichte werden erst durch die Bestätigungsordre (Arndt, Reichsstaatsr. S. 572) vollstreckbar und rechtskräftig. Das materielle Strafrecht ist namentlich im MilStrGB. v. 20./6. 72, dem MilG. v. 2./5. 74 u. dem Kontrolges. v. 13./2. 1875 enthalten. Die sog. „Kriegsartikel" sind keine selbstständige Rechtsquelle, sondern nur Auszug aus den bestehenden (Arndt, Reichsstaatsr. S. 563). Oberstes Militärgericht ist das Reichsmilitärgericht in Berlin. Für die Offiziere des Friedens- und Beurlaubtenstandes bestehen Ehrengerichte, für die Marine nach Kais. Verordn. v. 2./11. 74 (Marineverordnungsbl. 1875, Beilage zu Nr. 21) und für die preußischen Truppen nach der Königl. Verordn. v. 2./5. 74 (Arndt, Reichsstaatsr. S. 461, 568, Laband, Reichsstaatsr. II S. 658). Zu ihrer Beurtheilung gehören a) alle Handlungen und Unterlassungen, die dem richtigen Ehrgefühl oder den Verhältnissen des Standes zuwider sind, b) Fälle, in denen Offiziere zum Schutze ihrer eigenen Ehre auf ehrengerichtlichen Spruch antragen. Der Spruch lautet auf Freisprechung oder Schuldig mit einem Antrage bei dem höchsten Kriegsherrn auf Warnung, Entlassung mit schlichtem Abschied oder auf Entfernung aus dem Offiziersstande bezw. bei inaktiven auf Verlust des Rechts zur Tragung der Uniform oder des Offizierstitels.

[4] Disziplinarstraforndung für das preußische Heer v. 31./10. 72 im Preuß. Armeeverordnungsbl. S. 330. Gleiche gelten in den übrigen Kontingenten. Arndt, Reichsstaatsr. S. 566, f. Verordnungsr. S. 122 ff., 130, 137. Es ist dies ein Strafrecht für geringere Fälle. Sowohl die Disziplinarverordnungen wie die Verordnung über Ehrengerichte enthalten Rechtsnormen.

Art. 38. Die bewaffnete Macht darf weder in noch außer dem Dienste berathschlagen oder sich anders, als auf Befehl versammeln. Versammlungen und Vereine der Landwehr zur Berathung militairischer Einrichtungen, Befehle und Anordnungen sind auch dann, wenn dieselbe nicht zusammenberufen ist, untersagt.

S. hierzu Art. 29 und 30. § 49 Abs. 2 des RMilG. v. 2./5. 74: „Die Theilnahme an politischen Vereinen und Versammlungen ist den zum aktiven Heere gehörigen Militärpersonen untersagt." Was zum aktiven Heere gehört, ist in § 38 des RMilG. bestimmt. Strafbest. für die in Art. 38 enthaltene Vorschrift ist jetzt im MilStrGB. v. 20./6. 72 (RGBl. 174) §§ 101, 113 enthalten.

Art. 39. Auf das Heer finden die in den Artikeln 5. 6. 29. 30. und 32. enthaltenen Bestimmungen nur in soweit Anwendung, als die militairischen Gesetze und Disziplinarvorschriften nicht entgegenstehen.

S. z. B. MilStrGB. v. 20./6. 72 (RGBl. 174) §§ 101, 113. RMilG. v. 2./5. 74 (RGBl. 45) § 49 Abs. 2 oben in Anm. 1 zu Art. 38.

Art. 40.[1] Die Errichtung von Lehen ist untersagt.

Der in Bezug auf die vorhandenen Lehen[2] noch bestehende Lehnsverband soll durch gesetzliche Anordnung[3] aufgelöst werden.

[1] Die Art. 40 bis 42 sind an die Stelle derjenigen Artikel der Grundrechte getreten, welche die „Freiheit

des Grundeigenthums gewährleisten sollten". Der KommEntw. der NatVers. lautete (Art. 34):

„Die Errichtung von Lehen und die Stiftung von Familien-Fideikommissen ist untersagt. Die bestehenden Lehen und Fideikommisse werden ohne Entschädigung der Erbschafts-Berechtigten freies Eigenthum in der Hand desjenigen, welchem am Tage der Verkündung der gegenwärtigen Verfassung das Lehen oder Fideikommiß angefallen ist."

Die VerfUrk. v. 5. Dez. 1848 bestimmte in Art. 38:

„Die Errichtung von Lehen und die Stiftung von Familien-Fideikommissen ist untersagt. Die bestehenden Lehen und Familien-Fideikommisse sollen durch gesetzliche Anordnung in freies Eigenthum umgestaltet werden."

Die VerfUrk. v. 31. Jan. 1850 schrieb vor:

Art. 40: „Die Errichtung von Lehen und die Stiftung von Familien-Fideikommissen ist untersagt. Die bestehenden Lehen und Familien-Fideikommisse sollen durch gesetzliche Anordnung in freies Eigenthum umgestaltet werden. Auf Familien-Stiftungen finden diese Bestimmungen keine Anwendung."

Im Unterschiede zum Entwurf der Kommission der NatVers. mit der VerfUrk. v. 5. Dez. 1848 und 31. Jan. 1850 läßt der heutige Artikel, welcher durch Art. 2 des Ges. v. 5. Juni 1852 (GS. 319) eingeführt ist, das ältere Recht der Fideikommisse unberührt, so daß für die Errichtung derselben das ALR. Thl. II Tit. 4 Abschn. 3 §§ 47 ff. gilt. EG. z. BGB. Art. 59 bestimmt:

„Unberührt bleiben die landesgesetzlichen Vorschriften über Familienfideikommisse und Lehen, mit Einschluß der allodifizirten Lehen, sowie über Stammgüter."

In Ansehung der Lehen unterscheidet sich der heutige Art. 44 vom Entwurf der Kommission der NatVers. dadurch, daß die Lehen nicht ohne Weiteres und ohne Entschädigung, sondern auf Grund besonderer Gesetze und gegen Entschädigung aufgehoben werden sollen.

[2] D. s. auch durch die früheren Assekurationen und im Jahre 1850 (durch Ges. v. 2./3. 50) hinsichtlich des Lehnsherrn bereits allodifizirten Güter, OTr. 26./11. 66, Strieth. A. Bd. 66 S. 201.

[3] Solche Gesetze sind ergangen, z. B. Ges. v. 16./3. 77, GS. 101 (Ostpreußen), 23./7. 75, GS. 537 (Kur-, Alt- und Neumark), 4./3. 67, GS. 362, u. 27./6. 74, GS. 406 (Altvor- und Hinterpommern), 28./3. 77, GS. 111, 10./3. 80, GS. 215, 20./4. 83, GS. 61 (Sachsen und die vormals sächsischen Theile der Prov. Brandenburg). 19./6. 76, GS. 238 (Schlesien), 3./5. 76, GS. 112 (Westfalen), 8./3. 76, Lauenburgisches Wochenbl. S. 69 (Lauenburg), für die Kreise Rees, Essen (Stadt u. Land), Duisburg, Mühlheim a. d. Ruhr.

Art. **41.** Die Bestimmungen des Artikels 2. finden auf Thronlehen und auf die außerhalb des Staats liegenden Lehen keine Anwendung.

Art. 41 ist Art. 3 des Ges. v. 5. Juni 1852 (GS. 319). Ursprünglich lautete er:

> Art. 41: „Vorstehende Bestimmungen (Art. 40.) finden auf die Thronlehen, das Königliche Haus- und Prinzliche Fideikommiß, sowie auf die außerhalb des Staats belegenen Lehen und die ehemals reichsunmittelbaren Besitzungen und Fideikommisse, insofern letztere durch das deutsche Bundesrecht gewährleistet sind, zur Zeit keine Anwendung. Die Rechtsverhältnisse derselben sollen durch besondere Gesetze geordnet werden."

S. auch Art. 59 EG. z. BGB. in Anm. 1 zu Art. 41.

Art. 42.[1] [2] Ohne Entschädigung bleiben aufgehoben nach Maaßgabe der ergangenen besonderen Gesetze:

1) das mit dem Besitze gewisser Grundstücke verbundene Recht der Ausübung oder Uebertragung der richterlichen Gewalt (Titel VI. der Verfassungs-Urkunde) und die aus diesem Rechte fließenden Exemtionen und Abgaben;
2) die aus dem gerichts- und schutzherrlichen Verbande, der früheren Erbunterthänigkeit, der früheren Steuer- und Gewerbe-Verfassung herstammenden Verpflichtungen.

Mit den aufgehobenen Rechten fallen auch die Gegenleistungen und Lasten weg,[3] welche den bisher Berechtigten dafür oblagen.

[1] Art. 42 beruht auf Ges. v. 14./4. 56 (GS. 353); Art. 42 der VerfUrk. v. 31. Jan. 1850 lautete:

„Das Recht der freien Verfügung über das Grundeigenthum unterliegt keinen anderen Beschränkungen als denen der allgemeinen Gesetzgebung. Die Theilbarkeit des Grundeigenthums und die Ablösbarkeit der Grundlasten wird gewährleistet.

Für die todte Hand sind Beschränkungen des Rechts, Liegenschaften zu erwerben und über sie zu verfügen, zulässig.

Aufgehoben ohne Entschädigung sind:

1) Die Gerichtsherrlichkeit, die gutsherrliche Polizei und obrigkeitliche Gewalt, sowie die gewissen Grundstücken zustehenden Hoheitsrechte und Privilegien;

2) die aus diesen Befugnissen, aus der Schutzherrlichkeit, der früheren Erbunterthänigkeit, der früheren Steuer- und Gewerbeverfassung herstammenden Verpflichtungen.

Mit den aufgehobenen Rechten fallen auch die Gegenleistungen und Lasten weg, welche den bisherigen Berechtigten dafür oblagen.

Bei erblicher Ueberlassung eines Grundstückes ist nur die Uebertragung des vollen Eigenthums zulässig; jedoch kann auch hier ein fester ablösbarer Zins vorbehalten werden.

Die weitere Ausführung dieser Bestimmungen bleibt besonderen Gesetzen vorbehalten."

[3] Die Aufhebung des Art. 42 der VerfUrk. v. 31. Jan. 1850 durch das Ges. v. 14./4. 56 hat keine rückwirkende Kraft. Die auf Grund des aufgehobenen Artikels und zur Ausführung desselben ergangenen Gesetze, namentlich das Ablösungsges. v. 2./3. 1850 (GS. 77), sind daher in Geltung geblieben.

Die aus §§ 33 Thl. II Tit. 12 ALR. folgende Verpflichtung der Gutsherrschaft, ihre Unterthanen (die Schulsozietät) bei Aufbringung des Unterhalts für den Elementarschullehrer im Bedürfnißfalle zu unterstützen, ist hierdurch nicht aufgehoben; s. Anm. 1 zu Art. 25 und Erk. d. OVG. v. 21./5. 83 E. X 126.

Titel III.

Vom Könige.

Der Tit. III von der Königlichen Gewalt schafft nicht neues Recht, sondern giebt nur eine unvollständige Uebersicht über das, was dem Könige von seiner Macht verblieben ist. Nach der Entstehungsgeschichte der preuß. Verfassung (s. Einleitung I), den Erklärungen des damaligen Königs und denen der beiden Revisionskammern (vgl. u. A. Sten. Ber. der II. Kammer 1849 S. 332 ff.), und da nach Art. 109 die der Verfassung nicht entgegenstehenden älteren Gesetze (also auch ALR. II 13 §§ 1 ff.) in Kraft geblieben sind, ist Tit. III nicht limitativ auszulegen und sind nicht alle königlichen Rechte in Titel III aufgezählt. Vielmehr stehen dem Könige noch alle Befugnisse zu, welche ihm nicht ausdrücklich durch die Verfassung entzogen sind; s. Arndt, Verordnungsr. S. 64 ff., Derselbe, in Hirth's Annalen 1886 S. 310 ff., Zorn, in Hirth's Annalen 1885 S. 301 f., ferner Graf Eulenburg, Sten. Ber. d. HH. 1869 S. 188, Graf zur Lippe, das. 1879 S. 523. Der König ist kein Organ des Staates, er steht als Herrscher über ihm (Seydel, Bayr. Staatsr. I S. 353); von Bismarck-Schönhausen am 24. Sept. 1849 (Verhandlung der II. Kammer S. 394):

„Ich wollte mir nur noch erlauben, auf einen Hauptunterschied unserer preußischen Verfassung mit den uns zum Muster vorgeführten belgischen und französischen aufmerksam zu machen. Bei uns ist verfassungsmäßig seit Jahrhunderten ein selbstständiges Königthum, — welches zwar im Laufe der — letzten Jahre einen beträchtlichen Theil seiner Rechte auf die Volksvertretung übertragen hat; aber freiwillig und nicht etwa deshalb, weil — ihm die Widerstandsfähigkeit fehlte. Preußen war vollkommen fähig, dem Stoß aus Frankreich Widerstand zu leisten, wenn die Regierung des Königs diese Widerstandsfähigkeit hätte benutzen wollen —.

„Aber eben dieses Königthum unterscheidet sich dadurch von den konstitutionellen Dynastien in England, Frankreich und Belgien, daß dort die Krone — gleich einem geschenkten Gaul — aus den blutigen Händen der Revolution überreicht ist unter denjenigen Bedingungen, wie nur die Revolution für gut fand, jenen Dynastien aufzulegen.“

S. auch von Stengel, Das Staatsrecht des Königreichs Preußen S. 36 a. a. O., Anschütz, Die gegenwärtigen Theorien ꝛc. S. 9.

Dem Könige kommen noch zu der Majestätstitel, die Königliche Titulatur, das Königliche Wappen, die Reichsinsignien (die Insignien des preußischen Staates: Reichs-Siegel, Apfel, Schwert, Scepter und Krone, Staatsanz. 1861 Nr. 245), Fürbitte im Kirchengebet und Landestrauer. Ihm steht das Recht eines Hofstaates zu, Schwartz S. 124.

Art. 43. Die Person des Königs ist unverletzlich.

Damit soll gesagt sein: „Die Person des Königs ist sakrosankt" oder, wie es in England heißt, „the king can do no wrong"; er kann für Regierungs- oder Privathandlungen nicht zur Rechenschaft gezogen werden. Angriffe gegen die Person des Königs werden bestraft nach StrGB. §§ 80, 94, 95, 98. Der König ist nicht, weder von Staatswegen noch von den Agnaten, absetzbar, auch nicht, wenn Letzteres die Hausgesetze (was nicht der Fall) zuließen. In vermögensrechtlicher Hinsicht nimmt er vor den Gerichten Recht, oben Anm. zu Art. 4. Jede Vollstreckungshandlung gegen die Person des Monarchen oder die Kronrente ist ausgeschlossen; s. auch Schwartz S. 125.

Der König ist von Landes- und Kommunalabgaben, Stempeln und Gebühren, nicht von Verbrauchssteuern frei, z. B. Ges. v. 24./2. 50 (GS. 62) § 2 c, Ges., betr. die Einführung einer allgemeinen Gebäudesteuer, v. 21./5. 61 (GS. 317) § 3 Nr. 1. Einkommensteuerges. v. 24./6. 91 § 3, Ergänzungssteuerges. v. 14./7. 93 § 3. Kommunalabgabenges. v. 14./7. 73 § 40 Nr. 5 und § 68 (GS. 152), OVG. XXXV 102 f., Landes-Stempelsteuern, Hoyer, Die preuß. Stempelgesetzgebung, 4. Aufl.

S. 70. Von **Reichssteuern** ist der König **nicht** befreit; s. auch Art. XV des Zoll-Vereinigungsvertr. v. 8. Juli 1867. Er genießt Portofreiheit, s. Ges. v. 5./6. 69 (BGBl. 141), ist frei von der Militärpflicht, der Einquartierungslast und von Naturalleistungen für das Heer, Anm. 3 D zu Art. 4, ferner von Telegraphengebühren, **Arndt**, Reichsstaatsr. S. 302. S. auch v. **Stengel** S. 37.

Art. 44. Die Minister des Königs sind verantwortlich.[1] Alle Regierungsakte des Königs bedürfen zu ihrer Gültigkeit der Gegenzeichnung eines Ministers,[2] welcher dadurch die Verantwortlichkeit übernimmt.[3]

[1] Die Minister sind dem Könige unterstellt (Art. 45) und, was als selbstverständlich ausgelassen wurde, verantwortlich (Verhdl. der I. Kammer 1849/1850 S. 2365 f., v. **Rönne**, § 157 II S. 351 Anm. 3), dem Landtage sind sie gemäß Art. 44 verantwortlich. Der hierin liegende Widerspruch wird nach preuß. Staatsr. nicht dadurch gelöst, daß der preußische König ein „roi fainéant“ ist, von dem es heißt: „le roi règne, mais il ne gouverne pas“, sondern so, daß der Wille des Königs erst dann rechtliche Bedeutung erlangt, wenn der Wille der hierfür verantwortlichen Minister sich ihm anschließt (vgl. **Seydel**, bayr. Staatr. I S. 294 bis 316 a. a. O., **Schwartz** S. 216).

[2] Die Gegenzeichnung **eines** Ministers genügt, s. auch Art. 63. Bei Neubildung des Ministeriums kann sowohl das abtretende wie das neue Ministerium die Gegenzeichnung vornehmen. Auch ohne Gegenzeichnung kann die Entlassung erfolgen; vgl. auch G. **Meyer** § 84. **Schwartz** S. 128 hält die Gegenzeichnung des neuen Ministeriums für unzulässig.

Die Gegenzeichnung ist nicht erforderlich, soweit es sich um **Armeebefehle** (Art. 46), oder um Akte des

Königs in seiner Eigenschaft als **summus episcopus** handelt. In ersterer Hinsicht erging der AE. v. 18./1. 61, VMBl. 73, wonach Armeebefehle, sowie Ordres, welche der König in Militärdienstsachen oder Personalangelegenheiten erläßt, ohne Gegenzeichnung erfolgen; wenn indeß in diesen Ordres Bestimmungen enthalten sind, welche auf den Militäretat von Einfluß sind, oder andere Zweige der Militärverwaltung berühren, so soll die Gegenzeichnung des Kriegsministers zu den Akten oder in der Ausfertigung hinzutreten; s. Arndt, Reichsstaatsrecht S. 464. Für die Frage, wann in Militärsachen die Gegenzeichnung des preuß. Kriegsministers oder des Reichskanzlers nothwendig ist, s. Arndt, Verordnungsrecht S. 209 und § 13 S. 122 bis 139 und Reichsstaatsrecht §§ 44, 45. In letzterer Hinsicht ist zu beachten, daß alle vom Könige in Ausübung seiner Episkopalrechte (als Inhaber des landesherrlichen Kirchenregiments) erlassenen Anordnungen, welche nicht den Charakter von Staatsakten besitzen — vgl. hierzu Art. 3, 4, 7, 10, 11, 12, 15, 16, 17, 22 bis 27 des Ges. v. 3./6. 76, betr. die Evangelische Kirchenverfassung in den acht älteren Provinzen ꝛc. (GS. 125) — der Gegenzeichnung des Ministers der geistlichen Angelegenheiten nicht bedürfen, vielmehr vom Präsidenten des evangelischen Oberkirchenraths gegenzuzeichnen sind. Bevor ein von der General- oder Provinzialsynode beschlossenes Gesetz dem Könige zur Sanktion vorgelegt wird, ist durch eine Erklärung des Staatsministeriums festzustellen, daß gegen das Gesetz von Staatswegen nichts zu erinnern ist — was in der Verkündigungsformel erwähnt werden muß. In den 1866 erworbenen Landestheilen übt der Kultusminister die Funktion des Oberkirchenraths aus, GS. 1878 S. 145 für Schleswig-Holstein, Amtsbezirk des Konsistoriums zu Wiesbaden, 1892 S. 73, Helgoland, 1883 S. 299 und 319 (Hannover), 1886 S. 79 und 1887 S. 7 (Kassel), GS. 1890

S. 183, 1891 S. 7 für die Gemeinden Bornheim, Oberrad, Niederrad, Bonames, Niederwesel und Hausen.

[3] Diese Verantwortung ist bis zum Erlasse des in Art. 61 vorbehaltenen Gesetzes eine politische, keine strafrechtliche.

Art. 45. Dem Könige allein[1] steht die vollziehende Gewalt zu.[1] Er ernennt und entläßt die Minister.[2] Er befiehlt die Verkündigung der Gesetze[3] und erläßt die zu deren Ausführung nöthigen Verordnungen.[4]

[1] Nur der König, Niemand hat sonst ein imperium. Nur der König (nicht der Landtag) verfügt über die Machtmittel des Staates; nur des Königs Wille ist nach Außen hin (und den Unterthanen gegenüber) verbindlicher Staatswillen; aber auch nicht Alles, was der König will, ist verbindlicher Staatswille (s. Art. 44, 62, auch Art. 86, 106). Die Beschränkungen, welche die Verfassung dem Könige auferlegt, sind wesentlich interner Natur, Verletzungen dieser Beschränkungen können, falls der Wille des Königs gehörig verkündet ist, nur vom Landtage (s. Art. 106) und nur den Ministern gegenüber (Art. 43, 44) gerügt werden. Alle Behörden des Staates leiten ihre Macht aus der Macht und dem Willen des Königs ab: sie sind nur dem Könige (abgesehen von der den Ministern in Art. 44 auferlegten politischen und abgesehen von der allgemeinen strafrechtlichen Verantwortlichkeit) für ihre Handlungen und Unterlassungen verantwortlich. Es ist hiernach unstatthaft, daß sich die Kammern in Akte der Staatsbehörden unmittelbar einmischen, daß sie solche um Vornahme gewisser Handlungen ersuchen. Des Königs Wille ist zu Veräußerungen (auch freigiebigen) von Staatseigenthum (unbeschadet des Budgetrechts) hinreichend und zur Veräußerung von Grundeigenthum in

der Regel erforderlich; s. Art. 103 Anm. 5, Arndt im Archiv für öffentliches Recht III S. 549 f., endlich Vorbemerkungen zu Art. 99 und Anm. 5 zu Art. 103.

Da einerseits der König alle ihm durch die Verfassung nicht entzogenen Rechte und andererseits der Landtag kein Einnahmebewilligungsrecht hatte, konnte der König auf Einnahmen, selbst auf gesetzliche, Steuern, Stempel u. dergl., verzichten und in demselben Etatsjahre bereits vereinnahmte zurückzahlen lassen. Dieses Recht ist eingeschränkt durch § 18 des sog. Comptabilitätsges. v. 11./5. 98 (GS. 77): „Von der Einziehung dem Staate zustehender Einnahmen darf nur im einzelnen Falle und, abgesehen von der Unmöglichkeit der Einziehung, nur auf Grund einer durch gesetzliche oder durch königliche Bestimmung ertheilten Ermächtigung abgesehen werden. Nur unter gleicher Voraussetzung dürfen auch zur Staatskasse vereinnahmte Beträge zurückerstattet werden."

² Der König ist daher frei in der Wahl der Minister. Er kann zu diesen nach eigenem Ermessen machen, wen er will (kein Examen!). Er ist nicht verpflichtet, den unmittelbar oder mittelbar ausgedrückten Wünschen der Landtagsmehrheit nachzugeben.

³ Der König hat neben der Verkündigung die Sanktion der Gesetze. Nur sein Wille schafft das Gesetz, unbeschadet seiner verfassungsmäßigen Pflicht, nur das als Gesetz verkündigen zu lassen, was zuvor die Sanktion des Landtages erhalten hat (s. Art. 62 nebst Anm., insbes. Anm. 5).

⁴ Das Recht des Königs, Ausführungsverordnungen zu erlassen, ist nicht auf sog. Verwaltungsnormen beschränkt, umfaßt vielmehr die Befugniß zum Erlasse von (auch die Unterthanen, die Gerichte [vgl. indeß Anm. 1 zu Art. 86] bindenden) Rechtsnormen; s. die eingehende Begründung in Arndt's Verordnungsrecht S. 74 ff., nach welcher G. Meyer und H. Schulze

ihre früher abweichende Meinung (s. G. Meyer 1. Aufl. S. 408 und H. Schulze, Reichsstaatsr. 530) berichtigt haben (G. Meyer, 2. Aufl. S. 466 Anm. 8, s. auch Verhandlung der I. Kammer 1849/50 S. 1315 und H. Schulze, Preuß. Staatsr. II S. 28 f.). v. Rönne widerspricht sich; I S. 379 behauptet er, daß die Ausführungsverordnungen keine neuen Rechtsnormen aufstellen dürfen, und (ebendort) daß die Gerichte durch derartige Verordnungen nicht für gebunden zu erachten sind (s. in Ansehung der Verbindlichkeit Königlicher Verordnungen für die Gerichte s. zu Art. 86 und 106 und Arndt, Verordnungsrecht S. 211 ff.). Auf derselben Seite behauptet v. Rönne indeß, daß der König das Recht habe, in den Fällen, wo das Gesetz nur die leitenden Grundsätze aufstellt, die erforderlichen Detailvorschriften diesen Grundsätzen entsprechend zu geben; insbes. auch Tarife und Taxen zu reguliren, für deren Höhe der Maßstab vom Gesetze festgestellt ist. Daß die Ausführungsverordnungen auch Rechtsnormen aufstellen dürfen, nimmt auch Rosin an (Polizeiverordnungsrecht 1. Aufl. S. 20, 2. Aufl. S. 35), der sich dahin ausspricht, daß die Ausführungsverordnungen den Gesetzestext nicht sowohl detailliren, als nach Befinden selbst ergänzen dürfen, letzteres freilich „nicht nach der Seite der Zwecksetzung, wohl aber nach der Seite der Beschaffung der zur Durchführung des Gesetzes nothwendigen Mittel"; s. auch Anschütz l. c. S. 20. Das Königliche Verordnungsrecht kann kraft ausdrücklicher oder stillschweigender Delegation durch die Minister ausgeübt werden; s. Vorbemerkung zu Art. 60, ebenso Bornhak S. 454, v. Stengel S. 173.

Art. 46. Der König führt den Oberbefehl über das Heer.

Zu den dem Könige in der Verfass. belassenen Rechten über das Heer sind die hinzugetreten, welche er als König von Preußen oder als deutscher Kaiser auf Grund der Reichsgesetze und der Militärgesetze übertragen erhalten hat; s. hierüber Arndt, Verordnungsrecht § 13 S. 122 ff., Arndt, Komm. zu Art. 63, 64, 65 der Reichsverfassung, Arndt, Reichsstaatsrecht § 47.

Aus diesem Oberbefehl des Königs folgt — soweit ein konstitutionelles Gesetz nicht entgegensteht — das Recht des Königs zur Organisation; s. auch Anm. 1 zu Art. 45.

Durch die Reichsgesetzgebung und nach Maßgabe derselben (s. die Anm. zu den Art. 34 und 35) ist das Recht der Krone zur Heeresorganisation eingeschränkt und die Vorschriften, welche dort über Kadresformationen, die bei den Fahnen, den Reserven, der Landwehr, dem Landsturme zu leistenden Militärpflichten u. s. w. getroffen sind, können nur im Wege der Reichsgesetzgebung abgeändert werden. Vorher und soweit diese Gesetzgebung nicht entgegensteht, fand die königliche Prärogative ihre Beschränkung nur in dem Satze, daß Ausgaben irgend welcher Art (auch für Heeres(re)organisationen) nur auf Grund des Etatsgesetzes geleistet werden dürfen. Diesen richtigen Standpunkt hat die Staatsregierung (auch der Abg. Waldeck in der Budgetkommission) in der Konfliktszeit vertreten. S. auch oben Anm. 1 zu Art. 35, Arndt, Verordnungsrecht S. 150 und im Arch. f. öff. Recht III S. 558 f., ferner Reichsstaatsrecht S. 507 ff., während u. A. nach Gneist's Ansicht die Heeresorganisation gültig nur durch Gesetz hätte erfolgen dürfen.

Art. 47. Der König besetzt[1] alle Stellen im Heere,[2] sowie in den übrigen Zweigen des Staatsdienstes,[3] sofern nicht das Gesetz[4] ein Anderes verordnet.[5] [6]

[1] Oder läßt, soweit ein Gesetz nicht entgegensteht (s. z. B. AG. z. GVG. v. 24./4. 78 [GS. 230] §§ 7, 60), die Stellen besetzen; s. Arndt, Verordnungsrecht § 16 S. 169 ff., v. Rönne §§ 99 I S. 431, ALR. Thl. II Tit. 13 § 16 Anm. 1 zu Art. 46; s. auch wegen der Gegenzeichnung Anm. 2 zu Art. 44.

[2] S. auch Anm. 46.

[3] Der König ist in Ausübung dieses Stellenbesetzungsrechtes an die Gesetze gebunden; er kann nur solche Personen anstellen, welche die gesetzliche Qualifikation haben, Richter, Staatsanwälte, Regierungsräthe, Landräthe u. A. (s. z. B. AG. z. GVG. v. 24./4. 78 [GS. 230] §§ 1 bis 11). Soweit gesetzliche Vorschriften fehlen, z. B. für Militärpersonen und Lehrer aller Art, Eisenbahn- und Bergbeamte, kann der König die Bedingungen der Anstellung (Prüfungen) selbst regeln oder durch seine Organe regeln lassen; s. auch Anm. 5.

[4] Ein Gesetz, durch welches dem Könige das Aemterbesetzungsrecht entzogen wird, besteht nicht.

[5] Bei Ausübung des Aemterbesetzungsrechts ist der König wie an alle übrigen Gesetze, so auch an das Etatsgesetz (Art. 99) gebunden. Nach der Ansicht Bornhak's (S. 460) hat der Landtag kein Recht, die Ausgaben für Behörden zu verweigern, welche der König auf Grund seines Organisationsrechts errichtet hat. Dies ist falsch (s. unten zu Art. 99) und eine Auffassung, deren Gegentheil von den drei Faktoren der Gesetzgebung als zweifellos angesehen wird. Indeß beruht die Anstellung des Beamten und sein Anspruch auf Gehalt und Rang nicht auf dem Etat, sondern auf der Anstellung durch die Krone bezw. die Exekutive (Arndt, Verordnungsr. S. 156 f. und s. Zeitschr. f. öff. Recht III S. 534 f.; anderer Ansicht Zorn, Reichsstaatsr. II S. 337 f.). Sollte daher der Etat nicht zu Stande kommen oder doch für einen gesetzlich angestellten Beamten die Etatsposition nicht genehmigt werden, so

kann der Beamte auf Zahlung seines Gehalts klagen, wie denn auch das Ges., betr. die Erweiterung des Rechtsweges v. 24./5. 61 (GS. 241), die Verfolgbarkeit vermögensrechtlicher Ansprüche der Staatsbeamten aus ihrem Dienstverhältnisse keineswegs von dem Zustandekommen oder dem Inhalte des Etatsgesetzes abhängig macht; umgekehrt hat der Beamte, um deswegen, weil für seine Stelle eine Gehaltserhöhung im Etat bewilligt ist, noch keinen klagbaren Anspruch darauf. Arndt, l. c. und Vorbemerkung zu Art. 99. Treffend bemerkte Fürst Bismarck im Reichstage am 1. Dez. 1885: „wenn Sie mir mein Gehalt streichen, so werde ich einfach vor Gericht klagen, und das Reich wird verurtheilt werden, solange ich Reichskanzler bin — mir mein Gehalt zu bewilligen" (Sten. Ber. d. Reichst. 1885 S. 135). Wird ein Beamter angestellt ohne und gegen das Etatsgesetz, so hat er Anspruch auf Gehalt gegen den Staat, und dieser nur Regreß an den Minister.

[6] Diejenigen preußischen Beamten, welche dem Kaiser und seinen Anordnungen Gehorsam schuldig sind, welche somit dem Ges. betr. die Rechtsverhältnisse der Reichsbeamten v. 31./3. 73 (RGBl. 61) unterworfen sind, z. B. die unteren Post- und Telegraphenbeamten, sind unmittelbare Landesbeamte, mittelbare Reichsbeamte, Arndt, Reichsstaatsr. §§ 58, 59, RG. v. 26./10. 80, E. in Civils. II 101. Zu den mittelbaren (obersten) Reichsbehörden, die dem Reichskanzler nicht unterstellt sind, gehört das preußische Kriegsministerium (Arndt l. c., RGBl. 1899 S. 597).

Art. 48.[1] Der König hat das Recht, Krieg zu erklären[2] und Frieden zu schließen,[2] auch andere Verträge mit fremden Regierungen zu errichten. Letztere bedürfen zu ihrer Gültigkeit[3] der Zustimmung der Kammern,[4] sofern es Handelsverträge[5] sind, oder wenn dadurch dem Staate Lasten[6] oder einzelnen Staatsbürgern Verpflichtungen[7] auferlegt werden.

[1] Bereits der Deutsche Bund war eine in politischer Hinsicht verbundene Gesammtmacht des europäischen Staatensystems und vertrat als Ganzes die deutsche Nation nach außen (Arndt, Reichsstaatsrecht S. 9, Wiener Schlußakte v. 8. Juni 1820); er konnte Krieg, Frieden, Bündnisse und andere Verträge beschließen und hatte das aktive und passive Gesandtenrecht.

Jetzt ist zu beachten Reichsverfass. Art 11: — „Der Kaiser hat das Reich völkerrechtlich zu vertreten, im Namen des Reichs Krieg zu erklären und Frieden zu schließen, Bündnisse und andere Verträge mit fremden Staaten einzugehen, Gesandte zu beglaubigen und zu empfangen". Soweit wie die Zuständigkeit des Reiches geht, hat Preußen das Vertragsrecht verloren (z. B. für den Abschluß von Post-, Telegraphen-, Handels- und Bündnißverträgen), vgl. auch Erk. d. RG. v. 3./6. 81 Entsch. in Strafs. IV 274; soweit die Einzelstaaten zuständig geblieben sind (z. B. für die Strafverfolgung und Strafvollstreckung), bleibt Art. 48 in Kraft (Preußen kann also z. B. Auslieferungsverträge schließen). Der gleichen Ansicht sind E. Meier, über den Abschluß von Staatsverträgen, Leipzig 1874, S. 271, Laband I § 63, in Marquardsen's Handbuch S. 116, v. Rönne I S. 696, G. Meyer § 188, Pröbst in Hirt's Annalen 1882 S. 241 ff.; Arndt, Komm. zu Art. 11 der Reichsverfass. und Reichsstaatsr. § 61. Für diese Ansicht spricht, daß die Einzelstaaten überall zuständig geblieben sind, wo sie nicht ihre Zuständigkeit auf Grund ausdrücklicher Rechtsnorm an das Reich verloren haben.

[2] Das Recht, Krieg zu erklären und Frieden zu schließen, ist auf das Reich übergegangen (s. Anm. 1).

[3] Bezieht sich nur auf die staatsrechtliche, nicht auf die völkerrechtliche Gültigkeit. Erstere betrifft die Gültigkeit gegenüber dem Landtage, letztere gegenüber den anderen Staaten. Völkerrechtlich ist jeder vom Könige abgeschlossene Vertrag gültig, auch wenn er nicht die verfassungsmäßig nothwendige Zustimmung des Landtages erhalten hat. Dieser Ansicht sind Gneist in den Anl. Bd. III zu den Sten. Ber. d. AbgH. 1868/69 S. 1317 ff., Laband I § 61, in Marquardsen's Handbuch S. 113, G. Meyer S. 560, v. Rönne S. 694, Arndt, Komm. zu Art. 11 der Reichsverfass., Reichsstaatsr. § 61 und Schwartz S. 139, der jedoch meint, daß ein Vertrag, soweit es sich um eine finanzielle Belastung des Staates und eine Verpflichtung einzelner Staatsbürger handelt, ev. nicht zur Ausführung kommt. Letzteres trifft nicht zu, was u. A. gerade die für Art. 48 vorbildliche belgische Verfass. Art. 68 beweist, s. Arndt, Reichsstaatsr. § 61. Die gegentheilige Ansicht vertreten E. Meier S. 115 ff., 163 ff., Zorn II § 37, H. Schulze, Preuß. Staatsr. § 271, Pröbst in Hirth's Annal. 1882 S. 421 ff., v. Stengel S. 571. Gegen die letztere Ansicht ist entscheidend, daß die Verfass. nur die Verhältnisse im Lande regelt, und daß diese Ansicht von dem (auch hier vorbildlich gewesenen) belgischen Staatsrechte abweicht. Beispiele, wonach Rechtsgeschäfte, welche der sie Vornehmende nicht (ohne Zustimmung) abschließen durfte, gleichwohl nach außen gültig sind, s. bei Arndt im Arch. f. öff. Recht 1888 S. 564 f., Reichsstaatsrecht § 61.

Auch von den Behörden und Unterthanen ist ein gehörig verkündeter Staatsvertrag zu beobachten, der etwa unter Verletzung des Art. 48 abgeschlossen ist — eine „Spaltung" der Gültigkeit findet also nicht statt. Es kann sich Niemand weigern, im gehörig verkündeten Weltpostvereinsvertrage festgesetzte Gebühren zu zahlen unter der Behauptung, daß es in den Bereich der Gesetzgebung eingreife und Staatsbürgern Verpflichtung auferlege; dies folgt schon aus Art. 106 der Verf., s. Gneist und Arndt l. c.

[4] Daß diese Zustimmung unbedingt und nothwendig nur in der Form des Gesetzes zu geschehen und der Vertrag als Gesetz zu verkünden sei, ist nicht vorgeschrieben.

[5] Handelsverträge gehören jetzt zur ausschließlichen Zuständigkeit des Reichs (Reichsverfassung Art. 33 bis 35, s. auch Anm. 1).

[6] Hiermit sind nur finanzielle Lasten z. B. Garantie für die St. Gotthardtbahn gemeint (Gneist l. c., E. Meier l. c. S. 231, H. Schulze, Preuß. Staatsr. § 271 S. 825 ff., G. Meyer § 189 Anm. 6, Arndt, Reichsstaatsr. § 61, v. Stengel S. 57, Schwartz S. 139; anderer Ansicht v. Rönne I S. 689). Für die hier vertretene Auffassung sprechen die Praxis und der Umstand, daß nur das Budgetrecht hat gewahrt werden sollen.

[7] Darunter sind nur solche Verpflichtungen zu verstehen, welche den Unterthanen nicht durch einfache Verordnung auferlegt werden können, z. B. eine neue Steuer (auf Zucker), Zoll auf eingeführtes Eisen oder Getreide. Soweit die Krone in ihren Anordnungen der Zustimmung der Landesvertretung nicht bedarf (z. B. auf dem Gebiete des Militär-, Eisenbahn-, Post-, Telegraphenwesens), kann bezw. konnte sie gültige Staatsverträge ohne Zustimmung der Kammern abschließen (zahlreiche Beispiele bei Gneist). Solche Verträge enthielten und enthalten zahlreiche Rechtsnormen.

Art. 49.[1] Der König[2] hat das Recht der Begnadigung und Strafmilderung.[3]

Zu Gunsten eines wegen seiner Amtshandlungen verurtheilten Ministers kann dieses Recht nur auf Antrag derjenigen Kammer ausgeübt werden, von welcher die Anklage ausgegangen ist.

Der König kann bereits eingeleitete Untersuchungen[4] nur auf Grund eines besonderen Gesetzes[5] niederschlagen.[6]

[1] Da Art. 49 keine prozeßrechtliche Vorschrift darstellt, ist er durch § 6 EG. zur StrPO. nicht beseitigt, s. auch Art. 18 des Zollvereinigungsvertrages v. 8. Juli 1867 (BGBl. 81).

[2] StrPO. § 484 überträgt dem Kaiser das Begnadigungsrecht in denjenigen Sachen, in denen das Reichsgericht in erster Instanz erkannt hat. Dies ist (GVG. § 136) der Fall für die Untersuchung und Entscheidung in den Fällen des Hochverraths und Landesverraths, insofern diese Verbrechen gegen den Kaiser oder das Reich gerichtet sind, sowie auch dann, wenn das RG. auf Grund des § 2 oder des § 269 StrPO. über eine andere Strafthat als Gericht erster Instanz thatsächlich erkannt hat. Dem Kaiser steht sodann das Begnadigungsrecht in den Strafsachen zu, in welchen der Konsul oder das Konsulargericht in erster Instanz erkannt hat (Ges. über die Konsulargerichtsbarkeit v. 7./4. 1900 [RGBl. 213] § 72. Nach diesen Bestimmungen (insbes. dem Wortlaut „erkannt hat") ist anzunehmen, daß der Kaiser nicht das Recht hat, schwebende Untersuchungen niederzuschlagen. Mit anderen Worten ein Abolitionsrecht steht dem Kaiser nicht zu. Das Begnadigungsrecht des Kaisers — soweit es besteht — ist ein ausschließliches, d. h. in diesen Strafsachen haben die Einzelstaaten weder das Begnadigungsrecht noch das Abolitionsrecht. Dies folgt schon daraus, daß in denselben eine Zuständigkeit (Justizhoheit) der Einzelstaaten nicht vorhanden ist. Endlich gebührt dem Kaiser das

Begnadigungsrecht bei Disziplinarstrafen der Reichsbeamten, nicht bei anderen, auch nicht wegen Amtsvergehen erkannten Strafen.

Soweit dem Kaiser das Begnadigungsrecht nicht übertragen ist, verbleibt es den Einzelstaaten und gilt Art. 49. Nach diesem hat der König das Recht, nicht nur in einzelnen Fällen, sondern auch für ganze Klassen von Fällen. Todesurtheile müssen vor ihrer Vollstreckung dem Könige vorgelegt werden, nicht zum Zwecke der Bestätigung, sondern um die etwaige Geltendmachung des Begnadigungsrechts zu ermöglichen, StrPO. § 485. Das Begnadigungsrecht ist keine lex specialis noch eine Dispensation von Gesetzen (Arndt, Verordnungsrecht S. 228 f.), sondern Verzicht auf die Ausübung des staatlichen Strafanspruchs. Ihre Wirkung ist unabhängig von der Annahme oder dem Willen des Begnadigten.

Bei den gemeinschaftlichen Gerichten steht das Begnadigungsrecht dem Staate zu, welcher zur Strafverfolgung ursprünglich befugt war, d. i. in der Regel dem, in dessen Gebiet die Strafthat begangen war, ebenso v. Stengel S. 134 und Schwartz S. 141; nach Löwe (Anm. 12 zu GVG. Tit. II) dagegen dem Staat, dem das erkennende Gericht angehört. Gegen die Löwe'sche Ansicht spricht, daß zunächst jeder Staat jede Hoheit innerhalb seines Gebietes ausübt, daß daher das Begnadigungsrecht, auch wenn die Justizhoheit ganz oder theilweise abgetreten, bei dem Staate, welcher ursprünglich zur Strafvollstreckung berechtigt war, als so lange verblieben anzusehen ist, bis auch dieser ausdrücklich auf dasselbe verzichtet hat. Letzteres geschah für „polizeiliche Bestrafungen" in der Additionalakte v. 13./4. 44 (GS. 470) Art. 51 (Elbzollgerichte), wonach der Staat das Begnadigungsrecht hat, in welchem das Erkenntniß ergangen ist. Nach dem Zollvereinigungsvertr. v. 8./7. 67 (BGBl. 81) Art. 18 ist das forum delicti commissi maßgebend. Die Verträge mit Oldenburg und Sondershausen (GS. 1879 S. 169 u. 177) bestimmen in Art. 18 bezw. 19, daß in den aus den betreffenden nichtpreußischen Gebieten an die preußischen Landgerichte erwachsenden Strafsachen das Begnadigungsrecht dem Landesherrn verbleibt.

Das Begnadigungsrecht des Königs ist durch Art. 49 Abs. 2 eingeschränkt. Auch Gnadenerlasse bedürfen der ministeriellen Gegenzeichnung, Art. 44. Zwar ist der Minister durch die Gegenzeichnung dem Landtage verantwortlich, doch ist die Ansicht des Landtags, daß die Begnadigung etwa zu Unrecht erfolgt sei, nicht maßgebend, weil es sich hier um ein höchst persönliches Recht des Monarchen handelt. Dritte, welche durch eine Strafthat beschädigt sind, können durch den Gnadenerlaß in ihren Ansprüchen an den Begnadigten nicht berücksichtigt werden.

[3] Auch bei Antragsvergehen (Binding, Handbuch S. 870 II 2b) und Privatklagen, da diese in einem bestimmten Zeitpunkte des Verfahrens (StrPO. § 431) aus der freien Verfügung des Privatklägers scheiden (anderer Ansicht Siebenhaar in der Zeitschr. für die ges. Strafrechtswissenschaft Jahrg. 1888 S. 496).

Andererseits kann der König die Begnadigung der wegen Beleidigungen und leichten Körperverletzungen überhaupt oder auf Privatklage Verurtheilten davon abhängig machen, daß die Verzichtleistung des Verletzten auf die Bestrafung beigebracht wird (JMBl. 1888 S. 77, Schwartz S. 141).

[4] Bereits eingeleitet ist die Untersuchung in der heutigen StrPO. mit der Eröffnung der Untersuchung (StrPO. §§ 182, 201), also mit dem Zeitpunkt, wo die öffentliche Klage nicht mehr zurückgenommen werden kann (StrPO. § 154). Einen früheren Zeitpunkt annehmen hieße dem Könige ge-

ringere Rechte geben als der Staatsanwaltschaft, einen späteren, den der Eröffnung des Hauptverfahrens, würde dem Könige das Recht geben, gegen Art. 86 der preuß. Verfassung bezw. § 1 GVG. in die gerichtliche Gewalt einseitig einzugreifen. Abs. 3 in Art. 49 ist ausgesprochenermaßen zu dem Zwecke in der Kommission der NatVers. beantragt und in dem Sinne angenommen worden, „damit das in das Gebiet der gesetzgebenden und richterlichen Gewalt eingreifende Recht der Abolition nicht allein dem Könige überantwortet werde" (Rauer, Protokolle S. 129). Siebenhaar in der Zeitschr. für die ges. Strafrechtswissenschaft 1888 S. 473 f. hält die Abolition erst von der Eröffnung des Hauptverfahrens an für unstatthaft, also noch nach Eröffnung der Voruntersuchung für zulässig. Derselbe irrt, wenn er glaubt, daß der preuß. Verfassung die Trennung der vollziehenden, richterlichen und gesetzgebenden Gewalt fremd geblieben ist, und wenn er ferner auf die Kriminalordnung v. J. 1805 zurückgeht. Diese galt zwar in einem Theile Preußens noch, als Abs. 3 des Art. 49 von der Kommission der NatVers. angenommen und in der VerfUrk. v. 5. Dez. 1848 wiederholt wurde; sie war indeß längst zu den Todten gelegt, da bereits am 17. Juli 1846 (GS. 267) für das Kammergericht und das Kriminalgericht zu Berlin ein neues auf dem Anklageprinzip beruhendes Verfahren vorgeschrieben war, dessen Generalisirung unmittelbar bevorstand. An die KrimO. haben weder der rheinische Jurist Bloem gedacht, von welchem Abs. 3 in der Kommission der NatVers. beantragt war, noch weniger die Revisionskammern, welche das rheinische Verfahren und vor Allem die Verordnung v. 3. Jan. 1849 (GS. 14) vor Augen hatten. „Bereits eingeleitet" ist die Untersuchung im Sinne dieser Verfahren schon, wenn die Voruntersuchung schwebt. Hätte man das Abolitionsrecht erst von da ausschließen wollen, wo das

Haupt-[Schluß-]Verfahren beschlossen ist, so wäre nicht nur in die richterliche Gewalt ein Eingriff gestattet (was Abs. 3 verbieten wollte), sondern man hätte auch von einer Versetzung in den Anklagestand (mise en accusation, code d'instruction criminelle art. 133, Verordnung v. 3. Jan. 1849 § 76) oder von der Einleitung der förmlichen Untersuchung (Verordnung v. 3. Jan. 1849 § 47) sprechen müssen. Gleicher Ansicht ist Schwartz, S. 140.

[5] Da der König alle ihm nicht durch die Verfassung entzogenen Rechte hat, so steht ihm zwar nicht mehr das Recht zu, bereits eingeleitete Untersuchungen niederzuschlagen, wohl aber in Ansehung aller noch nicht zur Einleitung gebrachten Strafthaten durch allgemeine Amnestie (ohne Gesetz) die Strafverfolgung auszuschließen. Letzteres folgt auch aus der Entstehungsgeschichte und ist angenommen vom OTr. 8./3. 61, AG. IX 325, OR. I 293, Siebenhaar, Zeitschr. für die ges. Strafrechtswissenschaft 1888 S. 503 f.

[6] Daß das Begnadigungsrecht vom Könige persönlich ausgeübt wird, fordert die Verfassung nicht; daher kann der König dasselbe delegiren (Arndt, Verordnungsrecht S. 172, Schwartz S. 142). Dies ist vor wie nach Erlaß der Verfassung für ganze Klassen von Fällen, z. B. Forstkontraventionen, geschehen (z. B. JMBl. 1868 S. 333, VMBl. 1869 S. 26, JMBl. 1881 S. 31).

Art. 50. Dem Könige steht die Verleihung von Orden [1] und anderen mit Vorrechten nicht verbundenen Auszeichnungen [2] zu. [3] [4]

Er übt das Münzrecht nach Maaßgabe des Gesetzes. [5]

[1] Orden sind aus der Königlichen Prärogative fließende Anerkennungen für dem Staate geleistete

Dienste (Zorn I S. 211). Zur Zeit bestehen folgende Orden: 1. der Schwarze Adlerorden mit oder ohne Kette, 2. der Orden pour le mérite für Kriegsverdienst und für Wissenschaft und Künste, 3. der Rothe Adlerorden mit Groß- und Kleinkreuzen, mit oder ohne Krone, Schwertern, Eichenlaub in zahlreichen Arten, 4. in gleicher Weise der Kronenorden, 5. der St. Johanniterorden, jetzt Balley-Brandenburg des ritterlichen Hospitaliterordens von St. Johannes von Jerusalem für Rechts- und für Ehrenritter, 6. der Königliche Hausorden von Hohenzollern in zahlreichen Arten, 7. der Louisenorden, 8. das Eiserne Kreuz, 9. Verdienstkreuz für Frauen und Jungfrauen, 10. das Allgemeine Ehrenzeichen in mehreren Arten; ferner Goldene Medaillen für Kunst und Wissenschaft, Krönungsmedaillen, Rettungsmedaillen, Kriegsdenkmünzen u. s. w., s. Zorn-v. Rönne S. 217.

[2] Mit Vorrechten nicht verbundene Auszeichnungen, welche der König verleihen kann, sind auch der Adel oder eine höhere Klasse des Adels, ALR. II Tit. 9 §§ 9 ff., desgleichen Titel (ALR. II Tit. 13 § 7). Auch Kommunalverbände, Privatpersonen und Vereine können ihren Angestellten Titel verleihen; indeß darf das Prädikat „königlich“ derartigen Titeln nicht vorgesetzt werden: Erk. des OVG. v. April 1880, Entsch. VI 52.

[3] Von ausländischen Souveränen preußischen Staatsangehörigen verliehene Orden, Adelsprädikate u. s. w. erlangen nur durch die Königl. Genehmigung in Preußen staatliche Anerkennung; s. auch Anhang § 118 zu Thl. II Tit. 9 § 13 ALR. Die Führung akademischer Titel welche von nichtpreußischen deutschen Universitäten verliehen sind, fällt nicht hierher. Zur Führung der von einer außerdeutschen Universität verliehenen Doktorwürde ist Genehmigung des Kultusministers nöthig. Strafbestimmung für unbefugte Führung von Orden,

Ehrenzeichen, Würden und Adelsprädikaten im StrGB. § 360 Nr. 8.

[4] Der König allein hat das Recht, die Erlaubniß zur Aenderung des Familien- oder Geschlechtsnamens zu ertheilen (KO. v. 15./8. 22, GS. 108). Dies Recht ist delegirt, soweit nicht adelige Namen in Betracht kommen, den Regierungen bezw. Regierungs-Präsidenten, AErl. v. 12./7. 67 (GS. 1310), Verfahren im CirkReskr. des Min. d. Inn. v. 9./8. 67 (BMBl. 246). Vornamen können ohne Genehmigung geändert werden, Unverehelichten kann das Prädikat Frau nur mit Königlicher Genehmigung verliehen werden, BMBl. 1869 S. 149.

[5] Jetzt ist für das Münzwesen das Reich zuständig, gemäß Reichsverfassung Art. 4 Nr. 3, Ges. v. 4./12. 71 (RGBl. 404) und Münzges. v. 9./7. 73 (RGBl. 233). Näheres bei Arndt, Reichsstaatsrecht S. 256 f.

Art. 51. Der König [1] beruft [2] die Kammern [3] und schließt [4] ihre Sitzungen [5]. Er [6] kann sie entweder beide zugleich [7] oder auch nur eine auflösen. [8] Es müssen aber in einem solchen Falle innerhalb eines Zeitraums von sechszig Tagen nach der Auflösung die Wähler und innerhalb eines Zeitraums von neunzig Tagen nach der Auflösung die Kammern versammelt werden. [9]

[1] Der nächste volljährige Agnat oder das Staatsministerium in den Fällen der Art. 56, 57.

[2] Ueber den Zeitpunkt s. Art. 76. Die Berufung wie die Schließung muß für beide Häuser gleichzeitig geschehen.

[3] Ein Zusammentreten der Kammern vor der Königl. Einberufung oder nach der Königl. Schließung ist unerlaubt. Eine solche Kammer wäre keine Kammer im Sinne der Verfass. Auf dieselbe würde die Ver-

ordnung, betr. Verhütung eines Mißbrauchs des Versammlungs- und Vereinigungsrechtes, v. 11./3. 50 (GS. 277) zur Anwendung kommen. Der Entwurf der Kommission der Nationalversammlung gab den Abgeordneten das Recht, sich spätestens am 30. Nov. jeden Jahres oder spätens am zehnten Tage nach dem Tode eines Königs zu versammeln.

[4] Der Schluß (wie die Auflösung) hat die vollständige Beendigung aller Arbeiten des Landtags zur Folge, die Kommissionen hören auf und müssen von Neuem gebildet, das Präsidium muß von Neuem gewählt werden; alle Gesetzesvorlagen müssen von Neuem eingebracht werden, alle Privilegien und Immunitäten der Abgeordneten hören auf. § 74 der Geschäftsordnung des Abgeordnetenhauses v. 16./5. 76: „Gesetzesvorlagen, Anträge und Petitionen sind mit dem Ablauf der Sitzungsperiode, in welcher sie eingebracht und noch nicht zur Beschlußnahme gediehen sind, für erledigt zu erachten." Das sog. Prinzip der Diskontinuität folgt nicht aus der kein Gesetz darstellenden Geschäftsordnung noch aus einem etwaigen Gewohnheitsrecht (Ansicht des RG. 25./2. 92 E. in Straff. XXII 379), sondern aus dem Begriffe „schließen und auflösen" (Arndt, Reichsstaatsrecht S. 137 f.). Es bedarf daher eines Gesetzes, um ausnahmsweise die Wirkung der Diskontinuität nicht eintreten zu lassen.

[5] Da der Ort nicht bestimmt ist, steht seine Auswahl bezw. auch die Abänderung im Ermessen des Einberufenden (s. auch Zorn-v. Rönne I S. 341).

[6] Auch der Regent, der alle Befugnisse des Königs hat, nicht aber der Agnat, ehe er Regent ist, oder das Staatsministerium in den Fällen der Art. 56, 57; s. auch Archiv f. öff. Recht Bd. 6 S. 510.

[7] Da das Herrenhaus keine Wahlkammer mehr ist, kann nur noch eine Auflösung des Abgeordnetenhauses

erfolgen. Die Auflösung (wie die Berufung und Schließung) erfolgt (außer in den Fällen der Anm. 1) durch Königliche Verordnung, welche der Gegenzeichnung eines Ministers bedarf, Art. 44. Die Auflösung des Abgeordnetenhauses zieht die gleichzeitige Vertagung des Herrenhauses nach sich, Art. 77 Abs. 3. Ein aufgelöstes Abgeordnetenhaus existirt nicht mehr und kann nie wieder zusammentreten noch zusammenberufen werden, vgl. Arndt, Komm. zu Art. 24 der Reichsverf., Reichsstaatsrecht S. 30, Seydel, Komm. z. Reichsverf. S. 205, Zorn, Reichsstaatsr. I S. 221.

[8] Die Auflösung kann erfolgen, mag das Abgeordnetenhaus versammelt sein oder nicht. Dies ist unstreitig. Es ist auch anzunehmen, da die Verfassung nichts Abweichendes vorschreibt, daß auch ein neu gewähltes, noch nicht zusammengetretenes Abgeordnetenhaus aufgelöst werden kann, ebenso Schwartz S. 147 (anderer Ansicht aus allgemeinen Gründen ist v. Rönne I S. 285). Die Zahl der Auflösungen ist gleichfalls in das Ermessen der Krone gesetzt.

[9] Die Nichtbeobachtung dieser Fristen enthält eine Verfassungsverletzung, an welche rechtliche Wirkungen nicht geknüpft sind. Eine verspätet gewählte oder einberufene Kammer hat alle Befugnisse der rechtzeitig gewählten und rechtzeitig zusammengetretenen.

Art. 52. Der König[1] kann die Kammern vertagen.[2] Ohne deren Zustimmung darf diese Vertagung die Frist von dreißig Tagen nicht übersteigen und während derselben Session nicht wiederholt werden.

[1] Anm. 6 zu Art. 51 findet auch hier Anwendung. Die Vertagung unterbricht die (Kontinuität der) Sitzungsperiode nicht. Vertagen im Sinne des Art. 52 ist

das „Vertagtwerden“ im Gegensatze zum „Sich-vertagen“, „adjournment“ des englischen Rechts. Letzteres, also eine kurze Verschiebung der Sitzungen, z. B. wegen eintretender Feste oder Mangel an Berathungsgegenständen, ebenso wie die Festsetzung des Beginnes und Schlusses steht beiden Häusern des Landtages zu; Arndt, Komm. zu Art. 26 der Reichsverfassung. Weder das Vertagtwerden noch das Sichvertagen hat auf das Präsidium, die Thätigkeit des Parlaments oder der Kommissionen Einfluß.

[2] Indeß nur gleichzeitig (Art. 77) durch Königliche Verordnung, welche der Gegenzeichnung bedarf (Art. 44).

Art. 53. Die Krone ist, den Königlichen Hausgesetzen[1] gemäß, erblich in dem Mannsstamme[2] des Königlichen Hauses nach dem Rechte der Erstgeburt[3] und der agnatischen Linealfolge.[4 5]

[1] Die Worte „den Königlichen Hausgesetzen gemäß“, welche sich schon im Reg.-Entw. v. 20. Mai 1848 finden, waren im Entw. der Komm. der NatVers. gestrichen, „weil die Hausgesetze als solche eine unmittelbare politische Bedeutung nicht beanspruchen können“ und sich das Recht auf die Thronfolge nach dem bestehenden Fürstenrecht regulire. Die Verf. v. 5. Dez. 1848 und der Centralausschuß der I. Revisionskammer 1849 haben die Worte „den Königlichen Hausgesetzen gemäß“ wieder eingefügt und anerkannt, „daß die bestehenden Hausgesetze es sind, auf welche sich die(se) Successionsordnung unzweideutig, aber auch allein stützt, und daß mithin die Erwähnung der Königlichen Hausgesetze — von unmittelbarer politischer Bedeutung sei“. (Verhdl. der I. Kammer 1849 S. 1224 ff.) Hieraus sowie nach den damals allgemein als richtig angenommenen Lehren des Fürsten- und Staatsrechts ergiebt sich, daß

die Thronfolge in Preußen nicht lediglich auf der Verfassung, sondern auch auf den Hausgesetzen beruht, und daß daher zu einer Aenderung der Thronfolge die Aenderung der Verfassung und die Aenderung der Hausgesetze bezw. Zustimmung der betheiligten Agnaten nöthig ist; s. Arndt, Können Rechte der Agnaten auf die Thronfolge nur durch Staatsgesetz geändert werden? 2. Aufl., Berlin 1900, ferner v. Gerber in Aegidi's Zeitschr. f. deusches Staatsrecht I S. 566: „Ueber die Theilbarkeit deutscher Staatsgebiete". Der Ansicht, daß nicht Aenderung des Hausgesetzes, sondern nur Verfassungsänderung nöthig und ausreichend sei, um die Thronfolge beim Vorhandensein successionsfähiger Agnaten zu ändern, sind G. Meyer, Der Staat und die erworbenen Rechte, Leipzig 1895, Derselbe, Staatsrecht § 86, Bornhak, Preuß. Staatsr. I S. 84, Schwartz, S. 149, H. Schulze, Preuß. Staatsr. I § 53; s. auch Seydel, Bayr. Staatsr. I S. 389. Unter keinen Umständen dagegen kann auf Grund des Geblütsrechts oder eines Erbvertrages die Monarchie getheilt werden.

Königliche Hausgesetze sind hauptsächlich das Testament des Kurfürsten Albrecht Achilles v. 1473, der Geraische Vertrag v. 9. April 1599, der Vergleich zwischen Kurfürst Friedrich III. und Markgraf Philipp v. 3. März 1692, die eidlichen Reverse der anderen drei Brüder Friedrichs III. v. 22. Mai 1695, die Verordnung König Friedrichs I. v. J. 1710, die Bestätigung dieser Verordnung durch das Edikt Friedrich Wilhelms I. v. 13. August 1713 und dessen Testament v. 1. Juli 1714, Verhandl. der I. Kammer 1849/50 S. 1225 und H. Schulze, Hausgesetze III 535 ff. Die Hausgesetze sind, soweit ihr Inhalt in der Verfassung wiederholt ist (Art. 53, 54, 56, 58), Staats- bezw. Verfassungsgesetze geworden, so daß sie einerseits nicht ohne Zustimmung der Landesvertretung, andererseits aber auch nicht ohne die Zustimmung der Agnaten abgeändert werden dürfen.

[2] Die Kognaten sind also ausgeschlossen, selbst im Falle des Aussterbens aller Agnaten. Für diesen Fall kommen die Erbverbrüderungsverträge mit Hessen und Sachsen nicht in Betracht, da sie eine unstatthafte Theilung Preußens vorschreiben. Das fürstliche Haus Hohenzollern ist nicht nachfolgeberechtigt. Also ist in solchem Falle die Thronfolge durch Gesetz zu regeln. Ebenso v. Stengel S. 43, H. Schulze I § 57 S. 180, H. A. Zachariä, Deutsches Staats- u. Bundesr. I § 66.

[3] Eheliche Geburt ist vorausgesetzt. Legitimation per subsequens matrimonium, Adoption und Arrogation genügen nicht. Die Geburt muß aus einer ebenbürtigen und hausgesetzlich gültigen Ehe erfolgt sein. Ebenbürtig ist die Ehe mit den Angehörigen regierender Häuser oder solcher Häuser, die einst regiert haben, sowie ehemals reichsständischer Familien, nicht jedoch reichsgräflicher Familien. Nach den Hausgesetzen ist die Gültigkeit der Ehe dadurch bedingt, daß sie mit Genehmigung des Familienoberhauptes, d. i. des Königs, abgeschlossen ist. Die Eheschließung erfolgt vor einem vom Könige bestellten Standesbeamten (Ges. v. 6./2. 75, RGBl. 23) § 72. Nach Art. 57 EG. z. BGB. finden in Ansehung des Landesherrn und der Mitglieder der landesherrlichen Familien die Vorschriften des BGB. nur insoweit Anwendung, als nicht besondere Vorschriften der Hausverfassungen oder Landesgesetze abweichende Bestimmungen enthalten.

[4] Das bedeutet, daß von mehreren sonst zur Nachfolge Berufenen der Erstgeborene und dessen Abkömmlinge vor den später Geborenen und deren Abkömmlingen ohne Rücksicht auf die Nähe des Verwandtschaftsgrades zum letzten Könige thronberechtigt sind, dergestalt also, daß die Descedenz des älteren Prinzen den jüngeren Prinzen und dessen Descedenz ausschließt. Anderweite

Erfordernisse, z. B. eine bestimmte Konfession, vollständiges Freisein von geistigen und körperlichen Gebrechen, können von dem Könige nicht verlangt werden, vgl. auch Art. 56.

Der Erb- und Kronantritt erfolgt ipso jure im Augenblicke des Todes des letzten Königs; le roi est mort, vive le roi!

Aus Art. 53 in Verbindung mit Art. 2 ergiebt sich die Untheilbarkeit des Preußischen Staates. Die Untheilbarkeit und das Recht der Primogenitur und der agnatischen Linealfolge sind schon in der Goldenen Bulle v. J. 1356 Art. VII §§ 2—4, Art. XXV § 2 für die Kurfürstenthümer ausgesprochen.

[5] Die Thronfolge ist nach Vorstehendem nicht privat-, sondern staatsrechtlicher Natur. Es kann darauf verzichtet, sie kann aber nicht abgetreten werden. Thronfolgeberechtigte haben ein selbst durch verfassungänderndes Gesetz nicht entziehbares angeborenes Recht. Sie müssen aber den Staat in und mit der Verfassung übernehmen, wie sie bei ihrem Thronantritt bestehen; sie sind an alle Regierungshandlungen ihrer Vorgänger gebunden, abgesehen allein von ihrem Successionsrechte; s. Arndt und v. Gerber an den in Anm. 1 bezeichneten Stellen.

Art. 54. Der König wird mit Vollendung des achtzehnten Lebensjahres volljährig.[1]

Er leistet in Gegenwart der vereinigten Kammern das eidliche Gelöbniß,[2] die Verfassung des Königreichs fest und unverbrüchlich zu halten und in Uebereinstimmung mit derselben und den Gesetzen zu regieren.[3]

[1] Entspricht dem älteren Landesrechte und der Goldenen Bulle v. J. 1356 cap. VII § 4.

[2] Der Zeitpunkt der Vereidigung und die Folgen der Unterlassung sind nicht bestimmt. Es wird angenommen, daß der König bald nach der Thronbesteigung den vorgeschriebenen Eid leisten wird. Die Kronrechte sind von der Vereidigung unabhängig, ebenso Zachariä I § 56, v. Gerber, Grundzüge eines Systems des deutschen Staatsrechts § 31, Schulze I § 63, Schwartz S. 157, Bornhak S. 183, Seydel I S. 409. Anders z. B. in Art. 80 der Const. belge.

[3] Seit der Verfassung fanden die Erbhuldigungen nicht mehr statt. Die Proklamation König Wilhems I. v. 3. Juli 1861 (Staatsanz. Nr. 166) behielt indeß das Recht auf dieselben allen Nachfolgern in der Krone vor. An die Stelle der Erbhuldigung setzte König Wilhelm I. die seit König Friedrich I. nicht mehr vorgenommene feierliche Krönung. S. auch Schwartz S. 158.

Art. 55. Ohne Einwilligung beider Kammern kann der König nicht zugleich Herrscher fremder Reiche sein.

Ein solcher Satz fehlte im RegEntw. v. 20. Mai 1848. Die Kommission der NatVers. schaltete ein (Art. 40): „Ohne Einwilligung beider Kammern kann der König nicht zugleich Herrscher eines anderen Staates sein", und zwar mit Bezug auf die Gefahren, welche die Vereinigung mehrerer Kronen auf dem Haupte eines Herrschers über ein Land bringen könne. Die VerfUrk. v. 5. Dez. 1848 ist hier (Art. 53) gleichlautend mit (Art. 55) der VerfUrk. v. 31. Jan. 1850. Nun versteht man im gewöhnlichen Sprachgebrauche unter einem fremden Reiche nicht einen deutschen Partikularstaat, und deshalb bedarf es zur Personalunion eines deutschen Staates mit Preußen nicht der Zustimmung des preußischen Landtages, zu vgl. auch Verhdl. des

AbgH. 1866 I S. 58 ff. Das AbgH. vertrat 1866 bez. des 1865 dem König Wilhelm abgetretenen Lauenburg die unrichtige Auffassung; das Staatsministerium sandte den diesbezüglichen Beschluß des AbgH. diesem mit dem Bemerken zurück, daß es verfassungswidrige Beschlüsse nicht annehmen noch aufbewahren wolle. v. Rönne, Preuß. Staatsr. I S. 163 und § 12 S. 217 f., ebenso Zorn-v. Rönne I § 11, sowie Schwartz S. 159 a. a. O. unterscheiden (ohne Grund), ob der Staat durch Succession oder in anderer Weise an Preußen gekommen sei. Im letzteren Falle habe der König das Land für die Monarchie gewonnen. Die Unrichtigkeit dieser Ansicht ist bereits oben bei Art. 2 dargethan und ergiebt sich auch schon daraus, daß ohne Gesetz die Staatsgrenzen nicht verändert werden können. Der König aber wie jede der beiden Kammern kann solchem Gesetze beliebig die Zustimmung und die Sanktion versagen. Gleicher Ansicht ist v. Stengel S. 37. Die Realunion auch eines deutschen Staates mit Preußen, bezw. die Annexion eines solchen ist gemäß Art. 2 der Verfass. nur durch Gesetz statthaft.

Art. 56. Wenn der König minderjährig[1] oder sonst dauernd[2] verhindert ist, selbst zu regieren,[3] so übernimmt derjenige volljährige Agnat (Art. 53.), welcher der Krone am nächsten steht,[4] die Regentschaft. Er hat sofort die Kammern zu berufen, die in vereinigter Sitzung über die Nothwendigkeit der Regentschaft beschließen.[5]

[1] S. Art. 54.

[2] Was „dauernde Verhinderung", ist Thatfrage, z. B. Gefangenschaft, Verschollenheit, unheilbare Geisteskrankheit, s. Arch. f. öff. Recht Bd. 6 S. 489 ff. Bei vorübergehender Verhinderung entscheidet das freie Er-

messen des Königs über seine Vertretung. In solchem Falle bestimmt Inhalt, Umfang und Dauer der Vertretung der König nach eigenem Ermessen; ebenso Seydel S. 450, v. Gerber, Grundzüge S. 98, H. Schulze I § 72, Schwartz S. 160; vgl. indeß auch Zorn-v. Rönne I S. 242. Ein solcher Stellvertreter ist bloßer Unterthan, hat weder den Schutz noch die Rechte des Souveräns, handelt „im Allerhöchsten Auftrage" und ist verantwortlich für seine Regierungshandlungen; ebenso v. Stengel S. 46.

[3] Oder wenn der letzte Throninhaber oder der vor dem letzten Throninhaber verstorbene nächstberufene Agnat nicht thronfähige, männliche Nachkommenschaft, jedoch eine schwangere Wittwe hinterläßt.

[4] Aus eigenem Recht „von Gottes Gnaden", welches in Art. 56 sanktionirt ist. Dieses Recht ist in Preußen ohne Zustimmung des Agnaten unentziehbar; s. Arndt, Können Rechte der Agnaten auf die Thronfolge nur durch Staatsgesetz geändert werden? S. 4, 23, 25.

[5] Die Kammern (der Landtag) haben also zu entscheiden, ob der Fall der Nothwendigkeit einer Regentschaft vorliegt. Sie dürfen indeß eine solche Entscheidung nur treffen, wenn sie zu derselben durch den nächsten volljährigen Agnaten oder beim Mangel eines solchen durch das Staatsministerium (s. Art. 57) zusammenberufen sind — also nicht aus eigener Initiative. Der Beschluß der Kammern, daß die Regentschaft nicht nothwendig sei, hat keine rückwirkende Kraft, Arndt, Reichsstaatsrecht S. 87.

Art. 57. Ist kein volljähriger Agnat vorhanden und nicht bereits vorher gesetzliche[1] Fürsorge für diesen Fall getroffen, so hat das Staatsministerium die Kammern zu berufen, welche in vereinigter Sitzung einen Regenten[2] erwählen. Bis zum Antritt der Regentschaft von Seiten desselben führt das Staatsministerium die Regierung.

[1] Also nicht bloß durch Königliche Verordnung, s. auch Anm. 1 zu Art. 53 (am Schlusse). Nothverordnung ist nicht ausgeschlossen; s. auch Arch. f. öff. Recht Bd. 6 S. 501.

[2] In der Person des zu Wählenden sind die Kammern nicht beschränkt; derselbe muß regierungsfähig sein. Die Funktionen desselben hören auf, sobald der Thronfolger oder der nächste Agnat (durch Erreichung der Großjährigkeit 2c.) regierungsfähig wird; ebenso v. Stengel S. 46, Schwartz S. 165. Dagegen braucht der zum Regenten bestellte Agnat (Art. 56), auch wenn ein der Krone näherstehender Agnat volljährig wird, an diesen die Regentschaft nicht abzugeben; vgl. hierzu Zorn-v. Rönne S. 2407, Schulze I § 71. Dies folgt u. A. daraus, daß in Art. 56 nicht von „Führen", sondern von „Uebernehmen" der Regentschaft gesprochen wird, nach Art. 57 dagegen ein Agnat nur zu wählen ist, „wenn kein volljähriger Agnat vorhanden ist", die Regentschaft nach Art. 57 auch nur eine ganz subsidiäre und singuläre ist.

Art. 58. Der Regent übt die dem Könige zustehende Gewalt in dessen Namen aus.[1] Derselbe schwört nach Einrichtung der Regentschaft vor den vereinigten Kammern einen Eid, die Verfassung des Königreichs fest und unverbrüchlich zu halten und in Uebereinstimmung mit derselben und den Gesetzen zu regieren.

Bis zu dieser Eidesleistung bleibt in jedem

Falle das bestehende gesammte Staatsministerium[2] für alle Regierungshandlungen verantwortlich.[3]

[1] S. Graßmann im Arch. f. öff. Recht Bd. 6 S. 489 ff. Mit Ausnahme des Titels steht der Regent überall auch in Ansehung der Unverantwortlichkeit (Allerh. Erl. v. 7./10. 58, GS. 537) staatsrechtlich dem Könige gleich, und zwar auch nach Beendigung der Regentschaft, ferner für Regierungs- wie Privathandlungen; vgl. hierzu Zorn-v. Rönne I S. 2407, v. Gerber, Grundzüge, 3. Aufl., S. 109, H. Schulze I S. 221, Bornhak I S. 197, v. Kirchenheim, Regentschaft S. 104, theilweise abweichend G. Meyer § 92; nicht strafrechtlich: denn StrGB. §§ 80, 81, 94, 95 finden nicht auf den Regenten Anwendung, sondern die §§ 96, 97, 100, 101: s. Hugo Meyer, Deutsch. Strafr., 3. Aufl., S. 668. Die deutsche Kaiserwürde ist ein accessorium der Krone Preußen; der Regent übt diese Würde aus, ohne den Titel eines deutschen Kaisers zu führen, Arndt, Reichsstaatsrecht S. 87, Komm. zur Reichsverfassung zu Art. 11. Die Krondotation kommt dem Regenten nicht zu.

[2] Also kann der Regent vor der Eidesleistung das Staatsministerium nicht wechseln, ebenso Zorn-v. Rönne I S. 239, Graßmann l. c. S. 506 ff.; a. M. Bornhak, Preuß. Staatsr. S. 206.

[3] Der Regent ist verpflichtet, den Eid auf die Verfassung zu leisten; doch ist die (an sich verfassungswidrige und daher juristisch unmögliche) Weigerung, den Eid zu leisten, nicht als Verzicht auf die Regentschaft zu betrachten; ebenso Bornhak I S. 206, anderer Ansicht Zorn I S. 238, Schulze I S. 219, Schwartz S. 164. Zuzugeben ist allerdings, daß, wenn der Regent den Eid weigert, er an das bestehende Staatsministerium unbedingt gebunden, mithin in seinen Regierungshandlungen nicht frei ist.

Art. 59. Dem Kron-Fideikommißfonds[1] verbleibt die durch das Gesetz vom 17. Januar 1820.[2] auf die Einkünfte der Domainen und Forsten angewiesene Rente.[3] [4]

[1] Außer dem Kronfideikommißfonds, dessen Zinsen zur freien Verfügung des Königs stehen, beziehen der König und seine Familie Einkünfte aus dem Königl. Haus- und Kronfideikommiß, begründet im Testamente König Friedrich Wilhelms I. v. J. 1733, dem Königl. Prinzlichen Familienfideikommiß, von König Friedrich Wilhelm III. für nachgeborene Prinzen errichtet, und dem von demselben Monarchen mit 5 Millionen Thalern ersparten Krontresor. Diese Fideikommisse haben im Gegensatze zum Kronfideikommißfonds nur privatrechtliche Natur, Schwartz S. 168.

[2] GS. 1820 S. 9 Art. III.

[3] Diese Rente betrug nach dem Ges. v. 17./1. 20 2,500,000 Thlr., wovon 548,240 Thlr. in Gold = 2,573,089²/₃ Thlr., für die bereits durch V. wegen der künftigen Behandlung des gesammten Staatsschuldenwesens v. 17./1. 20 (GS. 9) Art. III die damals dem Staate gehörigen Domänen und Forsten verpfändet sind. Sie ist erhöht durch die Ges. v. 30./4. 59 (GS. 204) um jährlich 500,000 Thlr. u. v. 27./1. 68, betreffend die Erholung der Krondotation (GS. 61) um jährlich eine Million Thaler. Jetzt gilt Ges., betr. die Erhöhung der Krondotation, v. 20./2. 89 (GS. 27): § 1. An den Kronfideikommißfonds wird, außer der durch Art. III der Verordnung wegen Behandlung des Staatsschuldenwesens vom 17. Januar 1820 (GS. 9) auf die Einkünfte der Domänen und Forsten angewiesenen Rente von 7,719,296 Mark und außer der nach § 1 des Ges. v. 30. April 1859 (GS. 204) und nach § 1 des Ges. v. 27. Januar 1868 (GS. 61) zu entrichtenden Rente

im Ganzen 4,500,000 Mark, vom 1. April 1889 ab eine weitere jährliche Rente von drei Millionen und Fünfmalhundert Tausend Mark aus der Staatskasse gezahlt. Im Ganzen beträgt die Kronrente 15,719,296 Mk. Der König hat für den Unterhalt des Königlichen Hauses, des Königlichen Hofstaats und sämmtlicher prinzlichen Hofstaaten aus der Rente des Kronfideikommißfonds und der Kronrente überhaupt zu sorgen. Jedoch ist nicht zuzugeben, wie Schwartz meint (S. 169), daß von Prinzen, Wittwen u. s. w. auf standesgemäße Sustentation, Apanage, Mitgift, Pension u. s. w. vor den Gerichten geklagt und vom Landtage darauf gedrungen werden kann (vgl. auch Schulze, Hausgesetze III S. 621, Bornhak I S. 352, v. Stengel S. 49). Vielmehr ist der König (nur) nach Maßgabe der Hausgesetze von den Familienmitgliedern in Anspruch zu nehmen. Willkürlich kann der König also nicht über die Kronrente verfügen. Daß der ordentliche Rechtsweg vom Könige ausgeschlossen werden kann, folgt auch aus dem Schlußsatze in § 5 EG. z. CPO.

Außerdem sind die in der Nachweisung zum Ges. v. 27./1. 68 (GS. 61) verzeichneten Schlösser nebst Gärten und Parks, sowie nach dem Ges. v. 20./2. 89 (GS. 27) das Schloß zu Kiel nebst Gebäuden und Garten der ausschließlichen Benutzung des Königs, unter Uebernahme der Unterhaltungslast auf den Kronfideikommißfonds, vorbehalten.

---

[4] Würde die an den Kronfideikommißfonds zu zahlende Rente nicht oder nicht ganz in den Etat eingestellt werden oder ein Etat überhaupt nicht zu Stande kommen, so kann der Kronfideikommißfonds gleichwohl die Zahlung der vollen Rente ev. im Wege der Civilklage verlangen, s. auch Anm. 5 zu Art. 47, ferner unten zu Art. 99, s. auch v. Rönne I S. 160 Anm. 3.

Titel IV.

Von den Ministern.

Das Recht, Minister zu ernennen, die Ressorts der einzelnen Ministerien zu bestimmen, hat, innerhalb der Gesetze und des Etats, der König: s. Arndt, Verordnungsrecht § 15, s. auch Gneist, „Gesetz und Budget" S. 43 ff., Bornhak S. 455 f., vgl. auch Sten. Ber. d. AbgH. 1877/78 S. 1645, 1993, 2001, 2027 a. a. O., des HH. 1878/79 S. 521, 524.

Das Ministerium, nach Verordnung v. 27./10. 1810 (GS. 3) eine bureaukratische, ist seit KO. v. 3./6. 1814 (GS. 40) eine kollegialisch eingerichtete oberste Behörde. Nach einer nicht veröffentlichten KO. v. 8./9. 52 soll jeder Minister von dem Gegenstande und der Stunde eines dem Könige zu erstattenden Vortrages dem Ministerpräsidenten zwecks eventueller Anwesenheit beim Vortrage rechtzeitig Mittheilung machen (Schwartz S. 174). Im Plenum sind die in KO. v. 3./11. 1817 (GS. 289) bezeichneten Gegenstände vorzutragen (persönlich durch den Minister oder einen vortragenden Rath, Verordnung v. 3./11. 17 [GS. 291] VIII) und zu verhandeln; s. auch wegen der Landesgestüte KO. v. 15./2. 16 (GS. 101) Nr. 2². Außerdem tritt das Plenum ein in den Fällen der Art. 57, 58, 63 und 111 der VerfUrk., ferner bei Auflösung von Stadtverordnetenversammlungen, Kreis- und Provinziallandtagen (z. B. Städteordnung v. 30./5. 53 (GS. 288) § 79, Kreisordnung v. 13./12. 72 (GS.1881 S. 180) § 179, Provinzialordnung v. 29./6. 75 (GS. 1881. S. 234) § 122 und als oberster Gerichtshof über Dienstvergehen der nicht richterlichen Beamten gemäß Ges. v. 21./7. 52 (GS. 465) §§ 41 ff., 90, s. auch § 28. In gewissen Fällen haben die Minister nach der Verordnung v.

27./10. 10 die Genehmigung des Königs einzuholen, z. B. bei den Entwürfen zu allen Gesetzen, Verfassungs- und Verwaltungsnormen, es mag auf neue oder Aufhebung und Abänderung der vorhandenen ankommen, allen Hauptetats und Plänen, bei Anstellung von Beamten mit Rathscharakter, bei allen Beamten der Gesandtschaften, Rathsernennungen, Etatsüberschreitungen, größeren Gnadenbewilligungen, Veräußerungen unbeweglichen Staatseigenthums. Im Uebrigen aber sind die Minister selbstständig und führen die ihnen anvertraute Verwaltung unter unmittelbarer Verantwortlichkeit gegen den König. Sie sind insbesondere befugt, den Fiskus innerhalb ihres Verwaltungskreises zu berechtigen und zu verpflichten. Die Vertretung des Fiskus in Prozessen liegt den Provinzialbehörden ob (Regierungs-Instruktion v. 23./10. 17 [GS. 248] § 14). Diese bedürfen in den dort § 21 vorgesehenen Fällen zur Gültigkeit der von ihnen abgeschlossenen Geschäfte der ministeriellen Genehmigung. Den Ministern ist das dem Könige zum Erlasse von Verordnungen zustehende Recht nach Maßgabe der Verordnung v. 27./10. 10 und der KO. v. 4./7. 32 (GS. 181) subdelegirt. Die auf Grund dieser Subdelegation bezw. besonders ihnen ertheilter gesetzlicher Ermächtigung erlassenen Verordnungen, welche auch Rechtsnormen aufstellen können, sind rechtsverbindlich, s. ALR. Thl. II Tit. 13 § 16, Arndt, Verordnungsrecht § 17 S. 169 ff., Derselbe in Hirth's Ann. 1886 S. 318, 319 a. a. O., vgl. auch OVG. v. 29./9. 76, E. I 173 ff.

Die Minister sind:

1. der auswärtigen Angelegenheiten, 2. des Krieges, 3. der Justiz, 4. der Finanzen, 5. des Innern (zu 1 bis 5 gemäß Verordnung v. 27./10. 10), 6. der geistlichen, Unterrichts- und Medizinalangelegenheiten, s. AE. v. 3./11. 17 (GS. 289) III, 7. für Handel und Gewerbe, s. AE. v. 17./4. 48 (GS. 109) I, 8. für Landwirthschaft,

Domänen und Forsten, s. AE. v. 25./6. 48 (GS. 109), 9. der öffentlichen Arbeiten, s. AE. v. 7./8. 78 (GS. 1879 S. 25) Nr. 2, 3 und Ges. v. 13./3. 79 (GS. 123).

Die Geschäfte des Ministeriums der auswärtigen Angelegenheiten werden gegen ein Aversum vom „Auswärtigen Amt des Deutschen Reiches" geführt, welches dabei als „Königlich Preuß. Ministerium der auswärtigen Angelegenheiten" zeichnet. Zu seiner Zuständigkeit gehören namentlich die preußischen Angelegenheiten in Bezug auf die übrigen deutschen Bundesstaaten.

Die Kriegsmarine ist Reichssache. Der preuß. Kriegsminister verwaltet die Angelegenheiten des preuß. Heeres und der damit verbundenen Kontingente. Insoweit fungirt der preußische Kriegsminister als eine oberste Reichsbehörde (RGBl. 1899 S. 597). Die Rechnung wird auf Kosten des Reiches geführt (Reichsverfassung Art. 62; der Militärfiskus ist nicht der preußische, sondern der Reichsfiskus, RG. v. 9./3. 88, E. in Civils. XX 148 ff., Arndt, Komm. zu Art. 71 der Reichsverf., Reichsstaatsrecht S. 436, 503 a. a. O.).

Der Justizminister übt die Oberaufsicht über die Rechtspflege aus, er bearbeitet die Begnadigungssachen und die vorläufigen Entlassungen der Strafgefangenen (StrGB. § 25, JMBl. 1871 S. 35, 1879 S. 237), die Legitimation außerehelicher Kinder, sofern es sich nicht um einen adeligen Namen handelt (JMBl. 1870 S. 26), Dispensation von dem zur Annahme an Kindesstatt vorgeschriebenen Alter (JMBl. 1878 S. 97 f., 106 ff.), in Ehesachen, s. Verordnungen v. 24./2. 75 (GS. 97), v. 17./1. 77 (GS. 4), Allerh. Erl. v. 7./9. 79 (JMBl. 366); er hat die Bestimmung des Gerichts bei nichtstreitigen Sachen im Fall des § 20, G. v. 24./4. 78 (GS. 234); er ist Beschwerdeinstanz in den zur Zuständigkeit der Oberlandesgerichte gehörigen Familienfideikommiß-, Lehns- und Stiftungssachen und bildet mit dem Kriegsminister das Militärjustizdepartement.

Der Minister des Innern bearbeitet die Landeshoheitssachen, die Feuerversicherungs-Institute und -Gesellschaften, Pensions-, Aussteuer-, Sterbe- und Krankenkassen, Korporationen, milde Stiftungen, Armen-, Heimaths-, Ein- und Auswanderungssachen, Namensänderungen (s. indeß Anm. 4 zu Art. 50), die Generalien und mit dem Finanzminister auch die Personalien der Bezirksregierungen, mit dem Kriegsminister die Mobilmachungs- und Militär-Ersatzsachen, die Landes- und Lokalpolizei, die Landgendarmerie, die höhere politische, Fremden- und Theater-Polizei, die Feuer-, Sitten- und Lebensmittel-Polizei, das Paßwesen, die Gewerbe-Polizei nach den Allerh. Erl. v. 17./3. 52 und 30./6. 58 (GS. 1852 S. 83, 1858 S. 501), soweit allgemeine polizeiliche Interessen überwiegen, d. i. bei den Tanz-, Fecht-, Schwimmschulen, Badeanstalten, Pfandleihern, Schauspielunternehmungen, Musikern, Kunstreitern, Drehorgelspielern u. s. w. und dem Schankgewerbe, ferner die Zuchthäuser, die ständischen und alle Kommunalangelegenheiten u. s. w., das Juden- und Sektenwesen.

Der Minister der geistlichen Angelegenheiten verwaltet das gesammte Schulwesen mit Einschluß der Universitäten und technischen Hochschulen, das Gesundheitswesen mit Ausschluß des Kriegsmilitär- und Veterinärwesens, die staatlichen Kunstinstitute und die Rechte des Staates den christlichen Religionsgesellschaften gegenüber.

Dem Minister für Handel und Gewerbe unterstehen Handel, Gewerbe, Schiffahrt, Rhederei, Navigationsschulen, Privatbankinstitute, Handels- und Gewerbekammern, Maß- und Gewichtswesen, seit Ges. v. 26./3. 90 (GS. 37) u. Allerh. Erl. v. 17./2. 90 (GS. 35), auch das Berg-, Hütten- und Salinenwesen mit Einschluß der Bergakademien und Bergschulen.

Zum Ressort des Ministers für Landwirthschaft gehören die Landwirthschaft, seit Allerh. Erl. v. 7./8. 78 (GS. 79 S. 25) die Domänen und Forsten, die landwirthschaftlichen Kreditinstitute, die Landesmeliorations- und Kultursachen, die Jagdpolizei, ferner das Deich- und das Veterinärwesen.

Dem Minister der öffentlichen Arbeiten ist die obere Leitung der Staats- und Privateisenbahnen, endlich des Bauwesens übertragen.

Kein Staatsminister, überhaupt kein Staatsbeamter ist der Minister des Königlichen Hauses, Sten. Ber. des Reichstages 1883 S. 347. Dies Ministerium ist durch Allerh. Erl. v. 11./1. 19 (GS. 2) zur Verwaltung der Angelegenheiten des Königl. Hauses und der Königl. Familie errichtet; i. J. 1838 (GS. 10, 11) wurden ihm auch die Thronlehne und Erbämter übertragen, i. J. 1835 (GS. 10) die Domänen und Forsten. Letztere wurden ihm durch Allerh. Erl. v. 17./4. 48 (GS. 109) entzogen, durch Allerh. Erl. v. 3./10. 48 auch die übrigen Staatsangelegenheiten. Durch Allerh. Erl. v. 16./8. 54 (GS. 516) erhielt es die Standessachen zurück. S. auch v. Stengel S. 39.

Der Staatsrath, geschaffen durch Verordnung v. 27./10. 10 (GS. 3), ist eine berathende Behörde, welche gemäß Verordnung v. 20./3. 17 (GS. 67) u. A. über alle Gesetze, Verfassungs- und Verwaltungsnormen Gutachten auf Erfordern des Königs abgeben soll. J. J. 1848 stillschweigend außer Thätigkeit gesetzt, ist er durch Allerh. Erl. v. 12./1. 52 (BMBl. 21) wieder gemäß Art. 109 der VerfUrk. hergestellt worden. Die Zusammensetzung des Staatsraths, dessen Mitglieder vom Könige berufen werden, ergiebt sich aus der Verordnung v. 20./3. 17. Mitglieder sind namentlich die volljährigen Prinzen, die aktiven Minister, Oberpräsidenten und kommandirenden Generale, die Chefs des Civil- und Militärkabinets, der Präsident der Ober-Rechenkammer und die aus Allerhöchstem Vertrauen Berufenen. Der Präsident des Staatsraths darf nach der KO. v. 9./12. 27 (GS. 1828 S. 5), auch wenn er nicht Minister ist, den Sitzungen des Staatsministeriums beiwohnen. Vorsitzender ist der König, oder wen der König dazu ernennt.

Art. 60. Die Minister, so wie die zu ihrer Vertretung abgeordneten Staatsbeamten [1] haben Zutritt zu jeder Kammer [2] und müssen auf ihr Verlangen [3] zu jeder Zeit [4] gehört werden.[5]

Jede Kammer kann die Gegenwart der Minister verlangen.[6]

Die Minister haben in einer oder der anderen Kammer nur dann Stimmrecht, wenn sie Mitglieder derselben sind.

[1] Auch deren Assistenten.

[2] Auch zu jeder Kommission oder Abtheilung, Geschäftsordnung f. d. Herrenhaus § 19, f. d. Abgeordnetenhaus § 30.

[3] Sie können also nicht ohne Weiteres das Wort ergreifen, doch muß ihnen dieses sofort ertheilt werden, s. Anm. 4.

[4] Außerhalb der Rednerliste, sofort, nach Beendigung der gerade gehaltenen Rede, auch noch nach Schluß der Debatte; alsdann gilt die Debatte für wiedereröffnet.

[5] Unstreitig ist, daß ein Minister oder ein Regierungskommissar, wenn sie als solche sprechen, der Disziplinargewalt des Landtagspräsidenten insoweit nicht

unterliegen, als gegen sie keine formelle Rüge ausgesprochen werden kann, ebenso Schwartz S. 190. Die Frage, ob sie vom Präsidenten unter Berufung auf die ihm angeblich zustehenden Disziplinar-Befugnisse unterbrochen und auf den parlamentarischen Brauch hingewiesen werden können, ist vom AbgH. bejaht (vgl. Sten. Ber. 1863 II S. 1265 ff., derselben Ansicht H. Schulze, Preuß. Staatsr. I S. 629), vom Könige und vom Staatsministerium verneint worden (vgl. Sten. Ber. d. AbgH. 1863 Bd. II S. 1262 ff., 1322 f.). Die letztere Auffassung ist die richtige. Denn eine derartige Unterbrechung ist eine thatsächliche Rüge, beeinträchtigt die Redefreiheit und enthält eine tadelnde Kritik gegenüber dem Vertreter eines dem Landtage keineswegs untergeordneten Faktors der Gesetzgebung. Es fehlt an jeder rechtlichen Legitimation, einem Regierungsvertreter Vorhaltungen zu machen. Auch hat der Präsident des Hauses oder dieses selbst nicht darüber zu urtheilen und den Minister zu unterbrechen, wenn er vermeintlich zum Verfassungsbruch, zu einer strafbaren Handlung auffordert oder die Gebote des Anstandes übertritt (Ansicht von Schwartz l. c.). Vielmehr können sie sich nur bei der Krone darüber beschweren, vgl. auch Arndt, Komm. zu Art. 27 der Reichsverf., Reichsstaatsrecht S. 151 f.

[6] Umgekehrt sind die Minister nicht in allen Fällen verpflichtet, Auskunft zu ertheilen, sondern nur, soweit ein besonderer Verpflichtungsgrund vorliegt (z. B. Art. 81 letzt. Abs., 104).

Art. 61. Die Minister können durch Beschluß einer Kammer wegen des Verbrechens der Verfassungsverletzung, der Bestechung und des Verrathes angeklagt werden. Ueber solche Anklage entscheidet der oberste Gerichtshof der Monarchie in vereinigten

Senaten. So lange noch zwei oberste Gerichtshöfe bestehen, treten dieselben zu obigem Zwecke zusammen.

Die näheren Bestimmungen über die Fälle der Verantwortlichkeit, über das Verfahren und über die Strafen werden einem besonderen Gesetze vorbehalten.

Da das in Abs. 2 vorbehaltene Gesetz noch nicht ergangen ist, so kann die in Art. 62 den Kammern eingeräumte Befugniß bis auf Weiteres nicht ausgeübt werden. Es fehlt das Organ, welches die Anklage vor dem Gerichtshofe vertritt (worauf Gneist im Berichte des AbgH. 1865 Anl. III 2065 Gewicht legt); überdies (v. Stockmar in Aegidi's Zeitschrift Bd. I S. 182 und v. Rönne § 157 Bd. II S. 356 ff.) ergiebt sich aus Inhalt und Entstehung des Art. 61, daß bis zum Erlasse des Ministerverantwortlichkeitsgesetzes das Anklageverfahren nicht durchgeführt werden soll. Das ist schon deshalb unmöglich, weil ja dieses Gesetz erst die Strafen festsetzen soll. So auch Fürst Bismarck im AbgH. am 22. April 1863, Sten. Ber. II S. 952; Allerhöchste Botschaft v. 26. Mai 1863 das. S. 1322. Selbstredend sind die Minister von den Strafgesetzen nicht eximirt, sie können also strafgerichtlich verfolgt werden, soweit sie gegen das Strafgesetz verstoßen (z. B. wegen Bestechung, Zweikampfes). Das Ges., betr. die Konflikte u. s. w., v. 13./2. 54 (GS. 80) findet auf Staatsminister keine Anwendung, da es eine diesen „vorgesetzte Provinzial- oder Centralbehörde" im Sinne des § 1 dieses Ges. nicht giebt, welche den Konflikt erheben könnte. Also kann auch das OVG. gemäß § 114 des Ges. über die allgemeine Landesverwaltung v. 30./7. 83 (GS. 195) keine Vorentscheidung darüber treffen, ob sich ein Minister „einer Ueberschreitung seiner Amtsbefugnisse oder der Unterlassung einer ihm obliegenden Amtshandlung schuldig gemacht habe" (anderer Ansicht Bornhak S. 143).

Da Reichsrecht dem Landesrecht vorgeht, kommen u. A. die §§ 80 bis 93 (Hoch- und Landesverrath) und 331, 332 (Bestechung) des StrGB.'s auf die Minister zur Anwendung. Soweit es sich nicht um reichsrechtlich geregelte Gebiete handelt, kann die Landesgesetzgebung neue Normen aufstellen über Bestrafung oder Ersatzpflicht der Minister wegen Verfassungsverletzung, z. B. absichtlicher Etatsüberschreitungen. Es ist falsch, daß, wie Bornhak S. 144 behauptet, § 2 EG. z. StrGB. ein besonderes Landesstrafrecht nur noch auf den dort Abs. 2 genannten Gebieten zuläßt. Ebenso unrichtig ist der von Bornhak S. 145 aufgestellte Satz, daß ein Ministerverantwortlichkeitsgesetz, welches natürlich nur auf die nicht schon im StrGB. geregelten Angelegenheiten Bezug haben dürfte, keinen Gerichtshof zur Entscheidung über die Ministeranklage oder kein besonderes Verfahren bestimmen könnte; denn die StrPO. findet (EG. § 3) nur Anwendung auf die Angelegenheiten, welche vor die ordentlichen Gerichte gehören; ein solches ist nicht der in Art. 61 genannte Gerichtshof, folglich sind die auf Art. 61 bezüglichen Vorschriften prozeßrechtlicher Art nicht gemäß § 6 das. außer Kraft getreten. Auch § 16 GVG., der Ausnahmegerichte verbietet, steht nicht entgegen, da sich dieser Paragraph wie das GVG. überhaupt nur „auf die ordentliche streitige Gerichtsbarkeit" (EG. § 2) und nicht auf Ministeranklage bezieht. Es stehen also staatsrechtliche Bedenken einem Ministerverantwortlichkeitsgesetze nicht entgegen. S. auch v. Stengel S. 101 f.

Titel V.

Von den Kammern.

Art. 62.[1] Die gesetzgebende Gewalt[2] wird gemeinschaftlich durch den König und durch zwei Kammern ausgeübt.[3]

Die Uebereinstimmung des Königs und beider Kammern ist zu jedem Gesetz erforderlich.[4] [5]

Finanzgesetz-Entwürfe[6] und Staatshaushalts-Etats werden zuerst der zweiten Kammer vorgelegt;[7] letztere werden von der ersten Kammer im Ganzen angenommen oder abgelehnt.[8] [9]

[1] Soweit die gesetzgebende Gewalt auf das Reich übergegangen ist, kann der preuß. Staat Gesetze nicht mehr erlassen (Einl. S. 44 f.).

[2] Broicher, Appellationsgerichtrath zu Köln, Vertreter der Lehre von der Trennung der Gewalten, Berichterstatter der II. Kammer zu Theilen des Verfassungswerks, definirte am 26./1. 1850 (Sten. Ber. 2119): „Die ganze Bedeutung der gesetzgebenden Gewalt besteht doch nun wohl unstreitig darin, daß die Beschlüsse der drei Faktoren, welche sie bilden, wenn sie in der vorgeschriebenen Form publizirt sind, überall und unter allen Umständen als Gesetze gelten" (also nicht Gewalt, Rechtsnormen zu geben). Broicher betont dabei, daß die gesetzgebenden Faktoren die höchste Gewalt seien. Gesetz ist also nicht, was eine Rechtsnorm darstellt, sondern was von der höchsten Gewalt ausgeht, ohne Rücksicht auf seinen Inhalt; vgl. auch Bericht der Komm. der II. Kammer zu Tit. V der Verfassung (Sten. Ber. 1849 S. 793 ff.). Regierungskommissar Delius am

26./1. 49 in der I. Kammer (Sten. Ber. S. 2318) zum Ges. über die Polizeiverwaltung bemerkte, bei dem Erlasse von Polizeiverordnungen (also Rechtsnormen) handele es sich um etwas wesentlich Verschiedenes von der eigentlichen Legislative. Hansemann am 29./1. 50 (in Sten.Ber. der I. Kammer) betonte, daß Art. 106 die Wirkung habe, königliche Verordnungen seien, wenn gehörig publizirt, als Gesetze zu betrachten, womit doch nur gemeint sein kann, daß sie an sich minder starke Rechtsnormen seien, aber zu Akten der gesetzgebenden Gewalt, d. h. unbedingt verbindlich werden. Die gesetzgebende Gewalt wird dagegen von G. Meyer S. 461, P. Laband, Preuß. Budgetrecht S. 2 ff., 10, Derselbe, Deutsches Staatsr. I S. 512 f., H. Schulze, Reichsstaatsr. I S. 530, Derselbe, Preuß. Staatsr. II S. 7 ff., 26 ff., im materiellen Sinne, nämlich als identisch aufgefaßt mit der Gewalt, „Rechtssätze anzuordnen". Diese Auffassung stützt sich auf die geschichtliche Entwickelung besonders in Preußen, nämlich auf die Behauptung, daß das Wort „Gesetz" älter sei als die Verfassung, mithin ehemals keinen Zusammenhang mit den Rechten der Volksvertretung hätte haben können und die Anordnung eines Rechtssatzes (im Gegensatze zum Gewohnheitsrechte) ausgedrückt habe. Allein in Preußen hieß vor der Verfass. nicht jede Anordnung eines Rechtssatzes Gesetz, sondern nur die vom Landesherrn getroffene und in bestimmter Form verkündete Anordnung. Die überaus zahlreichen Rechtssätze, welche von den Central-, Provinzial- und Lokalbehörden, von Staatsorganen oder Korporationen aufgestellt sind, hießen „Verwaltungs- oder Kontrolevorschriften" (Zoll-, Steuer- und Finanzsachen), „Regulative" (hauptsächlich in Schul- und Finanzsachen), „Instruktionen, Verordnungen" (in Polizeisachen), sogar „Verfügungen". Alle diese, welche für die Unterthanen verpflichtend waren und sind, und deren Nichtbefolgung häufig mit gerichtlichen Strafen bedroht war und ist, werden stets als durchaus verschieden von den „Gesetzen“ aufgefaßt, mit denen sie nicht im Widerspruch stehen sollen. Die Finanzminister der zum Zollvereine gehörigen Staaten haben auf den Zollvereinigungskonferenzen zahlreiche Rechtssätze vereinbart und in ihren bez. Staaten durch die Verordnungsblätter zur allgemeinen Nachachtung befohlen. Niemand aber hat dieses Recht der Minister (welches jetzt auf den Bundesrath übergegangen ist) vor wie nach 1850 als ein Gesetzgebungsrecht aufgefaßt oder bezeichnet (s. Arndt, Verordnungsr. S. 27 ff., 36 ff., Derselbe im Arch. f. öff. Recht 1886 S. 534 f.). Die Gesetze, z. B. die Verordnung wegen verbesserter Einrichtung der Provinzialbehörden v. 26. Dez. 1808 (GS. 1806/10 S. 464), die Reg.-Instr. v. 23./10. 17 (GS. 248), das Rheinische Ressortreglement v. 20. Juni 1818 § 32, die KO. v. 4./7. 32 (GS. 181), das Ges. über die Polizeiverwaltung v. 11./3. 50 (GS. 265) § 15 erkennen die Nichtidentität von „Gesetz“ und „Rechtsnorm“ durch die Vorschrift an, daß die auf Grund dieser Gesetze erlassenen Rechtsnormen nicht mit den „Gesetzen“ in Widerspruch stehen dürfen; s. auch oben Anm. 1 und 2 auf S. 2. § 15 des Ges. v. 11./3. 50 ist dem belgischen Recht entnommen (Sten. Ber. I. Kammer 1849 S. 2316), das vorschreibt: „Polizeiverordnungen der Gemeinden dürfen weder in Widerspruch zu den „lois“ (den Akten der gesetzgebenden, d. i. der höchsten Staatsgewalt) noch zu Verordnungen der Provinzialbehörden stehen.“ Die Zollverträge, z. B. v. J. 1833, behalten den „Gesetzen“, da diese in vielen Staaten der Genehmigung des Landtages bedurften, nur die fundamentalen und prinzipalen, die minder wichtigen Rechtsnormen dagegen den „Verwaltungsvorschriften“ vor, welche überall Rechtssätze aufstellen, deren Nichtbefolgung finanzielle und strafrechtliche Wirkungen hat. Ebenso zweifellos versteht das Wort

„Gesetz" im Ges. v. 3./4. 46 (GS. 152) nicht jede Rechtsnorm, die ein Minister, eine Regierung u. s. w. erlassen. Alleiniger Gesetzgeber im absoluten Staate war der König, aber nicht alleiniger Erlasser von Rechtsnormen.

Zweifellos ist „loi" nach französisch-belgischem Rechte ein rein formeller Begriff; auch die décrets, arrêtés, règlements und vor Allem die règlements d'administration publique enthalten Rechtsnormen, Block, Dictionnaire de l'administration française s. m. loi, décret, règlement, arrêté, A. Giron, Le droit administratif de la Belgique, Bruxelles 1881 vol. 77, 80, Jellinek, Gesetz und Verordnung S. 81 ff. u. a. m., s. auch art. 544 des Code civil: „La propriété est le droit de jouir et de disposer des choses — pourvu qu'on n'en fasse pas un usage prohibé par les lois ou par les règlements." Auch aus dem Satze der V. v. 27./10. 1810 (GS. 3), daß alle Gesetze, Verfassungs- und Verwaltungsnormen, es mag auf neue oder Aufhebung und Abänderung der vorhandenen ankommen, an die Zustimmung des Königs gebunden seien, folgt nicht, wie Schwartz S. 197 meint, die Identifizirung von Gesetz und Rechtsnorm. Verfassungsvorschriften betreffen z. B. Volksvertretung, Provinzialstände; allgemeine Verwaltungsnormen z. B. die Organisation der Ober- und Regierungspräsidien, Konsistorien u. s. w.; alle diese sollten die Minister nicht allein ordnen. Rechtsnormen irgend welcher Art anzubefehlen ist ihnen nicht verboten; das Gegentheil ist klar ausgesprochen in der KO. v. 4./7. 32, betr. die Befugniß der Minister zum Erlasse solcher Verfügungen, welche das Gesetz nicht ändern oder nicht eine gesetzliche Deklaration enthalten (GS. 1832 S. 181); Gesetz ist hier die vom Könige getroffene Anordnung. Thatsächlich haben die Minister namentlich in Zoll-, Steuer- und Schulsachen ungezählte Rechtsnormen erlassen. Sowohl das Generaldirektorium von 1810 wie später das Staatsministerium haben bis zum Ges. v. 11./3. 50 (GS. 265) Polizeiverordnungen, also Rechtsnormen erlassen; s. Förstemann, Prinzipien des preuß. Polizeirechts 1869 S. 141 f., Rosin, Polizeiverordnungsrecht S. 39, Staatsministerialbeschluß v. 7./1. 45 (JMBl. Bd. 7 S. 34, VMBl. Bd. 6 S. 40), so z. B. sind die Eisenbahnpolizeireglements sogar noch bis zum Jahre 1870 von den Ministern des Innern und dem Ressortminister erlassen worden.

Der Absatz 1 in Art. 62 ist hiernach rein formell, d. h. dahin zu verstehen, daß, wo ein Akt der gesetzgebenden Gewalt erforderlich ist, dieser Akt nicht mehr, wie vor der Verfassung allein vom Könige, noch auch wie in Frankreich und England nur von den beiden Kammern, oder gar nur, wie die Linke 1848 wollte, nur von der Volksvertretung, sondern vom Könige nur noch in Gemeinschaft mit dem Landtage vorgenommen werden darf. Wo materiell ein Akt der Gesetzgebung erfordert wird, bestimmt sich nach dem Inhalte der Verfassung (vgl. Art. 2, 3, 5, 6, 7, 8, 9 u. s. w., 86, 99 a. a. O.). Soweit ein Gesetz nicht gefordert wird (dies ist nur noch auf vereinzelten Gebieten und in beschränktem Umfange der Fall), ist die Gewalt der Krone bezw. ihrer Organe zum Erlasse von Rechtssätzen bestehen geblieben, z. B. in Schulangelegenheiten, s. Arndt in der Zeitschr. f. öff. Recht 1886 S. 512 f., 1900 Juliheft.

Bornhak S. 483, der in der hauptsächlichen Argumentation und in den Endergebnissen lediglich den Inhalt der hier und in Arndt's Verordnungsrecht entwickelten Sätze wiederholt, behauptet abweichend von denselben unter Bezug auf § 7 der Einl. z. ALR., daß „Gesetze“ im absoluten Staate Preußen alle Rechtsnormen waren, welche die besonderen Rechte und Pflichten der Bürger bestimmen. Dies ist irrig; denn einmal enthält § 7 keine Begriffsbestimmung, sondern nur die instruktionelle Vorschrift darüber, was der Gesetzgebungskommission zur Prüfung vorgelegt werden soll; sodann giebt es wohl kaum eine Verordnung der Minister, der Regierungen u. s. w., welche nicht „besondere Rechte und Pflichten der Bürger" bestimmt, und doch nannte man solche Verordnungen nicht Gesetze, wenigstens nicht im Sinne der Verordnung v. 27./10. 1810 (GS. 3) oder des Ges. v. 3./4. 46 (GS. 152); ebenso Anschütz, die gegenwärtigen Theorien S. 65, namentlich unter Bezug auf den Ursprung des § 7 aus dem Patent v. 29. Mai 1781 (Novum corpus constit. VII 337 ff.). Auch ist falsch, daß „Gesetz" die Normen des Straf-, Privat- und Prozeßrechts umfaßt; denn in den „Verordnungen", die mit den „Gesetzen" nicht in Widerspruch stehen sollen, ist ein guter, quantitativ der größte Theil des Strafrechts enthalten. Wenigstens seit der Verordnung über die Publikation der Gesetze u. s. w. v. 26./10. 10 galt als „Gesetz" in Preußen Alles und nur das, was des Königs Unterschrift trug und in der für „Gesetze" vorgeschriebenen Form verkündet wurde, Koch, Preuß. Privatr. 3. Aufl. I § 22. Rechtssätze aller Art finden sich mit der Unterschrift der Minister, Regierungen u. s. w. in den verschiedensten Verwaltungsblättern, welche ebenfalls unbeschadet der „Gesetze" besondere Rechte und Pflichten der Bürger festsetzten. Da sie des Königs Unterschrift nicht tragen, auch nicht wie Gesetze verkündet sind, stehen sie diesen nach; sie sind nicht wie diese unbedingt, sondern nur verbindlich, soweit sie mit diesen nicht im Widerspruch stehen, sie können auch keine höheren Strafen androhen, als in den „Gesetzen" zugelassen ist u. s. w.

Nach dem Ges. v. 3. Juni 1823 (GS. 129) § 2 sollten den Provinzialständen nur die Gesetze zur Begutachtung vorgelegt werden, welche „Veränderungen in Personen- und Eigenthumsrechten — zum Gegenstande haben —". Die Staatsregierung rechnete hierzu

u. A. prozeßrechtliche Gesetze nicht und legte daher z. B. die Verordnung über das Verfahren in Ehesachen v. 28./6. 44 (GS. 184) den Provinzialständen zur Begutachtung nicht vor. Die Verordnung v. 6./4. 48 (GS. 87) wollte den künftigen Volksvertretern die Zustimmung zu allen (auch prozeßrechtlichen) Gesetzen überweisen, und dies ist im Art. 62 der VerfUrk. geltendes Recht geworden. Die Verhandlungen des Vereinigten Landtages 1847 und 1848, sowie diejenigen der Revisionskammern über den heutigen Art. 62 ergeben, daß man durchaus nicht „Rechtsatz" mit „Gesetz" gleichstellte und verfassungsmäßig „Rechtsnormen" nur noch mit Zustimmung des Landtages gestatten wollte (vgl. u. A. Verhandlungen der I. Kammer 1849 S. 1315 f.).

Wie im Februar 1887 um das Septennat stritt man sich in den Jahren 1848 und 1849 um das sog. „Veto" des Königs, darum nämlich, ob und welche Macht noch der Krone bei der Gesetzgebung zustehen sollte, und dieser Streit erklärt Fassung und Inhalt des Art. 62. Daß an den Satz „Rechtsnormen aller Art dürfen fortan nur mit Zustimmung des Landtages aufgestellt werden," damals Niemand gedacht hat, wird man leicht feststellen, wenn man sich die Mühe geben wird, die Verhandlungen der Kammern und ihrer Kommissionen, z. B. über die Art. 45, 62, 63 und 106 der VerfUrk. nachzulesen. Wäre man von jenem Satze ausgegangen, so hätte man zum Mindesten den (für den wichtigsten gehaltenen) Titel „von den Rechten der Preußen" fortlassen können und müssen.

Zu denselben Ergebnissen gelangt v. Stengel S. 167 f. In der That sind außerordentlich viele und wichtige Verordnungen mit Gesetzesinhalt erlassen, die sich nicht auf eine gesetzliche Ermächtigung zurückführen, freilich solche, bei denen 1850 der Rechtsweg ausgeschlossen war: fast das ganze

Militärrecht: Disziplinarstrafverordnungen, Verfahren bei Ehrengerichten, Marschverpflegungs-, Besoldungs-, Reise-, Umzugs-, Verpflegungskosten, die ganze Versorgung der Invaliden, Soldatenwittwen u. s. w., ferner fast das ganze Schulwesen (auch Universitätswesen), das Telegraphenwesen, große Theile des Eisenbahnwesens, des Postwesens u. s. w. Die gesetzgebenden Körperschaften, welche im Unterschiede von den Behörden darüber allein zu entscheiden haben (VerfUrk. Art. 106), haben das gewußt, geduldet, gewollt und damit als gültig und richtig zugegeben.

Eine eingehende Widerlegung der vorstehenden Ausführungen versucht Anschütz, Die gegenwärtigen Theorien u. s. w. Zuerst verkennt Anschütz, daß „Gesetz" im vorkonstitutionellen Rechte und im (äußerlich betrachtet) vorbildlich gewesenen belgisch-französischen Rechte ein formeller Begriff war, so daß schon hieraus folgt, die praktischen Männer, welche die preußische Verfassung zu Stande brachten, haben mit dem Worte „Gesetz" oder „gesetzgebende Gewalt" keinen anderen, rein theoretischen Begriff verstanden. Dieselben Faktoren und Personen, welche die Verf. zu Stande brachten, beschlossen § 15 des Ges. über die Polizeiverwaltung v. 11./3. 50 (GS. 265), der klar zeigt, daß „Gesetz" ein formeller Begriff war. Es ist thatsächlich richtig, daß Civil- und Strafjustiz (unmittelbar oder mittelbar) durch Gesetz und nicht durch selbstständige Verordnung zu regeln sind; dies folgt aber nicht aus Art. 62, sondern aus den Art. 5, 6, 7, 8, 9, 86, 89 a. a. O. (s. auch unten zu Art. 86), die ganz überflüssig und sinnlos wären, wenn „Gesetz" im Sinne des Art. 62 ein materieller Begriff wäre.

„Gesetz" hat in Art. 8 (s. oben) und in Art. 86 (s. weiter unten) nur formelle Bedeutung. Uebrigens giebt Anschütz die Begründung der herrschenden

Theorien durch Laband auf, welche darin besteht, daß, wenn „Gesetz" formellen Sinn hätte, Art. 62 eine Tautologie wäre. Zwar haben, worauf Anschütz hinweist, Reichensperger gelegentlich, nämlich zu Art. 48 (von den Staatsverträgen), und Stahl zu Art. 63 (von den Nothverordnungen) Bemerkungen gemacht, welche bei oberflächlicher Betrachtung anders gedeutet werden können. Indeß wollte Reichensperger nur sagen: Zollvereinigungs-Verträge, Verträge über Zucker- und Salzsteuer u. dergl., die Steuern auferlegen und verändern und Strafandrohungen enthalten, soll die Regierung nicht ohne Landtagsgenehmigung eingehen, ebensowenig Verträge, durch welche Preußen Leistungen für fremde Eisenbahnen, Festungen übernimmt; nicht aber, daß sie überhaupt keine Rechtsnormen in den Verträgen aufstellen dürfe. Solche sind z. B. unter allgemeiner Billigung und thatsächlich in den internationalen Eisenbahn-, Post-, Telegraphenverträgen (ohne Landtagsgenehmigung) enthalten über Höhe der Porti und Gebühren, Garantieleistung für Beschädigung, Verspätung, Lieferungsfristen u. dergl. s. auch zu Art. 48. Unter „materiellem Recht" im Gegensatz zum „formellen Gesetz" verstand Reichensperger am 26./1. 49 (Sten. Ber. der II. Kammer 1849 S. 875), was man als lex nata im Gegensatz zur lex scripta versteht, nicht aber Rechtsnorm zu Verwaltungsnorm. Die zur sedes materiae gemachten Aeußerungen von Kisker (dem früheren liberalen Justizminister) am 29. Jan. 1850 (Vhdl. der I. Kammer S. 2375), von v. Daniels, Mitglied der Verfassungskommission der Nationalversammlung, ebendort am 3. November 1849 (Sten. Ber. S. 315), des liberalen Abgeordneten Fischer ebendort (Sten. Ber. S. 1318) und des Justizministers Simons (ebendort S. 321) beweisen, daß Gesetz und Rechtsnorm nicht identisch sein und Verordnungen auch Rechtsnormen enthalten sollten. Sogar der Abgeordnete der liberalen Minderheit in der I. Kammer Fischer sagte: „Vermöge des der Regierung zukommenden unbeschränkten Verwaltungsrechts kann es keinem Zweifel unterliegen, daß ihr die Befugniß zusteht, Verordnungen, welche die Verwaltung betreffen — und dazu gehören die im Bericht bezeichneten Veränderungen, wie Pferde-Ausfuhrverbote, Zolleinrichtungen u. s. w. —, zu erlassen. Daß ein Pferde-Ausfuhrverbot eine allgemeine und erzwingbare Rechtsnorm darstellt, kann aber nicht geleugnet werden." Aber weiter: Am 28. Dezember 1848 (GS. 1849 S. 81) erging das Reisekosten-Regulativ für die Armee, nicht auf Grund Art. 105 der Verf. v. 5./12. 48, also nicht als Nothverordnung, sondern als selbstständige Königl. V. Obgleich dieses Regulativ zweifellos Rechtsnormen enthielt, blieb seine Gültigkeit unangefochten. Dieselben Faktoren und Personen, welche die preuß. Verf. fertigstellten, wußten, daß die KO. v. 28./12. 50 (Mil. Wochenbl. 51 S. 52) u. 27./5. 52 (GS. 441), die sog. Stiehl'schen Schulregulative Rechtsnormen der allerwichtigsten Art enthielten, ohne deren formelle Gültigkeit zu bemängeln. Die Nothverordnung über die Gewerberäthe v. 9./2. 49 (GS. 93) war nöthig (eine bloße KV. genügte nicht), schon weil sie Strafbestimmungen enthielt, ohne welche sie undurchführbar wäre (§§ 74 ff.), Strafen aber nach Art. 8 nur gemäß formellen Gesetzen angedroht oder verhängt werden können. Das Straf- und bürgerliche Recht wie das Prozeßrecht können schon wegen Art. 86, 89 nur durch Gesetz geändert werden; s. weiter unten zu Art. 86. Aus den einzelnen Vorschriften der Verf., besonders den Art. 5, 6, 7, 8, 9, 86, 89, ergiebt sich **indirekt**, daß das, was man als das gemeine Civil- und Strafrecht, gemeines bürgerliches und gemeines Strafverfahren zu bezeichnen pflegt, allerdings auch in Preußen nur durch formelles Gesetz, unmittelbar durch die drei gesetzgebenden Faktoren oder mittelbar in Gemäßheit eines solchen Gesetzes geregelt werden kann, daß also insoweit die citirten Bemerkungen Reichensperger's und Stahl's im Großen und Ganzen thatsächlich richtig sind.

Ausschlaggebend dürfte endlich folgende Erwägung sein: Der König von Holland übte auf dem gesetzfreien Gebiet s. Zt. das selbstständige Verordnungsrecht aus. Da man dies in Belgien ausschließen wollte, begnügte man sich hier nicht bloß mit Sätzen, daß die gesetzgebende Gewalt gemeinschaftlich von der Krone und den Kammern ausgeübt werde, und daß Strafen, Steuern, Beschränkungen der Preß- u. Vereinsfreiheit u. s. w. nur in Gemäßheit eines Gesetzes eingeführt werden dürfen, sondern man fügte zum holländischen Recht die beiden Sätze hinzu: 1. der König habe nur vom Gesetzgeber abgeleitete Rechte und 2. „il faut, que chaque arrêté prenne sa source dans une loi." Trotz der genauesten Kenntniß und steten Berücksichtigung des belgischen Rechts unterließ man in Preußen die Aufnahme dieser beiden Sätze mit Vorbedacht, weil man sie nicht wollte, weil man ein preußisches, kein belgisches Königthum wünschte.

Zur gesetzgebenden Gewalt gehört die Befugniß, Gesetze aufzuheben, abzuändern, authentisch zu erklären, Dispense, Exemtionen von den Gesetzen zu bewilligen. Folglich kann der König derartige Akte nur noch dann vornehmen, wenn ihm hierzu Ermächtigung im Gesetze ertheilt ist (s. Arndt, Verordnungsr. S. 32, 228 ff. a. a. O.); ebenso v. Stengel S. 172.

Statuten, welche nach verfassungsmäßigem Recht ihre verbindliche Kraft durch die landesherrliche Bestätigung erhalten, oder welche der Landesherr nach diesem Rechte erläßt, kann derselbe auch ferner ohne

Mitwirkung des Landtags bestätigen oder erlassen, soweit nicht die Verfass. entgegensteht (vgl. Sten. Ber. d. HH. 1866 Bd. II S. 742 f., Bd. III S. 418 ff.).

Privilegien als Ausnahmen von konstitutionell erlassenen Gesetzen kann der Monarch nach Vorstehendem einseitig nicht mehr erlassen. Im Uebrigen steht ihm das Recht, Privilegien zu ertheilen, zu, aber nur, soweit nicht die Verfassung (insbes. Art. 62) entgegensteht. Der Monarch kann deshalb keine Steuerbefreiung ertheilen, da dies gegen Art. 101, kein Gewerbeprivilegium, da dies gegen die Gewerbeordnung v. 21./6. 69 (RGBl. 1883 S. 177), kein Bergwerksprivilegium, da dies gegen das Allgem. Bergges. v. 24./6. 65 (GS. 705) verstoßen würde. S. auch v. Stengel S. 171.

[3] Art. 62 der VerfUrk. bezieht sich insoweit nicht auf die rein kirchlichen Angelegenheiten, als reine Kirchengesetze ohne Zustimmung des Landtages erlassen werden. Letzteres ist in dem Umfange nach Anm. 2 zulässig, wie nicht die Verfassung ein Gesetz für gewisse Anordnungen fordert. Da die Verfassung z. B. für gerichtliche Strafen ein Gesetz fordert (Art. 8), so kann ein ohne Zustimmung des Landtages ergehendes Kirchengesetz keine gerichtlichen Strafen festsetzen, auch nicht bestimmen (Verfassung Art. 9), daß Privatgebäude zu Kirchenzwecken abzutreten sind, u. s. w.

[4] Mit Abs. 2 ist im Gegensatze zu dem Verfassungsentwurf der preuß. Nationalversammlung festgestellt worden, daß zu jedem Gesetze die Uebereinstimmung jedes der drei Faktoren erforderlich ist, und nicht etwa die Zustimmung des Königs entbehrlich ist, wenn ein Gesetzesvorschlag drei Mal hinter einander vom Landtage angenommen ist. Mit anderen Worten: Abs. 2 enthält das sog. absolute Veto der Krone (Arndt, Verordnungsr. S. 33, s. auch v. Rönne I S. 355 Anm. 1). An den Satz vieler Staatsrechts-

lehrer (Laband, G. Meyer, H. Schulze), daß mit Abs. 2 hat bestimmt werden sollen, jeder Rechtssatz dürfe fortan nur noch von der Gesetzgebung erlassen werden, hat bei der Schaffung der VerfUrk. kein Mensch gedacht.

[5] Erforderlich, aber nicht ausreichend; ein Gesetz kommt nur zu Stande durch die königliche Sanktion, vgl. auch Zorn, Reichsstaatsr. I S. 3, H. Schulze, Preuß. Staatsr. II S. 22, Laband I § 55 S. 542. Der König braucht daher einem von ihm vorgelegten Gesetzentwurf, auch wenn derselbe unverändert vom Landtage angenommen ist, nicht die Sanktion zu ertheilen, d. h. er ist nicht verpflichtet, ihn als Gesetz zu publiziren (G. Meyer § 158, H. Schulze § 172); andererseits kann der König die Sanktion auch erst nach Schluß der Sitzungsperiode vornehmen (G. Meyer l. c. und H. Schulze: anderer Ansicht v. Rönne I S. 392); selbst dann noch, nachdem ein neues Abgeordnetenhaus gewählt ist; s. Arndt, Reichsstaatsr. S. 183, Fleischmann, Der Weg der Gesetzgebung in Preußen, Breslau 1898 S. 81, Seydel, Komm. z. Reichsverfassung S. 118, Schulze S. 203. Wegen der Wirkung der sog. Diskontinuität s. Anm. 4 zu Art. 51.

[6] Auch solche, welche von Mitgliedern eines Hauses ausgehen, H. Schulze II § 171 S. 19, 20, G. Meyer § 158, v. Rönne I S. 359.

[7] Abs. 3 ist von der Krone als Proposition VII am 7. Jan. 1850 beantragt worden mit Bezug darauf, daß nach Proposition VIII die erste Kammer aufhören sollte (und aufgehört hat), eine reine Wahlkammer zu sein, und daß daher der zweiten Kammer ein überwiegender Einfluß auf Finanzfragen einzuräumen sei.

Finanzgesetze sind nicht alle Gesetze, welche auf die Finanzen des Staates Einfluß haben, z. B. nicht Gesetze, in denen Geldstrafen angedroht, Pensionirungsverhältnisse der Beamten geregelt werden, sondern nur die, deren unmittelbarer Gegenstand die Finanzen sind: Steuer-, Anleihe-Garantiegesetze, Gesetze, welche die Regierung zu bestimmten Ausgaben ermächtigen, und die Steuergesetze; ebenso Schwartz S. 204. (Vgl. auch Verhandlungen des AbgH. 1882, Sten. Ber. S. 256 f. bei Berathung der Novelle zum Pensionsgesetze; ferner L. Dümmler über Finanzgesetzentwürfe, Halle 1894.)

[8] Das Herrenhaus darf den Etat in spezielle Berathung nehmen, über einzelne Abänderungsanträge verhandeln und beschließen, auch Zwischenverhandlungen über einzelne Punkte mit dem Abgeordnetenhaus (ev. durch Vermittelung der Staatsregierung) anstellen, es kann auch Resolutionen (nicht Bedingungen) zum Etatsgesetz annehmen (vgl. auch Schwartz S. 204). Will das Herrenhaus den Etat so annehmen, wie er von der Regierung dem Abgeordnetenhause vorgelegt war, nicht wie er ihm vom Abgeordnetenhause zugeht, so hat es den letzteren abzulehnen und in einer Resolution (oder Petition an die Krone) auszusprechen, daß es den Regierungsentwurf und nur diesen annehmen wolle. Am 11. Okt. 1862 und 23. Jan. 1864 hatte das Herrenhaus die Etatsvorlage, so, wie sie ihm vom Abgeordnetenhause zuging, abgelehnt, und so, wie sie von der Regierung dem Abgeordnetenhause vorgelegt war, angenommen.

[9] Andere Gesetzentwürfe können nach Wahl der Staatsregierung der einen oder der anderen Kammer zuerst vorgelegt werden. Es ist nicht gerade unstatthaft, sie beiden Kammern zu gleicher Zeit vorzulegen; ebenso v. Stengel S. 169 und Schwartz S. 205.

Art. 63. Nur in dem Falle, wenn die Aufrechthaltung der öffentlichen Sicherheit, oder die

Beseitigung eines ungewöhnlichen Nothstandes es dringend erfordert,[1] können, insofern die Kammern nicht versammelt sind, unter Verantwortlichkeit[2] des gesammten Staatsministeriums,[2] Verordnungen, die der Verfassung nicht zuwiderlaufen,[3] mit Gesetzeskraft erlassen werden.[4] Dieselben sind aber den Kammern bei ihrem nächsten Zusammentritt zur Genehmigung sofort vorzulegen.[5]

Arndt, Arch. f. öff. Recht, 1889 S. 438; Glatzer, Recht der provisorischen Gesetzgebung, Breslau 1899; v. Rönne I § 91; G. Meyer § 161; H. Schulze § 174.

[1] Z. B. auch, wenn in Folge übernommener Verbindlichkeiten aus Staatsverträgen bestimmte Anordnungen unverzüglich getroffen werden müssen (Sten. Ber. d. AbgH. 1866 S. 94/95).

[2] Daß die Verordnung unter Gegenzeichnung des gesammten Ministeriums erfolgt, ist nicht nothwendig, s. Art. 44. Durch die fehlende Unterschrift eines oder einiger Minister hört die Verordnung nicht auf, rechtsverbindlich, jeder einzelne Minister nicht auf, verantwortlich zu sein (s. Art. 106). Ebenso v. Stengel S. 174, Glatzer S. 46 und Schwartz S. 208; anderer Ansicht v. Rönne I S. 374, s. auch Sten. Ber. des AbgH. 1871/72 S. 499—507.

[3] Der Verfassung läuft eine Verordnung zuwider, wenn die Verfassung die Regelung einer Materie nicht durch bloße Verordnung, sondern selbst durch Nothverordnung ganz besonders ausschließt und ganz bestimmt vorschreibt (Art. 63, 94 Abs. 1, 95, 107), daß die Regelung nur „mit vorheriger Zustimmung der Kammern" bezw. im Wege der „ordentlichen Gesetzgebung" erfolgen solle. Wo die Verfassung schlechthin

nur ein „Gesetz" verlangt, ist die Nothverordnung statthaft; anderenfalls hätten alle Nothverordnungen verboten werden müssen, die „den Gesetzen" zuwiderlaufen. Derselben Ansicht G. Meyer I § 161, Bornhak S. 511 und v. Stengel S. 174; anderer Ansicht v. Rönne I S. 371 ff., H. Schulze § 174, C. A. Chr. (v. Stockmar) in Aegidi's Zeitschr. f. deutsches öff. Staatsr. I S. 237 ff., Schwartz S. 209. Die Nothverordnung steht rechtlich dem (einfachen) Gesetze gleich; sie ist, wie sie 1849 wiederholt genannt wurde, und wie der Zusammenhang mit Art. 62 und der Wortlaut ergiebt, ein Gesetz, ein „außerordentliches", ein „vorläufiges" Gesetz, folglich kann sie auch Gesetze (nur nicht die Verfassung) ändern und aufheben. Der Verfassung würde eine Nothverordnung zuwiderlaufen, welche die Verfassung für aufgehoben erklärt, oder welche die in Art. 115 erwähnte Wahlordnung v. 30. Mai 1849 beseitigt.

Eine eingehende Erörterung von Arndt im Archiv f. öff. Recht 1889 S. 438 f. Anträge, die Verordnung auf Grund des Art. 63 in den Fällen auszuschließen, wo die Verfassung auf ein „Gesetz" oder eine „organische Gesetzgebung" hinweist, sind in der zweiten Kammer abgelehnt, in der ersten zurückgezogen worden, nachdem am 3. Nov. 1849 (Verhandlung I K., S. 1319) der Minister v. Manteuffel erklärt hatte: Die Weltgeschichte nehme auf das Zusammensein der Kammern keine Rücksicht, und daher werde sich die Regierung häufig (!) in der Nothwendigkeit sehen, durch gesetzliche Verordnungen für den preußischen Staat einzuschreiten, auch wenn die Kammern (deren Zusammenberufung kostspielig) nicht versammelt sind. Die erste Verordnung auf Grund Art. 63 v. 3./6. 50 (GS. 329) beschränkte die Preßfreiheit durch Einführung von Kautionen u. s. w., und gleichwohl blieb sie ihrem Inhalte nach unangefochten; die zweite v. 12./11. 50 (GS. 493) über

Kriegsleistungen und deren Vergütung führte neue Steuern ein (Art. 100 der Verfassung), übernahm Staatsgarantien und schuf Anleihen (Art. 103); gleichwohl wurden die Anträge Beseler und Richtsteig, sie für verfassungswidrig zu erklären, am 21. und 25. Mai 1851 in namentlichen Abstimmungen verworfen (Sten. Ber. der II. K. 1851 S. 651 ff.). Dagegen hat das AbgH. der auf Grund Art. 63 ergangenen Preßverordnung v. 30. Juni 1863 (GS. 349) nicht nur — wozu es befugt war — am 19. Nov. 1863 seine Zustimmung versagt, sondern auch, im Widerspruch zu früheren Beschlüssen des Jahres 1851 und sich das Recht der authentischen Interpretation der Verfassung beilegend, resolvirt, daß die Preßfreiheit durch (Noth-) Verordnung nicht beschränkt werden könne.

[4] Daß die Nothverordnung ausdrücklich auf Art. 63 (früher 105) der Verf. Bezug nimmt, ist üblich und durchaus wünschenswerth, aber nicht juristisch nöthig, da die Gültigkeit nicht an die Befolgung einer solchen Vorschrift geknüpft ist (s. Art. 105); vgl. indeß Schwartz S. 210.

[5] Die Gesetzeskraft einer Nothverordnung hört nicht schon dann auf, wenn eine Kammer ihre Zustimmung versagt (anderer Ansicht Laband, Reichsstaatsr. I. Aufl. II S. 149, v. Rönne S. 375 ff., G. Meyer I S. 470. Schwartz stimmt mit dem Verfasser überein, S. 211, ebenso Dernburg, Preuß. Privatrecht I § 16 S. 33. Die Staatsregierung ist indeß in solchem Falle verfassungsmäßig verpflichtet, die Nothverordnung unverzüglich außer Kraft zu setzen. Erst wenn dies geschehen und gehörig bekannt gemacht ist, verliert die Verordnung ihre Gesetzeskraft. Für diese Ansicht, welche auch von E. A. Chr. l. c. S. 227, H. Schulze § 174, Schwartz S. 211, Glatzer S. 102 u. v. Stengel S. 174 vertreten wird, spricht schon der Umstand, daß

den Unterthanen gegenüber die gehörige Verkündigung (Art. 106) entscheidend ist, und daß (gemäß Art. 106) eine gehörig verkündigte Kgl. Verordnung so lange den Unterthanen gegenüber Gesetzeskraft hat und behält, bis die Zurücknahme der Verordnung verkündet ist. Der Justizminister Simons übrigens hatte, wie gegen v. Rönne zu bemerken ist, am 15. Jan. 1851 (Sten. Ber. der II. Kammer 1850/51 S. 105) nicht anerkannt, daß die Nichtzustimmung einer Kammer das sofortige Außerkrafttreten, sondern daß sie die Beseitigung (mithin zunächst einen der Staatsregierung obliegenden Akt) zur Folge habe. Die Außerkraftsetzung einer Nothverordnung hat keine rückwirkende Kraft; ebenso Schwartz S. 242 und Glatzer S. 81.

Art. 64. Dem Könige, so wie jeder Kammer, steht das Recht zu, Gesetze [1] vorzuschlagen.[2]

Gesetzesvorschläge,[3] welche durch eine der Kammern oder den König verworfen worden sind, können in derselben Sitzungsperiode nicht wieder vorgebracht werden.[4]

[1] Auch verfassungändernde.

[2] Daß dem Herrenhause das Recht zusteht, Finanzgesetze vorzuschlagen, wird mit Rücksicht auf Abs. 3 des Art. 62 bestritten (v. Rönne S. 359, H. Schulze § 171, G. Meyer § 158), indeß gegenüber der allgemeinen Vorschrift des Art. 64 ohne Grund, s. auch v. Stengel S. 169. Wenn Schwartz S. 213 sagt, es sei dem Herrenhaus nicht benommen, auch in Finanzfragen Petitionen und Anträge zu berathen und darüber Beschlüsse zu fassen, also sogar ganze Finanzgesetze zu entwerfen und der Staatsregierung zur verfassungsmäßigen Behandlung zu überweisen, so kommt das in der Sache auf das Nämliche hinaus. Praktisch hat die

ganze Frage keine Bedeutung; s. auch Fleischmann S. 103 f.

[3] Jeder Art, von wem auch immer vorgeschlagene, auch die, welche nur von Mitgliedern einer Kammer ausgegangen sind; ebenso Schwartz S. 214; anderer Ansicht das Staatsministerium, Sten. Ber. des AbgH. 1855/1856, Bd. 3 S. 1051 und Bd. 5 S. 378, welches behauptet, es stehe der Staatsregierung frei, einen Gesetzesvorschlag, der von einzelnen Abgeordneten gestellt und vom Hause abgelehnt war, ihrerseits von Neuem einzubringen.

[4] Die Staatsregierung kann bis zur Sanktion jeden von ihr gemachten Gesetzesvorschlag zurückziehen, Anm. 5 zu Art. 62; Schwartz S. 215, Sten. Ber. des AbgH. 1871/72 Bd. 2 S. 959 ff.

Art. 65 bis 68.[1] Die Erste Kammer[2] wird durch Königliche Anordnung[3] gebildet,[4] welche nur durch ein mit Zustimmung der Kammern zu erlassendes Gesetz abgeändert werden kann.

Die Erste Kammer wird zusammengesetzt aus Mitgliedern, welche der König mit erblicher Berechtigung oder auf Lebenszeit beruft.

[1] Art. 65 bis 68 sind aufgehoben durch Art. 2 des Ges., betr. die Bildung der Ersten Kammer v. 7./5. 53 (GS. 181). Der vorstehend abgedruckte Text ist Art. 1 des bezeichneten Gesetzes. Die aufgehobenen Artikel lauteten:

Art. 65. „Die erste Kammer besteht:

a) aus den großjährigen Königlichen Prinzen;

b) aus den Häuptern der ehemals unmittelbaren reichsständischen Häuser in Preußen — und aus den Häuptern derjenigen Familien, welchen durch Königliche Verordnung das nach der Erstgeburt und Linealfolge zu vererbende Recht auf Sitz und Stimme in der ersten Kammer beigelegt wird. In dieser Verordnung werden zugleich die Bedingungen festgesetzt, durch welche dieses Recht an einen bestimmten Grundbesitz geknüpft ist. Das Recht kann durch Stellvertretung nicht ausgeübt werden und ruht während der Minderjährigkeit oder während eines Dienstverhältnisses zu der Regierung eines nichtdeutschen Staats, ferner auch so lange der Berechtigte seinen Wohnsitz außerhalb Preußen hat;

c) aus solchen Mitgliedern, welche der König auf Lebenszeit ernennt. Ihre Zahl darf den zehnten Theil der zu a. und b. genannten Mitglieder nicht übersteigen;

d) aus neunzig Mitgliedern, welche in Wahlbezirken, die das Gesetz feststellt, durch die dreißigfache Zahl derjenigen Urwähler (Art. 70.), welche die höchsten direkten Staatssteuern bezahlen, durch direkte Wahl nach Maaßgabe des Gesetzes gewählt werden;

e) aus dreißig, nach Maaßgabe des Gesetzes von den Gemeinderäthen gewählten Mitgliedern aus den größeren Städten des Landes.

Die Gesammtzahl der unter a. bis c. genannten Mitglieder darf die Zahl der unter d. und e. bezeichneten nicht übersteigen.

Eine Auflösung der ersten Kammer bezieht sich nur auf die aus Wahl hervorgegangenen Mitglieder.

Art. 66. Die Bildung der ersten Kammer in der Art. 65 bestimmten Weise tritt am 7. August des Jahres 1852. ein.

Bis zu diesem Zeitpunkte verbleibt es bei dem Wahlgesetze für die erste Kammer vom 6. Dezember 1848.

Art. 67. Die Legislatur-Periode der ersten Kammer wird auf sechs Jahre festgesetzt.

Art. 68. Wählbar zum Mitgliede der ersten Kammer ist jeder Preuße, der das vierzigste Lebensjahr vollendet, den Vollbesitz der bürgerlichen Rechte in Folge rechtskräftigen richterlichen Erkenntnisses nicht verloren und bereits fünf Jahre lang dem preußischen Staatsverbande angehört hat.

Die Mitglieder der ersten Kammer erhalten weder Reisekosten, noch Diäten."

[2] Ges., betr. die Abänderung der VerfUrk. v. 31. Jan. 1850 in Ansehung der Benennung der Ersten Kammer u. s. w., v. 30. Mai 1855 (GS. 316) § 1:

„Die Erste Kammer wird fortan das Herrenhaus, die Zweite das Haus der Abgeordneten genannt."

[3] Diese Anordnung ist die in der Anl. I abgedruckte Verordnung wegen Bildung der Ersten Kammer v. 12./10. 54 (GS. 541) nebst der ebendort abgedruckten Königl. Verordnung v. 10./11. 65 (GS. 1077).

[4] Die Behauptung, derartige Königl. Anordnungen wie die Verordnungen v. 12./10. 54 und 10./11. 65 seien ungültig, gründet sich auf die Annahme, daß in Ansehung derjenigen Gegenstände, „welche an sich und ihrer Natur nach dem Gebiete der Gesetzgebung angehören" — besonders welche Theile des Verfassungsrechts darstellen, die Befugniß, zwingende Normen aufzustellen, nur gemeinschaftlich von allen drei Faktoren der Gesetzgebung ausgeübt werden und nicht, wie hier geschehen, einer einzigen zur Ausübung übertragen werden darf. (v. Rönne I § 89 S. 356, s. auch I S. 206; Lasker, Zur Verfassungsgeschichte Preußens,

Berlin 1874 S. 227 ff.; Lasker und Twesten in den Sten. Ber. des AbgH. 1866/67 S. 1432 ff.) Diese Annahme widerspricht der Praxis und dem konstitutionellen Rechte der übrigen Staaten, ist eingehend widerlegt von Arndt, Verordnungsrecht S. 16 bis 24, und darf heute als gänzlich aufgegeben bezeichnet werden (s. auch Zorn in Hirth's Ann. 1885 S. 301 ff., G. Meyer, Lehrb. I S. 466 Anm. 7, Laband in Marquardsen's Handb. S. 87, Bornhak S. 368 f., v. Stengel S. 368, Schwartz S. 199, 200, 217). Nur so weit könnten die Verordnungen v. 12./10. 54 und 10./11. 65 als ungültig erachtet werden, wie sie etwa den Rahmen der dem Könige übertragenen Befugniß überschreiten. Dies ist nicht der Fall; s. Anm. zu Anl. I.

Art. 69. Die zweite Kammer[1] besteht aus vierhundert drei und dreißig Mitgliedern.[2] Die Wahlbezirke werden durch das Gesetz[3] festgestellt.[3] Sie können aus einem oder mehreren Kreisen oder aus einer oder mehreren der größeren Städte bestehen.

[1] Jetzt das Abgeordnetenhaus genannt, s. Anm. 2 zu Art. 65.

[2] Die ursprüngliche Zahl von 350 Mitgliedern (laut VerfUrk. v. 31./1. 50 Art. 69) erhöhte sich durch Art. 1 d. Ges. v. 30./4. 51 (GS. 213) um 2, durch Art. 1 d. Ges. v. 17./5. 67 (GS. 1481) um 80 und durch § 2 d. Ges. v. 23./6. 76 (GS. 169) — Lauenburg — um 1 Mitglied und beträgt somit 433.

[3] Ges., betr. die Feststellung der Wahlbezirke für das Haus der Abgeordneten v. 27./6. (GS. 357), für die 1866 erworbenen Provinzen, s. Art. 2 der Verordnung v. 14./9. 67 (GS. 1482) nebst dem dazu gehörigen Ges. v. 15./2., betr. die Abänderung einiger

Wahlbezirke für das Haus der Abgeordneten v. 15./2. 72 (GS. 158), Ges., betr. den Rechtszustand des Jadegebietes v. 24./3. 73 (GS. 108) § 4, betr. Lauenburg Ges. v. 23./6. 76 (GS. 169), endlich betr. Helgoland Ges. v. 18./2. 91 (GS. 11) § 3. Die cit. Verordnung v. 14./9. 67 hat durch Ges. v. 11./3. 69 (GS. 481) bis auf Weiteres Gesetzeskraft.

Näheres unten in Anlage II.

Art. 70.[1] Jeder Preuße,[2] welcher das fünf und zwanzigste Lebensjahr[3] vollendet hat und in der Gemeinde, in welcher er seinen Wohnsitz hat, die Befähigung zu den Gemeindewahlen besitzt, ist stimmberechtigter Urwähler.

Wer in mehreren Gemeinden an den Gemeindewahlen Theil zu nehmen berechtigt ist, darf das Recht als Urwähler nur in Einer Gemeinde ausüben.

[1] Die Art. 70, 71, 72 sind bis zum Erlasse des in Art. 72 vorgesehenen Wahlgesetzes gemäß Art. 115 suspendirt. Es gilt daher noch die (oktroyirte) Verordnung v. 30./5. 49 über die Ausführung der Wahl der Abgeordneten zur zweiten Kammer (GS. 205); s. hierzu oben Einleitung S. 19 f., ausgedehnt auf die 1866 erworbenen Provinzen durch Ges., betr. die fernere Geltung der Verordnung v. 30./5. 49, v. 11./3. 69 (GS. 481).

[2] Ausgenommen die zum aktiven Heer gehörigen Militärpersonen; nicht ausgenommen von der Wahlberechtigung sind dagegen die Militärbeamten; RMilitärges. v. 2./5. 74 (RGBl. 50) § 49. S. im Uebrigen § 8 der Verordnung v. 30./5. 49 (GS. 205).

[3] Bis auf Weiteres (s. Anm. 1) das 24. Lebensjahr; s. § 8 der Verordnung v. 30./5. 49 (GS. 205) unten Anl. II.

Art. 71. Auf jede Vollzahl von zweihundert und fünfzig Seelen der Bevölkerung ist ein Wahlmann zu wählen. Die Urwähler werden nach Maaßgabe der von ihnen zu entrichtenden direkten Staatssteuern in drei Abtheilungen getheilt, und zwar in der Art, daß auf jede Abtheilung ein Drittheil der Gesammtsumme der Steuerbeträge aller Urwähler fällt.

Die Gesammtsumme wird berechnet:

a) gemeindeweise, falls die Gemeinde einen Urwahlbezirk für sich bildet;

b) bezirksweise, falls der Urwahlbezirk aus mehreren Gemeinden zusammengesetzt ist.

Die erste Abtheilung besteht aus denjenigen Urwählern, auf welche die höchsten Steuerbeträge bis zum Belaufe eines Drittheils der Gesammtsteuer fallen.

Die zweite Abtheilung besteht aus denjenigen Urwählern, auf welche die nächst niedrigeren Steuerbeträge bis zur Gränze des zweiten Drittheils fallen.

Die dritte Abtheilung besteht aus den am niedrigsten besteuerten Urwählern, auf welche das dritte Drittheil fällt.

Jede Abtheilung wählt besonders und zwar ein Drittheil der zu wählenden Wahlmänner.

Die Abtheilungen können in mehrere Wahlverbände eingetheilt werden, deren keiner mehr als fünfhundert Urwähler in sich schließen darf.

Die Wahlmänner werden in jeder Abtheilung aus der Zahl der stimmberechtigten Urwähler des Urwahlbezirks ohne Rücksicht auf die Abtheilungen gewählt.

S. Verordnung v. 30./5. 49 (GS. 205) unten Anl. II und VerfUrk. Art. 115.

Art. 72. Die Abgeordneten werden durch die Wahlmänner gewählt.

Das Nähere über die Ausführung der Wahlen bestimmt das Wahlgesetz, welches auch die Anordnung für diejenigen Städte zu treffen hat, in denen an Stelle eines Theils der direkten Steuern die Mahl- und Schlachtsteuer erhoben wird.

Bis auf Weiteres Verordnung v. 30./5. 49 (GS. 205), s. VerfUrk. Art. 115, unten Anl. II.

Art. 73.[1] Die Legislaturperiode des Hauses der Abgeordneten dauert fünf Jahre.[2]

[1] Art. 73 beruht auf Ges. v. 27./5. 88 (GS. 137).

[2] Diese Frist berechnet die Staatsregierung vom Tage des Zusammentretens des Abgeordnetenhauses, s. Staatsanzeiger 1873 Nr. 299; v. Rönne I S. 235, G. Meyer § 102, H. Schulze in Marquardsen's Handb. S. 54, Seydel, Komm. z. Reichsverf. S. 204 und Schwartz S. 223 vom Tage der Wahl der Abgeordneten. Die Auffassung der Staatsregierung ist die richtige, weil das Abgeordnetenhaus erst existent wird und an der Legislatur theilnehmen kann, wenn es in Folge Königlicher Einberufung zusammentritt, Arndt, Komm. zu Art. 24 der Reichsverf., Reichsstaatsrecht S. 133 f., ebenso v. Stengel S. 81. Die Legislaturperiode ist die gleiche, auch wenn das Abgeordnetenhaus in Folge vorheriger Auflösung gewählt war; ebenso Schwartz S. 223.

Art. 74.[1] Zum Abgeordneten der zweiten Kammer ist jeder Preuße[2] wählbar,[3] der das dreißigste Lebensjahr vollendet, den Vollbesitz der bürgerlichen Rechte in Folge rechtskräftigen richterlichen Erkenntnisses nicht verloren[4] und[5] bereits drei Jahre[6] dem preußischen Staatsverbande angehört hat.

Der Präsident und die Mitglieder der Ober-Rechnungskammer können nicht Mitglieder eines der beiden Häuser des Landtages sein.[7]

[1] Es kommt zunächst gemäß Art. 115 die Verordnung v. 30./5. 49 (GS. 205) zur Anwendung.

[2] Mag er das preuß. Staatsbürgerrecht durch Abstammung, Legitimation, Naturalisation oder Aufnahme erworben haben.

[3] Eine Verpflichtung zur Annahme der Wahl besteht nicht.

[4] S. StrGB. §§ 32 ff.

[5] Wenn er vorher Außerdeutscher war, Reichsverfassung Art. 3 oben S. 49, Sten. Ber. des AbgH. 1882 S. 1965 f., G. Meyer, Staatsr. I § 99. Preuße muß er dagegen bei der Wahl sein, s. oben S. 49.

[6] Ein Jahr; s. § 29 der Verordnung v. 30./5. 49 (GS. 205).

[7] Der zweite Absatz ist hinzugefügt durch Art. I des Ges., betr. eine Zusatzbestimmung zu Art. 74 der VerfUrk. v. 27./3. 72 (GS. 277).

Art. 75. Die Kammern werden nach Ablauf ihrer Legislatur-Periode[1] neu gewählt.[2] Ein Gleiches geschieht im Falle der Auflösung. In beiden Fällen sind die bisherigen Mitglieder wieder wählbar.[2]

[1] S. Art. 73.

[2] Die erste Kammer, das Herrenhaus, beruht nunmehr nicht auf Wahl, sondern auf Königlicher Berufung.

Art. 76.[1] Die beiden Häuser des Landtages der Monarchie werden durch den König regelmäßig[2] in dem Zeitraum von dem Anfange des Monats November jeden Jahres bis zur Mitte des folgenden Januar und außerdem, so oft es die Umstände erheischen,[3] einberufen.

[1] An die Stelle des Art. 76 der VerfUrk. v. 31./1. 50 ist die obige Fassung durch Art. 1 d. Ges. v. 18./5. 57 (GS. 369) getreten. Die ursprüngliche Fassung lautete:

Die Kammern werden durch den König regelmäßig im Monat November jeden Jahres, und außerdem, so oft es die Umstände erheischen, einberufen.

[2] Im Gegensatze zu der in anderen Zeiten erfolgenden Einberufung des Landtages. Die nicht rechtzeitige Einberufung hat die Ungültigkeit der vom Landtage zu fassenden Beschlüsse nicht zur Folge. Die verspätete Einberufung enthält allerdings eine Verfassungsverletzung, rechtliche Folgen knüpfen sich indeß an dieselbe nicht.

[3] Nach Ermessen der Krone. Die Beschlüsse der regelmäßig einberufenen und der außerordentlich einberufenen Häuser stehen sich rechtlich gleich.

Art. 77. Die Eröffnung und die Schließung der Kammern geschieht durch den König in Person oder durch einen dazu von ihm beauftragten Minister in einer Sitzung der vereinigten Kammern.

Beide Kammern werden gleichzeitig berufen, eröffnet, vertagt und geschlossen.

Wird eine Kammer aufgelöst, so wird die andere gleichzeitig vertagt.

Da mit der Auflösung des Abgeordnetenhauses das Herrenhaus vertagt werden muß, ist fraglich geworden, ob in solchem Falle die Sitzungsperiode des

Herrenhauses und die Kontinuität unterbrochen werden. Das Herrenhaus verneinte am 6. Juni 1862 (Sten. Ber. S. 19), das Abgeordnetenhaus bejahte am 15. Juli 1862 (Sten. Ber. S. 920) diese Frage. Letztere Ansicht wird von Zorn-v. Rönne I § 30 u. Schwartz S. 148, 228 vertreten; ihr kann nicht beigetreten werden, da ihr der Wortlaut des Art. 77, das Wort „vertagt" entgegensteht. Die „Vertagung" unterbricht nicht die Kontinuität. Weder parlamentarischer Brauch noch Geschäftsordnungen noch endlich bloße Zweckmäßigkeitserwägungen können Verfassungsvorschriften ändern. Anderenfalls hätte die Verfassung die „Schließung" des Herrenhauses vorschreiben müssen. Die Vertagung des Herrenhauses im Falle der Auflösung des Abgeordnetenhauses unterscheidet sich von den übrigen Fällen der Vertagung nur dadurch, daß ihre Dauer nicht an 30tägige Frist (Art. 52) geknüpft ist.

Art. 78. Jede Kammer prüft die Legitimation ihrer Mitglieder [1] und entscheidet darüber.[2] Sie regelt ihren Geschäftsgang und ihre Disziplin durch eine Geschäftsordnung [3] und erwählt [4] ihren Präsidenten, ihre Vicepräsidenten und Schriftführer.

Beamte [5] bedürfen keines Urlaubs zum Eintritt in die Kammer.[6]

Wenn [7] ein Kammermitglied ein besoldetes Staatsamt annimmt oder im Staatsdienste in ein Amt eintritt, mit welchem ein höherer Rang [8] oder ein höheres Gehalt [9] verbunden ist, so verliert es [10] Sitz und Stimme in der Kammer und kann seine Stelle in derselben nur durch neue Wahl wieder erlangen.

Niemand kann Mitglied beider Kammern sein.

[1] Dagegen steht der Kammer nicht das Recht zu, zur Prüfung der Wahl unmittelbar Behörden zur Vornahme von Untersuchungshandlungen zu requiriren. Art. 82 und Anm. 1 das. finden hier Anwendung (anderer Ansicht v. Rönne I § 60 S. 260), vgl. auch Schwartz S. 231.

[2] D. i. nur über die Gültigkeit der Wahl; nicht aber kann sie den Gegenkandidaten desjenigen Abgeordneten, dessen Wahl sie für ungültig erklärt hat, als Abgeordneten einberufen, ebenso Schwartz S. 230 (s. Schreiben des Ministers des Inn. v. 22./1. 65, Sten. Ber. des AbgH. 1865 S. 48 und Beschluß des AbgH. v. 3./12. 79, Sten. Ber. S. 392 bis 403, Laband, Reichsstaatsr. I S. 313 ff.). Am 10. Jan. 1865 (Sten. Ber. S. 37) faßte das AbgH. den entgegengesetzten Beschluß. Res judicata wird durch die Entscheidung nicht geschaffen, ebenso Schwartz S. 230. Das AbgH. kann für gültig anerkannte Wahlen, deren Ungültigkeit sich z. B. wegen mangelnder Wahlfähigkeit des Abgeordneten oder aus anderen Gründen herausstellt, später annulliren. Am 17. Dez. 1863 vertrat das AbgH. bei der Wahl seines Präsidenten Grabow die entgegengesetzte Ansicht (Sten. Ber. 1863/64 S. 446). Vgl. auch Laband I S. 313 und M. Seydel, Bayr. Staatr. II S. 168, Zorn-v. Rönne I S. 341 f.

[3] Geschäftsordnung des Herrenhauses v. 17. Febr. 1874 (Sten. Ber. S. 155 ff.), des AbgH. v. J. 1876 (Sten. Ber. S. 1367 ff.). Die Geschäftsordnungen sind nicht im Stande, die Verfassung, andere Gesetze oder auch nur Rechtsnormen zu ändern oder aufzuheben.

[4] durch Stimmzettel oder Akklamation, im AbgH., nachdem die Wahlen einer beschlußfähigen Anzahl von Mitgliedern als gültig anerkannt sind.

[5] Preußische Staats- und Kommunalbeamte, welche nur ihren Eintritt in die Kammer anzuzeigen haben,

Arndt, Reichsstaatsrecht S. 645; s. auch Schwartz S. 231 und G. Meyer § 99; auf Reichsbeamte bezieht sich die Vorschrift nicht, auch nicht auf Kirchen- und Hofbeamte, Arndt, Reichsstaatsr. S. 138.

[6] Das OTr. v. 17./3. 65, E. Bd. 52 S. 320, und 12./6. 69 in Hartmann's Zeitschr. f. öff. Recht V S. 602, nahm in Uebereinstimmung mit einem Staatsministerialbeschl. v. 22./9. 63 (JMBl. 234) an, daß die in den Landtag gewählten Abgeordneten die durch ihre Stellvertretung dem Staate oder den Gemeinden entstehenden Kosten zu tragen haben; anderer Ansicht s. v. Rönne I § 59, H. Schulze, Lehrb. d. preuß. Staatsr. I S. 593. Der Ansicht des OTr. ist zuzustimmen, weil, wenn auch der Urlaub unnöthig und das Fernbleiben vom Amte gerechtfertigt ist, dadurch noch nicht der Anspruch auf Gehalt begründet ist; s. auch v. Gerber, Grundzüge des deutschen Staatsrechts 3. Aufl. 1880 S. 136/137, Schwartz S. 233. Der richtigen Ansicht nach ist das Gehalt keine Alimentation; vgl. Arndt, Reichsstaatsr. S. 662 f.

Das Staatsministerium hat am 24./10. 69 beschlossen, daß die Stellvertretungskosten unmittelbarer Staatsbeamter bis auf Weiteres auf Staatsfonds zu übernehmen sind, s. CirkReskr. der Min. des Innern und der Finanz. v. 21./11. 69 (VMBl. 276) und des Justizministeriums v. 1./12. 69 (JMBl. 234). Für Reichsbeamte, die in den Reichstag gewählt sind, gilt § 14 Abs. 2 des Reichsbeamtenges. v. 31./3. 73 (RGBl. 61), wonach ein Abzug vom Gehalte nicht stattfindet und die Stellvertretungskosten der Reichskasse zur Last fallen.

[7] Nach der Wahl.

[8] Es ist nur eine solche Rangerhöhung gemeint, mit der zugleich auch die etatsmäßige Stellung verändert wird, nicht bloße Titelverleihung (s. Zorn-v. Rönne I § 27).

[9] Das höhere Gehalt muß mit dem neuen Amte verknüpft sein; bloßes Aufrücken in eine höhere Gehaltsklasse genügt nicht. Es genügt indeß die Neuübertragung einer etatsmäßigen Remuneration oder Besoldung (s. Zorn-v. Rönne I S. 335 f.).

[10] Ipso jure.

Art. 79. Die Sitzungen beider Kammern sind öffentlich. Jede Kammer tritt auf den Antrag ihres Präsidenten oder von zehn Mitgliedern zu einer geheimen Sitzung zusammen, in welcher dann zunächst über diesen Antrag zu beschließen ist.

Wahrheitsgetreue Berichte über Landtagsverhandlungen sind straffrei, StrGB. § 12. S. auch Anm. 9 zu Art. 84.

Art. 80. Keine der beiden Kammern kann einen Beschluß fassen,[1] wenn nicht die Mehrheit der gesetzlichen Anzahl ihrer Mitglieder[2] anwesend ist. Jede Kammer faßt ihre Beschlüsse nach absoluter Stimmenmehrheit,[3] vorbehaltlich der durch die Geschäftsordnung für Wahlen etwa zu bestimmenden Ausnahmen.

Das Herrenhaus kann keinen Beschluß fassen, wenn nicht mindestens sechszig der nach Maaßgabe der Verordnung vom 12. Oktober 1854. (Gesetz-Sammlung S. 541—544) zu Sitz und Stimme berufenen Mitglieder anwesend sind.[4]

Zorn-v. Rönne I § 35.

[1] Wohl aber berathen.

[2] Dies sind beim Abgeordnetenhause seit Ges. v. 23./6. 76 (GS. S. 169) 217.

[3] Also ist bei Stimmengleichheit der Antrag abgelehnt.

[4] Der letzte Absatz ist hinzugefügt durch Art. 2 d. Ges. v. 30./5. 55 (GS. 316), welcher gleichzeitig bestimmt, daß Art. 80 d. VerfUrk. v. 31./1. 50 aufgehoben ist, insoweit er diesem Gesetze zuwiderläuft. Es müßten also an die Stelle des Anfangs „Keine der beiden Kammern" die Worte: „das Haus der Abgeordneten" treten.

Art. 81. Jede Kammer hat für sich das Recht, Adressen an den König zu richten.[1]

Niemand darf den Kammern oder einer derselben in Person eine Bittschrift oder Adresse überreichen.

Jede Kammer kann die an sie gerichteten Schriften an die Minister überweisen[2] und von denselben Auskunft über eingehende Beschwerden verlangen.[2]

[1] Dieses Recht ist dem Gegenstande nach unbeschränkt und kann als Antwort auf die Thronrede oder sonst, in der Form einer Adresse oder Petition, ausgeübt werden.

[2] Die Staatsregierung ist, Mangels einer solches ausdrücklich bestimmenden Vorschrift, nicht verpflichtet, die auf solche Ueberweisungen ergehenden Entscheidungen mitzutheilen. Thatsächlich theilt dieselbe den beiden Kammern in jeder Session eine Uebersicht der von ihr auf Anträge und Resolutionen der bezw. Kammer gefaßten Entschließungen mit. Die Kammern dürfen nur mit den Ministern, nicht mit den diesen unterstellten Behörden verhandeln; s. auch Art. 82.

Art. 82. Eine jede Kammer hat die Befugniß, behufs ihrer Information Kommissionen zur Untersuchung von Thatsachen zu ernennen.

Da die Kammern nur die ihr in der Verfassung ausdrücklich übertragenen Rechte haben, so kann jede Kammer zwar eine Untersuchungs-Kommission ernennen, nicht aber sich selbst als Untersuchungsbehörde konstituiren. Es ist streitig, ob das Recht zur Ernennung von Untersuchungs-Kommissionen sich auf die Dinge beschränkt, mit denen die Kammer gerade befaßt ist, oder ob es allgemein besteht (vgl. u. A. Anl. zu den Sten. Ber. des AbgH. 1863/64 Bd. IV S. 552 f.). Nach dem Wortlaute und der Entstehungsgeschichte (Rauer, Verhandlungen der VerfKomm. der Nationalversamml. S. 106, 132) ist der ersteren Auffassung der Vorzug zu geben. Anderer Ansicht v. Rönne I S. 293. Jedenfalls ist anzunehmen, daß eine solche Kommission nicht ohne Weiteres berechtigt ist, die Staatsbehörde um Vornahme von Handlungen (Vernehmungen, Vereidigungen) zu requiriren — weil ein solches Recht der Kommission nur zustehen würde, wenn es ihr ausdrücklich übertragen wäre, dasselbe auch einen unmittelbaren und daher unzulässigen Eingriff in die Exekutive darstellen würde. Daraus, wie aus Art. 81, welcher den unmittelbaren Verkehr zwischen dem Landtage und Privatpersonen untersagt, folgt, daß die Kommission solche Requisitionen nur durch Vermittelung des Staatsministeriums vornehmen darf (s. auch Anl. zu den Sten. Ber. des AbgH. 1863/64 Bd. IV S. 550 f.). Anderer Ansicht sind v. Rönne I S. 296, H. Schulze II § 163 und Schwartz S. 239 f.: derselben Bornhak S. 430 f. und Seydel II S. 5. Das Staatsministerium ist rechtlich nicht verpflichtet, derartige Requisitionen weiterzugeben oder die ihr unterstellten Behörden anzuweisen, nach Maßgabe einer solchen Requisition thätig zu sein; ebenso Seydel II S. 15 ff. Anderer Meinung sind überall Schulze, v. Rönne und Schwartz l. c., „da Art. 82 der Volksvertretung ein ganz besonderes exceptionelles Recht einräumen will“. Abgesehen davon, daß Solches der Krone 1850 gar nicht eingefallen ist, so würde gerade, wenn es sich um ein exceptionelles Recht handeln würde, dies nicht in allen Fällen, sondern nur in den vorliegenden dem Landtage zustehen, auch nicht über den Inhalt und Wortlaut des Art. 82 hinaus zu interpretiren sein; s. auch Arndt, Reichsstaatsrecht S. 148, Zorn-v. Rönne I S. 367.

Art. 83. Die Mitglieder beider Kammern sind Vertreter des ganzen Volkes.[1] Sie stimmen nach ihrer freien Ueberzeugung und sind an Aufträge und Instruktionen nicht gebunden.[2]

[1] Dies gilt auch für diejenigen, welche nicht aus Wahlen des Volkes hervorgegangen sind; anderer Ansicht bezüglich des Herrenhauses v. Rönne I § 33, dergleichen Schwartz S. 242. Im Rechtssinne sind die Abgeordneten Vertreter Niemandes, weder des Volkes, noch ihrer Wähler. Art. 82 Satz 1 will nur sagen, daß die Abgeordneten das Interesse des ganzen Volkes zu wahren haben.

[2] Aufträge und Instruktionen dürfen ihnen ertheilt werden; es giebt wohl kaum einen Abgeordneten, dem nicht direkt oder indirekt von Wählern u. s. w. Aufträge oder Instruktionen ertheilt werden. Der Abgeordnete kann und muß diese Aufträge und Instruktionen berücksichtigen; nur gebunden soll er nicht daran sein; vielmehr soll er unter Berücksichtigung des pro et contra für das stimmen, was dem Interesse des ganzen Volkes entspricht.

Art. 84. Sie können für ihre Abstimmungen in der Kammer niemals, für ihre darin ausgesprochenen Meinungen nur innerhalb der Kammer auf den Grund der Geschäftsordnung (Art. 78.) zur Rechenschaft gezogen werden.[1]

Kein Mitglied einer Kammer kann ohne deren Genehmigung während der Sitzungsperiode[2] wegen einer mit Strafe bedrohten Handlung[3] zur Untersuchung[4] gezogen oder verhaftet werden, außer wenn es bei Ausübung der That oder im Laufe des nächstfolgenden Tages nach derselben ergriffen[5] wird.

Gleiche Genehmigung ist bei einer Verhaftung wegen Schulden nothwendig.[6]

Jedes Strafverfahren[7] gegen ein Mitglied der Kammer und eine jede Untersuchungs- oder Civilhaft wird für die Dauer der Sitzungsperiode aufgehoben, wenn die betreffende Kammer es verlangt.[8] [9]

[1] Daß die Immunität sich bloß auf die ausgesprochenen Meinungen als Resultate des Denkvermögens, nicht auch auf die Behauptung und Verbreitung von Thatsachen bezieht, nahm in Uebereinstimmung mit einem Kommissionsberichte des AbgH. (in den Drucks. der II. Kammer 1852/53 Bd. 6 S. 283) das OTr. an im Plenar-Beschl. v. 29./1. 66 (Präj. Nr. 303, JMBl. 58, Entsch. 55 S. 20*, OR. VII 34, GA. XIV 210), das AbgH. erklärt diesen Plenarbeschluß am 10. Febr. 1866 (Sten. Ber. S. 110 ff.) für verfassungswidrig. Jetzt gilt StrGB. § 11*:

---

* § 11 StrGB. bezieht sich auf die Thätigkeit im Plenum oder in einer Kommission, nicht auf die in Wahlversammlungen, Rechenschaftsberichten u. s. w. außerhalb des Landtages ausgeübte Thätigkeit.

„Kein Mitglied eines Landtags oder einer Kammer eines zum Reich gehörigen Staats darf außerhalb der Versammlung, zu welcher das Mitglied gehört, wegen seiner Abstimmung oder wegen der in Ausübung seines Berufes gethanen Aeußerung zur Verantwortung gezogen werden.

[2] Auch während der Vertagung oder des Sichvertagens, s. Anm. 4 zu Art. 51, analog M. Seydel in Hirth's Annalen 1880 S. 352 Anm. 1, G. Meyer § 133 Anm. 13, Arndt, Reichsstaatsr. S. 132.

[3] Aeußerung im Sinne des § 11 StrGB. ist auch das Sitzenbleiben beim Kaiserhoch, Sten. Ber. d. Reichst. 1898 S. 7. Ob die Aeußerungen mündlich oder schriftlich erfolgen, ist unerheblich, wenn sie nur im Berufe, nicht z. B. bloß gesprächsweise erfolgen, GA. XIII S. 62. Eine Kompensation gegen Aeußerungen eines Abgeordneten, die dieser im Berufe thut, ist unstatthaft, auch wenn diese Aeußerungen an sich Beleidigungen enthalten, vgl. RG. 5./3. 81, E. in Strafs. IV 14. Doch kann die Thatsache, daß ein Abgeordneter eine beleidigende Aeußerung gethan hat, behufs Anwendung des § 193 StrGB. berücksichtigt werden, vgl. RG. 23./7. 82, Rechtspr. in Strafs. IV 183. Auch die disziplinarische Ahndung ist ausgeschlossen. Das Recht der Krone, Minister, Landräthe und andere politische Beamte, die zu ihrer Disposition stehen, wegen ihres parlamentarischen oder außerparlamentarischen Verhaltens auf Wartegeld zu setzen, Ges. v. 21./7. 52 (GS. 465) § 87, wird durch Art. 84 nicht berührt, da dieses Recht an die Angabe von Gründen nicht gebunden, ganz arbiträr und zu dem Zwecke gegeben ist, um der Regierung politische Organe ganz nach ihrem Gefallen zu geben. Jeder Landrath u. s. w. und Jeder, der einen Landrath wählt, muß dies wissen. Auf Wartegeld setzen kann die Regierung sogar, wenn sie glaubt, daß

ein Anderer energischer oder geschickter ihre Politik vertritt. Die Zurdispositionsstellung ist kein Zurrechenschaftziehen, s. hierzu Arndt in der Deutschen Juristenzeitung 1899 S. 445, Arndt, Reichsstaatsrecht § 61.

Ein Recht, das Zeugniß über einen im Landtage zur Sprache gebrachten Gegenstand zu verweigern, ist den Landtagsmitgliedern weder in Art. 84, noch in StrPO. §§ 51 bis 55 verliehen worden. Ebenso v. Stengel S. 84, Arndt, Reichsstaatsr. S. 140. Anderer Ansicht Fuld in Hirth's Ann. 1888 S. 6; vgl. auch Sten. Ber. des RT. 1885/86 S. 1399 ff. Zur Vernehmung eines Abgeordneten als Zeugen oder Sachverständigen während der Sitzungsperiode und seines Aufenthalts in Berlin, außerhalb Berlins in einem Civil- oder Strafverfahren, ist die Genehmigung der Kammer erforderlich, CPO. §§ 347, 367, StrPO. §§ 49, 72.

[4] D. i. auch Haussuchung, auch die Voruntersuchung. Die Vorschrift betrifft nicht das sog. Vorbereitungsverfahren, wenigstens soweit dieses nicht speziell gegen die Person des Abgeordneten gerichtet ist. Administrative Zwangsmaßregeln fallen gleichfalls nicht hierher, wohl aber Disziplinaruntersuchungen, welche somit gegen Mitglieder eines Hauses während der Sitzungsperiode wegen einer mit Strafe bedrohten Handlung als unstatthaft erscheinen müssen (vgl. auch H. Schulze, Preuß. Staatsr. II § 161, M. Seydel in Hirth's Annalen 1880 S. 352 Anm. 3, s. auch Sten. Ber. des AbgH. 1875 S. 854 a. a. O.). Ebenso bezieht sich die Vorschrift auch auf polizeiliche Untersuchungen; s. auch Zorn-v. Rönne I S. 384.

[5] Ist das Mitglied bei Ausübung der That oder im Laufe des nächstfolgenden Tages verhaftet worden, so ist die Verhaftung eine definitive, sie bedarf nicht der in Abs. 2 vorgeschriebenen Genehmigung der

Kammer. (Anderer Ansicht u. A. v. Rönne I S. 315.) Doch kann die Kammer gemäß Abs. 4 die Aufhebung der Haft verlangen; s. auch M. Seydel in Hirth's Ann. 1880 S. 353 Anm. 2. Arndt, Reichsstaatsr. I S. 142.

[6] Wegen Verhaftungen in Civilsachen s. auch CPO. §§ 901, 904, 905, Konkursordnung §§ 101, 106.

[7] D. i. nicht Strafvollstreckungsverfahren. Ein solches kann nicht aufgehoben werden; s. Arndt, Komm. z. gleichlautenden Art. 31 der Reichsverf., Reichsstaatsr. S. 142, Schwartz S. 247, Zorn-v. Rönne I S. 386, Laband I S. 317, M. Seydel in Hirth's Ann. 1880 S. 353 ff., G. Meyer § 105, H. Schulze in Marquardsen's Handb. S. 55, v. Stengel S. 84, Sten. Ber. des Reichst. 1875/76 Bd. III Aktenstück Nr. 25 S. 87.

[8] Die in Art. 84 (Abs. 2 und 4) enthaltenen landesgesetzlichen Bestimmungen sind durch § 6 Abs. 2 Nr. 1 des EG. z. StrPO. aufrecht erhalten.

[9] In Betracht kommt noch, daß die Mitglieder des Landtages die Berufung zum Amte eines Schöffen oder Geschworenen ablehnen dürfen, GVG. §§ 35 und 85 Abs. 2.

Ferner gehört hierher StrGB. § 12:

„Wahrheitsgetreue Berichte* über Verhandlungen eines Landtags oder einer Kammer eines zum Reich gehörigen Staats bleiben von jeder Verantwortlichkeit frei."

Das Ges. v. 26./3. 93 (RGBl. 133) bestimmt als ersten Satz des § 69 StrGB.: „Die Verjährung ruht während der Zeit, in welcher auf Grund gesetzlicher Vorschrift die Strafverfolgung nicht begonnen oder nicht

---

* D. h. nicht Berichte über einzelne Reden oder Bemerkungen über dieselben; was wahrheitsgetreu, ist Thatfrage Erk. d. RG. v. 5./11. 86 u. 6./11. 88 u. Entsch. in Strafs. XV 32 u. XVIII 207.

fortgesetzt werden kann," und als letzten Satz: „Ist zur Strafverfolgung ein Antrag oder eine Ermächtigung nach dem Strafgesetz erforderlich, so wird der Lauf der Verjährung durch den Mangel des Antrages oder der Ermächtigung nicht gehindert."

Art. 85. Die Mitglieder der zweiten Kammer erhalten aus der Staatskasse Reisekosten und Diäten nach Maaßgabe des Gesetzes.[1] Ein Verzicht hierauf ist unstatthaft.[2]

[1] Ges. v. 30./3. 73 (GS. 175), abgeändert durch Ges., betr. die Reisekosten und Diäten der Mitglieder des Hauses der Abgeordneten, v. 24./7. 76 (GS. 345). Letzteres bestimmt:

§ 1. Die den Mitgliedern des Hauses der Abgeordneten zustehenden Reisekosten und Diäten werden nach den folgenden Sätzen gewährt:

I. Die Reisekosten, einschließlich der Kosten der Gepäckbeförderung,

1) bei Reisen, welche auf Eisenbahnen oder Dampfschiffen gemacht werden können, für das Kilometer mit 13 Pf. und für jeden Zu- und Abgang mit 3 Mark,

2) bei Reisen, welche nicht auf Eisenbahnen oder Dampfschiffen zurückgelegt werden können, für das Kilometer mit 60 Pf.

II. Die Diäten mit 15 Mark für den Tag.

§ 2. Hinsichtlich der Berechnung der Reisekosten finden die bezüglich der Reisekosten der Staatsbeamten geltenden Vorschriften Anwendung.

[2] Den Herrenhausmitgliedern ist (nur) das Recht der freien Eisenbahnfahrt zwischen ihrem Wohnort und Berlin gewährt. Dieses Recht beginnt 8 Tage vor Eröffnung und erlischt 8 Tage nach Schluß des Hauses.

Titel VI.

Von der richterlichen Gewalt.

Art. 86.[1] Die richterliche Gewalt wird im Namen des Königs[2] durch unabhängige, keiner anderen Autorität als der des Gesetzes[3] unterworfene Gerichte ausgeübt.[4]

Die Urtheile werden im Namen des Königs[2] ausgefertigt und vollstreckt.[5]

[1] Art. 86 ist theilweise ersetzt durch GVG. § 1: „Die richterliche Gewalt wird durch unabhängige, nur dem Gesetze unterworfene Gerichte ausgeübt." Mit Art. 86 soll gesagt sein, daß von den Gerichten über die Art der Ausübung ihrer Thätigkeit, z. B. über ihre Abstimmung und deren Grunde keine Auskunft und kein Zeugniß verlangt werden kann, RG. 13./11. 94, E. in Straff. XXVI 201, daß das zur unmittelbaren Anwendung durch die Richter gegebene Recht (ALR., Allgem. Gerichts-, Kriminal-Ordnung) nur durch formelles Gesetz geändert, ergänzt oder ersetzt werden kann, daß den Richter bindende authentische Interpretationen von Gesetzen nur im Wege der Gesetzgebung ergehen dürfen, daß Verordnungen und Verfügungen, welche den Richter in der freien Auslegung von Gesetzen oder Verordnungen oder in der freien Würdigung des ihm unterbreiteten thatsächlichen (wie rechtlichen) Materials hindern und binden wollen, unwirksam und ungültig sind, unbeschadet seiner Pflicht, gehörig verkündete Königliche Verordnungen zu befolgen (Art. 106). Art. 86 bedeutet die Trennung und Unabhängigkeit der richterlichen von der vollziehenden Gewalt, Arndt im Arch. f. öff. Recht 1900, Juliheft. Nicht aber will Art. 86 vorschreiben, daß der Richter gesetzmäßig erlassenen Verordnungen, z. B. Polizeiverordnungen, in seiner richter-

lichen Thätigkeit nicht unterworfen ist; s. Arndt, Verordnungsrecht S. 211 ff. Art. 1 GVG. will besonders die sog. Kabinetsjustiz und das landesherrliche Bestätigungsrecht der Urtheile ausschließen, s. auch v. Rönne § 103 I S. 460 f., GVG. §§ 61 bis 66, 120 bis 125, 132. Indem der Richter eine gesetzmäßig erlassene Polizeiverordnung anwendet, ist er nicht der V. als solcher, sondern dem Gesetze unterworfen, das die Behörde zum Erlasse der V. ermächtigt (OVG. IX S. 363, OTr. 8./11. 64 und 8./5. 65), und er darf die V. nicht anwenden, wenn sie nicht „in Gemäßheit des Gesetzes" erlassen ist (Art. 8). Wenn der Richter eine Königliche Ausführungsverordnung oder eine von einem Minister erlassene Ausführungsverordnung befolgt, ist er Art. 45 der Verf., also dem Ges., unterworfen, und er darf eine solche V. nicht anwenden (abgesehen von der Vorschrift in Art. 106), wenn sie über Art. 45 hinausgeht, also kein Ausführungs-, sondern z. B. eine das Ges. abändernde Verordnung ist. Das ALR., das BGB., die alte Gerichtsordnung und die heutige CPO., die alte Kriminalordnung und die heutige StrPO., das Strafrecht des ALR. und das StrGB. konnten vom Könige nicht abgeändert werden, weil der Richter diesen Gesetzen und keiner Anderes anordnenden Autorität unterworfen sein soll. Daß dies nicht willkürlich in die Verfassung hineingetragen ist, ergeben u. A. die Rücksicht auf das französisch-belgische Recht (Ortolan p. 265: „les contraventions de police ne peuvent avoir d'autre base de repression que la loi"), ferner die Ausführungen in den Verhandlungen der I. Kammer 1849 S. 231 ff.: „Auch die Polizeiverordnung fließt aus dem legislativen Recht," endlich daß die Verordnung über die Aufhebung der Privatgerichtsbarkeit und des eximirten Gerichtsstandes, sowie über die anderweitige Organisation der Gerichte v. 2./1. 49 (GS. 1) sich auch auf Art. 85, d. i. den heutigen

Art. 86, stützt. Die zahlreichen selbstständigen Königlichen und ministeriellen Verordnungen, die ihre Autorität also nicht aus dem „Gesetze" entnehmen, enthalten, wie die nähere Betrachtung ergiebt, Gegenstände, die wenigstens 1850 zur unmittelbaren gerichtlichen Anwendung nicht bestimmt und der richterlichen Prüfung nicht unterworfen waren, z. B. das Reisekostenregulativ und die Armen- oder Schulregulative, die Im- und Exmatrikulationsvorschriften, Telegraphengebühren, Militär-Disziplinarordnungen, Strafvollstreckungsvorschriften gegen Militärpersonen u. dergl.

Die Oberaufsichtsrechte der Dienstvorgesetzten gegenüber den Richtern in Ansehung der Disziplin, des Geschäftsbetriebes und Verzögerungen sind unberührt geblieben, Schwartz S. 250; desgl. die Zuständigkeit des Justizministers in Lehns-, Familienfideikommiß- und Familienstiftungssachen, s. u. A. Ges. v. 5. März 1855 (GS. 175), v. Rönne I § 103 S. 460, 461, Anm. 4 a. a. O.

[2] Gilt noch jetzt, da die Justizhoheit und die Justizverwaltung in Preußen dem Könige verblieben ist; s. auch Laband, in Marquardsen's Handbuch S. 179 f. Wegen der gemeinschaftlichen Gerichte s. Art. 87a.

[3] Bezw. einer auf Grund Gesetzes erlassenen Verordnung; s. Anm. 1.

[4] Weder Art. 86 der Verf., noch § 1 GVG. gelten für die Verwaltungsgerichte. Gleichwohl gilt auch für sie, daß sie Anweisungen nicht unterworfen sind und die Gesetzmäßigkeit aller Anordnungen, rücksichtlich deren die Verwaltungsrechtsprechung zugelassen ist, frei prüfen dürfen und prüfen müssen, OVG. IX S. 363 a. a. O., wo dies mit Recht aus § 1 des Verwaltungsgerichtsges. v. 3./7. 75 a. a. O. abgeleitet ist.

[5] Die Urtheile des Reichsgerichts ergehen im Namen des Reichs.

Art. 87. Die Richter werden vom Könige[1] oder in dessen Namen[1] auf ihre Lebenszeit[2] ernannt.[3]

Sie können nur durch Richterspruch aus Gründen, welche die Gesetze vorgesehen haben, ihres Amtes entsetzt oder zeitweise enthoben werden. Die vorläufige Amtssuspension, welche nicht kraft des Gesetzes eintritt, und die unfreiwillige Versetzung an eine andere Stelle oder in den Ruhestand können nur aus den Ursachen und unter den Formen, welche im Gesetze angegeben sind, und nur auf Grund eines richterlichen Beschlusses erfolgen.[4]

Auf die Versetzungen, welche durch Veränderungen in der Organisation der Gerichte oder ihrer Bezirke nöthig werden, finden diese Bestimmungen keine Anwendung.

[1] Die Richter werden jetzt vom König, nicht mehr bloß in dessen Namen ernannt, Ausführungsges. z. GVG. v. 24./4. 78 (GS. 230) § 7. Für die gemeinschaftlichen Gerichte ist statthaft (Art. 87 a), daß sie auch von fremden Souveränen ernannt werden.

[2] Entspricht § 6 GVG.

[3] S. auch zu Art. 87 GVG. §§ 1 bis 11 a. a. O. Auf Handelsrichter, Schöffen und Geschworene findet Art. 87 keine Anwendung.

[4] S. hierzu Ges., betr. die Dienstvergehen der Richter und die unfreiwillige Versetzung derselben auf eine andere Stelle oder in den Ruhestand, v. 7. Mai 1851 (GS. 218), (Abänderung durch Ges. v. 26./3. 56, GS. 201), gültig jetzt für die ganze Monarchie, s. Verordn. über die Ausdehnung der Preuß. Disziplinargesetze u. s. w. v. 23./9. 67 (GS. 1613) Art. 1 a. a. O. S. auch Ges., betr. die Abänderung von Bestimmungen der Disziplinargesetze,

v. 9./4. 79 (GS. 345), welches in § 27 die preuß. Disziplinargesetze auch in Lauenburg einführte. Das Ges. v. 7./5. 51 findet mit einigen Aenderungen auch Anwendung auf die Mitglieder des Oberlandeskulturgerichts und der Generalkommissionen, auf die Mitglieder der Oberrechnungskammer, Ges. v. 27./3. 72 (GS. 278 §§ 5, 6). Die Mitglieder des OVG. unterstehen keiner Disziplinargewalt, Ges. v. 3./7. 75 (GS. 1880 S. 328) §§ 20 bis 25. Für die richterlichen Militärjustizbeamten gilt Ges. v. 1./12. 98 (RGBl. 1297).

Art. 87a. Bei der Bildung gemeinschaftlicher Gerichte für preußische Gebietstheile und Gebiete anderer Bundesstaaten sind Abweichungen von den Bestimmungen des Artikels 86 und des ersten Absatzes im Artikel 87 zulässig.

Art. 87a beruht auf Ges., betr. eine Zusatzbestimmung zu den Artikeln 86 u. 87 d. VerfUrk., v. 31. Jan. 1850, v. 19. Febr. 1879 (GS. 18).

Art. 88. Aufgehoben.

Durch Ges. v. 30. April 1856 (GS. 297). Früherer Inhalt: „Den Richtern dürfen andere besoldete Staatsämter fortan nicht übertragen werden. Ausnahmen sind nur auf Grund eines Gesetzes zulässig."

Art. 89. Die Organisation der Gerichte wird durch das Gesetz bestimmt.

Art. 89 bestimmt, daß die Organisationsgewalt der Krone sich nicht auf die Gerichte bezieht, daß mithin Aenderungen an der Organisation der Gerichte nur unter Zustimmung des Landtages erfolgen dürfen. Maßgebend für die Organisation der Gerichte ist zur Zeit in erster Reihe das GVG. v. 27. Jan. 1877 (RGBl. 77 ff.), welches Reichsgesetz landesrechtliche

Organisationen nur so weit zuläßt, wie es diese Zulassung ausdrücklich gestattet.

Art. 90. Zu einem Richteramte darf nur der berufen werden, welcher sich zu demselben nach Vorschrift der Gesetze befähigt hat.

Zur Zeit sind maßgebend das GVG. (besonders §§ 2 ff.) und das preußische EG. zu demselben v. 24./4. 1878 (GS. 230).

Art. 91. Gerichte für besondere Klassen von Angelegenheiten, insbesondere Handels- und Gewerbegerichte sollen im Wege der Gesetzgebung an den Orten errichtet werden, wo das Bedürfniß solche erfordert.[1]

Die Organisation und Zuständigkeit solcher Gerichte, das Verfahren bei denselben, die Ernennung ihrer Mitglieder, die besonderen Verhältnisse der letzteren und die Dauer ihres Amtes werden durch das Gesetz[2] festgestellt.

[1] Auch hier sind die in Anm. 1 zu § 90 cit. Gesetze maßgebend, s. insbesondere GVG. § 14, welcher die Zulassung besonderer Gerichte, und §§ 100 ff., welche die Errichtung von Kammern für Handelssachen betreffen.

[2] Da Reichsrecht dem Landesrecht vorgeht, kann durch ersteres vorgeschrieben werden, daß die Organisation und Zuständigkeit solcher Gerichte auch im Wege der Verordnung bestimmt werden können; s. z. B. VGB. § 100, wonach die Landesjustiz*verwaltung* die Bildung von Kammern für Handelssachen anordnen kann.

Art. 92. Es soll in Preußen nur Ein oberster Gerichtshof bestehen.

Durch Ges. v. 17. März 1852 (GS. 73) wurden das damalige Obertribunal und der Rheinische Revisions- und Kassationshof zu einem einheitlichen Gerichtshof unter dem Namen „Obertribunal" vereinigt. Dieses ist durch § 12 des Ges. v. 24./4. 78 (GS. 230) aufgehoben. Höchster Gerichtshof ist jetzt das Reichsgericht, s. GVG. §§ 12, 125 ff. In § 50 des Ges. v. 24./4. 78 (GS. 230) ist auf Grund der §§ 8, 9 EG. z. GVG. bestimmt worden, daß die Verhandlung und Entscheidung der nicht zur Zuständigkeit des Reichsgerichts gehörenden Revisionen gegen Urtheile der Strafkammern in erster Instanz, sowie über die Revisionen gegen Urtheile der Strafkammern in der Berufungsinstanz und über alle Beschwerden gegen Entscheidungen der Strafkammern, sofern eine nach Landesrecht strafbare Handlung den Gegenstand der Untersuchung bildet, desgleichen endlich über das in § 40 dieses Ges. bezeichnete Rechtsmittel der weiteren Beschwerde (s. indeß § 56) dem Kammergericht (kleinen Obertribunal) zu Berlin zustehen sollen.

Oberstes Militärgericht ist das Reichs-Militärgericht in Berlin, Militärstrafgerichtsordnung v. 1./12. 98 (RGBl. 1189) § 71.

Art. 93. Die Verhandlungen vor dem erkennenden Gerichte in Civil- und Strafsachen sollen öffentlich sein.[1] Die Oeffentlichkeit kann jedoch durch einen öffentlich zu verkündenden Beschluß des Gerichts ausgeschlossen werden, wenn sie der Ordnung oder den guten Sitten Gefahr droht.[2]

In anderen Fällen kann die Oeffentlichkeit nur durch Gesetze beschränkt werden.[3]

[1] Auch Art. 93 ist im Wesentlichen ersetzt durch die Reichsgesetzgebung. Nach dieser — GVG. §§ 170 ff. — soll die Verhandlung vor dem erkennenden Gericht, einschließlich der Verkündigung der Urtheile und Beschlüsse desselben, öffentlich (ev. Revisionsgrund) erfolgen.

[2] Es gilt hier GVG. §§ 173 ff. bezw. Ges. v. 5./4. 88 (RGBl. 133), wonach durch einen öffentlich zu verkündenden Gerichtsbeschluß für die Verhandlung oder einen Theil derselben die Oeffentlichkeit ausgeschlossen werden kann, wenn sie eine Gefährdung der öffentlichen Ordnung, insbesondere der Staatssicherheit oder der Sittlichkeit besorgen läßt. Das Urtheil ist auch in solchen Fällen öffentlich zu verkünden, GVG. § 174.

[3] In Ehesachen auf Antrag einer Partei (GVG. § 171) und in Entmündigungssachen nach Maßgabe des GVG. § 172 ist die Oeffentlichkeit ausgeschlossen, doch ist das Urtheil öffentlich zu verkündigen. GVG. § 174.

Art. 94.[1] Bei Verbrechen erfolgt die Entscheidung über die Schuld des Angeklagten durch Geschworene, insoweit ein mit vorheriger Zustimmung der Kammern erlassenes Gesetz nicht Ausnahmen bestimmt. Die Bildung des Geschworenengerichts regelt das Gesetz.[2]

[1] Dieser Art. 94 ist durch Art. 2 des Ges. v. 21./5. 52 (GS. 249) an die Stelle des ursprünglichen Art. 94 getreten, welcher lautete:

„Bei den mit schweren Strafen bedrohten Verbrechen, bei allen politischen Verbrechen und bei allen Preßvergehen, welche das Gesetz nicht ausdrücklich ausnimmt, erfolgt die Entscheidung über die Schuld des Angeklagten durch Geschworene.

Die Bildung des Geschworenengerichts regelt das Gesetz."

Auch er ist heute durch die Reichsgesetzgebung obsolet geworden. Ueber Verbrechen entscheiden in den Fällen GVG. § 73 Nr. 2 bis 7 die Strafkammern, des § 136 Nr. 1 das Reichsgericht und in den übrigen Fällen (GVG. § 80) die Schwurgerichte.

² S. GVG. §§ 81 bis 99.

Art. 95. Es kann durch ein mit vorheriger Zustimmung der Kammern zu erlassendes Gesetz ein besonderer Gerichtshof errichtet werden, dessen Zuständigkeit die Verbrechen des Hochverraths und diejenigen Verbrechen gegen die innere und äußere Sicherheit des Staats, welche ihm durch das Gesetz überwiesen werden, begreift.

Dieser Art. 95 ist durch Art. 3 des Ges. v. 21./5. 52 (GS. 249) an die Stelle des ursprünglichen Art. 95 getreten, welcher lautete:

> „Es kann durch ein mit vorheriger Zustimmung der Kammern zu erlassendes Gesetz ein besonderer Schwurgerichtshof errichtet werden, dessen Zuständigkeit die Verbrechen des Hochverraths und diejenigen schweren Verbrechen gegen die innere und äußere Sicherheit des Staats, welche ihm durch das Gesetz überwiesen werden, begreift. Die Bildung der Geschworenen bei diesem Gerichte regelt das Gesetz."

Auch der jetzige Art. 95 ist obsolet. Zur Untersuchung und Entscheidung in erster und letzter Instanz in den Fällen des Hochverraths und des Landesverraths (StrGB. §§ 80 bis 93), insofern diese Verbrechen gegen den Kaiser oder das Reich gerichtet sind, ist das Reichsgericht zuständig, sonst je nach den allgemeinen Bestimmungen das Schwurgericht oder die Strafkammer.

Art. 96. Die Kompetenz der Gerichte und Verwaltungsbehörden wird durch das Gesetz [1] bestimmt.[2] Ueber Kompetenzkonflikte zwischen den Verwaltungs- und Gerichtsbehörden entscheidet ein durch das Gesetz [2] bezeichneter Gerichtshof.[3 4]

[1] Nicht die Kompetenz der Gerichte unter einander und die Kompetenz der Verwaltungsbehörden unter einander, sondern die Kompetenz zwischen Gerichts- und Verwaltungsbehörden, die „Grenzscheidung" zwischen der Wirksamkeit der Gerichte und derjenigen der Verwaltungsbehörden, soll — dies allein will Art. 96 besagen — durch Gesetz geregelt werden. Daß die Kompetenz der Gerichte unter einander der Verordnungsgewalt entzogen ist, bestimmt schon Art. 89. In Ansehung der Kompetenz der Verwaltungsbehörden besteht eine dem Art. 89 entsprechende Verfassungsvorschrift nicht, und daher ist unter Bezugnahme auf Art. 96 zu Unrecht behauptet worden, daß die Kompetenz der Verwaltungsbehörden nur durch Gesetz geändert werden könne. Art. 96 steht hiernach nicht im Wege, daß durch Königliche Verordnungen die Zuständigkeitsverhältnisse der Ministerien, Eisenbahn-, Oberpostdirektionen u. s. w. anderweit geregelt werden. Solche Verordnungen sind, soweit nicht ein besonderes Gesetz entgegensteht, rechtsgültig; s. oben Art. 47 nebst Anm., Achenbach am 4./12. 68 im AbgH., Sten. Ber. 436, Graf zu Eulenburg am 30./1. 69 im HH., Sten. Ber. 188, 189; s. ferner Arndt, Verordnungsrecht S. 149, ebenso Bornhak S. 455 f., vgl. auch v. Rönne I § 105.

[2] Eine begriffliche Abgrenzung zwischen Gerichts- und Verwaltungssachen ist nicht möglich. Es hängt vom Ermessen des Gesetzgebers ab, ob er einen Gegenstand der Entscheidung durch das Gericht oder durch

die Verwaltungsbehörden unterwerfen will (Arndt, Verordnungsrecht S. 213 ff., S. 227 a. a. O.). So haben über Zuwiderhandlungen gegen „Polizeiverordnungen" das Gericht (Ges. über die Polizeiverwaltung v. 11./3. 50 [GS. 265] § 17 a. a. O.), gegen „Unfallverhütungsvorschriften" — die materiell genau dasselbe sind — der Genossenschaftsvorstand und das Reichsversicherungsamt bezw. Polizeibehörden zu entscheiden, Unfallversicherungsges. v. 6./7. 84 (RGBl. 64) §§ 79, 80. Die thatsächliche Abgrenzung ist in den einzelnen Gesetzen zu suchen; vgl. v. Rönne I § 105. Im Allgemeinen, d. h. soweit nicht Spezialgesetze Abweichendes vorschreiben, sind die Gerichte nur rücksichtlich reiner Privatrechte und der bürgerlichen (nicht Militär-)Strafsachen zuständig; die Verwaltungsgerichte sind nur in denjenigen Fällen zuständig, die ihnen namentlich durch Gesetze zugewiesen sind.

[3] Die Verfassung meinte, daß ein solcher Gerichtshof durch Gesetz neu geschaffen werden sollte (v. Rönne I § 106 S. 522). Dies ist indeß nicht geschehen, und daraus folgt unter Berücksichtigung des Art. 110 der VerfUrk., daß die bisher zur Entscheidung solcher Kompetenzkonflikte zuständige Behörde ihre Zuständigkeit behalten hatte (vgl. JMBl. 1851 S. 44, 191). Diese Behörde war (im Allgemeinen) gemäß Ges. v. 8./4. 47 (GS. 170) der „Gerichtshof zur Entscheidung der Kompetenzkonflikte". Indeß auch für die in Art. 96 behandelte Materie entscheidet heute an erster Stelle das Reichsrecht, nämlich:

GVG. § 17: „Die Gerichte entscheiden über die Zulässigkeit des Rechtswegs.

Die Landesgesetzgebung kann jedoch die Entscheidung von Streitigkeiten zwischen den Gerichten und den Verwaltungsbehörden oder Verwaltungsgerichten über die Zulässigkeit des Rechtswegs besonderen Behörden nach Maßgabe der folgenden Bestimmungen übertragen:

1. Die Mitglieder werden für die Dauer des zur Zeit ihrer Ernennung von ihnen bekleideten Amts oder, falls sie zu dieser Zeit ein Amt nicht bekleiden, auf Lebenszeit ernannt. Eine Enthebung vom Amte kann nur unter denselben Voraussetzungen wie bei den Mitgliedern des Reichsgerichts stattfinden.
2. Mindestens die Hälfte der Mitglieder muß dem Reichsgerichte oder dem obersten Landesgerichte oder einem Oberlandesgerichte angehören. Bei Entscheidungen dürfen Mitglieder nur in der gesetzlich bestimmten Anzahl mitwirken. Diese Anzahl muß eine ungerade sein und mindestens fünf betragen.
3. Das Verfahren ist gesetzlich zu regeln. Die Entscheidung erfolgt in öffentlicher Sitzung nach Ladung der Parteien.
4. Sofern die Zulässigkeit des Rechtswegs durch rechtskräftiges Urtheil des Gerichts feststeht, ohne daß zuvor auf die Entscheidung der besonderen Behörde angetragen war, bleibt die Entscheidung des Gerichts maßgebend."

und EG. z. GVG. § 17: „Auf Antrag eines Bundesstaates und mit Zustimmung des Bundesraths kann durch Kaiserliche Verordnung die Verhandlung und Entscheidung der im §. 17 des Gerichtsverfassungsgesetzes bezeichneten Streitigkeiten dem Reichsgerichte zugewiesen werden.

Für diejenigen Bundesstaaten, in denen die im §. 17 des Gerichtsverfassungsgesetzes bezeichneten Behörden bestehen und nach Maßgabe der Vorschriften im §. 17 Nr. 1—4 einer Veränderung ihrer Einrichtung und des Verfahrens bedürfen, kann die Veränderung, sofern sie nicht bis zum Inkrafttreten dieses Gesetzes landesgesetzlich getroffen ist, durch landesherrliche Verordnung eingeführt werden."

Da in Preußen bis zum Inkrafttreten des GVG., d. i. bis zum 1./10. 79, das hier beregte Verfahren landesgesetzlich geregelt war, und da es sich nur um eine Veränderung in der Einrichtung einer bestehenden Behörde handelte, so rechtfertigt sich die Königl. Verordnung, betr. die Kompetenzkonflikte zwischen den Gerichten und den Verwaltungsbehörden, v. 1./8. 79 (GS. 573). S. auch v. Stengel S. 226. Das von den Justizbehörden bei Kompetenzkonflikten zu beobachtende Verfahren s. JMBl. 1888 S. 4 f.

[4] Auch über die im Verwaltungsstreitverfahren zu verhandelnden Angelegenheiten kann der Kompetenzkonflikt erhoben werden. Ueber diesen entscheidet das Oberverwaltungsgericht, Ges. über die allgemeine Landesverwaltung v. 30./7. 83 (GS. 195) § 113.

Art. 97. Die Bedingungen, unter welchen öffentliche Civil- und Militairbeamte wegen durch Ueberschreitung ihrer Amtsbefugnisse verübter Rechtsverletzungen gerichtlich in Anspruch genommen werden können, bestimmt das Gesetz. Eine vorgängige Genehmigung der vorgesetzten Dienstbehörde darf jedoch nicht verlangt werden.

Ges., betr. die Konflikte bei gerichtlichen Verfolgungen wegen Amts- und Diensthandlungen, v. 13./2. 54 (GS. 86). Dieses Ges. ist durch § 11 EG. z. GVG. mit den sich aus demselben ergebenden Modifikationen in Kraft geblieben.

§ 11. „Die landesgesetzlichen Bestimmungen, durch welche die strafrechtliche oder civilrechtlich

Verfolgung öffentlicher Beamten wegen der in Ausübung oder in Veranlassung der Ausübung ihres Amts vorgenommenen Handlungen an besondere Voraussetzungen gebunden ist, treten außer Kraft.

Unberührt bleiben die landesgesetzlichen Vorschriften, durch welche die Verfolgung der Beamten entweder im Falle des Verlangens einer vorgesetzten Behörde oder unbedingt an die Vorentscheidung einer besonderen Behörde gebunden ist, mit der Maßgabe:

1. daß die Vorentscheidung auf die Feststellung beschränkt ist, ob der Beamte sich einer Ueberschreitung seiner Amtsbefugnisse oder der Unterlassung einer ihm obliegenden Amtshandlung schuldig gemacht habe;
2. daß in den Bundesstaaten, in welchen ein oberster Verwaltungsgerichtshof besteht, die Vorentscheidung diesem, in den anderen Bundesstaaten dem Reichsgerichte zusteht."

Hiernach und gemäß Ges. über die allgemeine Landesverwaltung v. 30./7. 83 (GS. 195) § 114 trifft das Oberverwaltungsgericht die Vorentscheidung, ob der Beamte sich einer Ueberschreitung seiner Amtsbefugnisse oder der Unterlassung einer ihm obliegenden Amtshandlung schuldig gemacht hat. S. auch v. Stengel S. 153 f. und für das von den Justizbehörden zu beobachtende Verfahren JMBl. 1888 S. 6 f.

Für Reichsbeamte gilt das allgemeine Recht, s. Reichsbeamtenges. v. 31./3. 73 (RGBl. 61) § 154, GVG. § 70, Erk. des OVG. v. 24./1. 85 E. XI 403, Arndt, Reichsstaatsrecht S. 647 f. Dagegen findet das Ges. Anwendung auf Personen des Soldatenstandes (§ 6), da diese nicht unter das Reichsbeamtenges. fallen; s. Arndt, Reichsstaatsr. S. 551, JMBl. 1888 S. 8. Wenn Personen des Soldatenstandes wegen Diensthandlungen oder -Unterlassungen bei anderen als Militärgerichten belangt werden, kann der Divisions-Kommandeur oder kommandirende General den Konflikt erheben. Die Entscheidung steht dem OVG. zu.

Titel VII.

Von den nicht zum Richterstande gehörigen Staatsbeamten.

Art. 98. Die besonderen Rechtsverhältnisse der nicht zum Richterstande gehörigen Staatsbeamten, einschließlich der Staatsanwälte, sollen durch ein Gesetz [1] geregelt werden, welches, ohne die Regierung in der Wahl der ausführenden Organe zweckwidrig zu beschränken, den Staatsbeamten gegen willkürliche Entziehung von Amt und Einkommen angemessenen Schutz gewährt.[2]

[1] Ein allgemeines Beamtengesetz fehlt in Preußen.

[2] S. Ges., betr. die Dienstvergehen der nicht richterlichen Beamten v. 21./7. 52 (GS. 465), eingeführt in die neuen Provinzen durch Verordnung v. 23./9. 67 (GS. 1613) und in Lauenburg durch Ges. v. 9./4. 79 (GS. 345) § 27. Letzteres Gesetz enthält Abänderungen der Disziplinargesetze; s. Anm. 4 zu Art. 87. Nach der von der preuß. Staatsregierung erneut und entschieden bestrittenen Ansicht des RG. v. 12./8. 96, E. in Civils. XXXVIII 317, regelt das cit. Ges. v. 21./7. 52 erschöpfend alle Fälle, in denen Gehaltsverlust eintritt, und hat z. B. die KO. v. 17./5. 20 aufgehoben.

Früher (KO. v. 7./7. 30) war Rechtsweg in Preußen bei Gehaltsforderungen unmittelbarer Staatsbeamten ausgeschlossen, seit Ges. v. 24./5. 61 (GS. 241) ist er mit den dort vorgeschriebenen Modifikationen zulässig.

Titel VIII.

Von den Finanzen.

R. Gneist, Gesetz und Budget. Konstitutionelle Streitfragen aus der preuß. Ministerkrisis vom März 1878; R. Gneist in v. Holtzendorff's Rechtslexikon III S. 732 Art. „Steuerverweigerung"; P. Laband, Das Budgetrecht nach den Bestimmungen der Preuß. Verfassungs-Urkunde 2c., Berlin 1867; P. Laband in der Zeitschr. f. öffentliches Recht 1886 S. 173 ff.; H. Schulze, Lehrb. des Preuß. Staatsr. II § 200; Zorn, Reichsstaatsrecht II S. 327 f.; Derselbe in Hirth's Annalen 1889 S. 363; v. Rönne, Preuß. Staatsr. I §§ 116 ff.; G. Meyer, Lehrb. §§ 204 ff.; Fricker, Die Natur der Steuerbewilligung und des Finanzgesetzes, in der Zeitschr. für die gesammte Staatswissenschaft Bd. XVII S. 663 ff.; Gustav Seidler, Budget und Budgetrecht, Wien 1885; Arndt, im Arch. f. öffentl. Recht 1888 S. 532 f.; Kom. zu Art. 69 der Reichsverfassung; Arndt, Reichsstaatsr. S. 318 ff.

Das Budgetrecht gehört theoretisch zu den streitigsten Theilen des Verfassungsrechts. Um Klarheit zu gewinnen, muß man unterscheiden: I. das Verhältniß des Staates zu einem Dritten und II. das Verhältniß der verschiedenen Staatsgewalten untereinander, insbesondere das Verhältniß der Gesetzgebung zur Vollziehung, oder noch spezieller: das Verhältniß der zweiten Kammer zur Staatsregierung. Nur das Verhältniß zu II, nicht das Verhältniß zu I findet in den Verfassungs-Urkunden seinen Ausdruck.

I. a) Wer eine rechtlich begründete Forderung an den Staat hat, z. B. wer von einer dazu legitimirten Stelle als Beamter, Arbeiter angestellt ist, wer mit einer legitimirten Stelle einen Vertrag als Unternehmer abgeschlossen hat, wem auf Grund des Besitzes zinstragender oder zinsloser Staatsverschreibungen Forderungen an den Staat zustehen, kann diese Forderungen geltend machen, ohne daß ihm aus dem Etatsrecht, dieser internen Angelegenheit der Staatsgewalten unter einander, Einreden entgegengesetzt werden können. Umgekehrt, daß eine Stelle im Etat vermerkt, daß für eine Lieferung an den Staat eine Position bewilligt, daß ein Anspruch des Staates an einen Dritten im Etat, etwa als nicht einziehbar, niedergeschlagen ist, giebt kein Recht, das Gehalt, oder die Zahlung oder Lieferung zu fordern oder die Befriedigung des staatlichen Anspruches zu verweigern; s. auch Anm. 5 zu Art. 47. Das Erk. d. OTr. v. 16. Febr. 1866, Entsch. Bd. 56 S. 1 f., nimmt an, daß die Verpflichtung der Staatskasse zur Fortzahlung von Ausgaben, deren fortdauernde Entrichtung ihr durch eine Kgl. Verordnung vor dem Jahre 1848 auferlegt worden ist, nach Publikation der VerfUrk. nicht von der Zustimmung des Landtages abhängt. Der Gerichtshof zur Entscheidung der Kompetenzkonflikte erklärt in dem Urtheile v. 14./4. 55 (JMBl. 304) als sich von selbst verstehend, daß das Vorhandensein einer Etatsposition für die Pflicht des Staates Dritten gegenüber ohne Einfluß sei. Ebenso faßt das Reichsgericht in dem Urtheile v. 9. April 1885 (Entsch. in Civils. XIII 258) das Etatsgesetz als rein interne Angelegenheit zwischen Staatsregierung und Landtag auf. Gleiches gilt selbst in dem demokratischen Norwegen (Aschehoug, Das Staatsr. der vereinigten Königreiche Schweden und Norwegen S. 165). Daß nach preußischem Staatsrecht das Etatsgesetz nur rein interne Angelegenheit zwischen Staatsregierung und Landtag ist, ergiebt sich aus folgenden Erwägungen:

1. Nach Art. 99 soll das Etatsgesetz die Einnahmen und Ausgaben „veranschlagen“ und

„feststellen". Art. 99 spricht nicht von einer „Bewilligung", noch bestimmt er, daß außeretatsmäßige Einnahmen zurückzuzahlen, außeretatsmäßige Ausgaben wieder beizutreiben sind.

2. Die Aufstellung eines Etats ist älter als die Verfassung; dieselbe war nur eine früher geheim zu haltende Richtschnur für die Verwaltung, keine die Unterthanen bindende Rechtsnorm. Die Instruktionen für die Ober-Rechnungskammern v. 30. Mai 1768[1] und 18. Dez. 1824[2] verpflichten die Revisoren keineswegs, darauf zu sehen, daß nur die im Etat vorgesehenen, sondern daß überhaupt möglichst hohe Einnahmen erhoben werden, und in Ansehung der Ausgaben schreiben sie vor, daß für außeretatsmäßige Ausgaben der Rendant oder die Behörde regreßpflichtig sein sollen (wenn diese Ausgaben nicht hinterher gebilligt, justifizirt werden); nicht aber bestimmen sie, daß diese Ausgaben lediglich aus dem Grunde, weil sie außeretatsmäßige sind, vom Empfänger kondizirt werden müssen.

3. Die Handlungs- und Vertretungsfähigkeit der Behörden in vermögensrechtlicher Hinsicht ist Dritten gegenüber nicht durch den Etat, sondern durch besondere Gesetze genau begrenzt, z. B. für die Regierungen durch die Geschäftsinstruktion v. 23. Okt. 1817 (GS. 248) §§ 12, 17, 21 a. a. O. Die Etats wenden sich nur an die Behörden, nicht an Jedermann; sie haben interne, nicht externe Bedeutung, und daher sollten sie bis z. J. 1821 streng verheimlicht werden[3].

---

[1] Hertel, Die preuß. Oberrechnungskammern, 1889 S. 43 ff.
[2] Hertel l. c. S. 147.
[3] Hertel l. c. S. 81 ff., KO. v. 7./6.

4. Die Verfassung ändert die Natur des Etats nicht; sie schreibt nur vor, daß, während früher der König allein denselben festsetzte, dies nunmehr durch Gesetz, unter Mitwirkung des Landtages, geschehen soll.

Dies Alles ist anerkannt in § 8 des Ges., betr. den Staatshaushalt, v. 11./5. 98, GS. 77 (sog. Komptabilitätsgesetz): „Durch die Etats werden Privatrechte oder Privatpflichten nicht begründet."

Auch wenn ein Etatsgesetz nicht zu Stande kommt, kann der Dritte den Staat auf Zahlung verklagen, kann und muß, wer immer thatsächlich, verfassungsmäßig oder verfassungswidrig, über die Staatsmittel verfügt, die dem Staate Dritten gegenüber obliegenden Verbindlichkeiten, gesetzmäßigen oder vertragsmäßigen, erfüllen, die dem Staate Dritten gegenüber zustehenden Ansprüche geltend machen und einziehen. Weigert er die grundlose Erfüllung, so setzt er den Staat der Gefahr aus, im Rechtsstreite verurtheilt zu werden; versäumt er die Geltendmachung und Einziehung staatlicher Ansprüche, so verletzt er seine Amtspflichten und macht sich der durch sie zu Schaden kommenden Staatskasse regreßpflichtig.

b) Wie verhält es sich indeß mit den Steuern? Ist der Einzelne berechtigt oder gar verpflichtet, die Zahlung der gesetzlichen Steuern zu verweigern, wenn diese in den Etat nicht aufgenommen sind oder ein Etat nicht zu Stande kommt? Die Antwort auf diese Frage ist für das preußische Staatsrecht leicht, weil sie in Art. 109 mit klaren Worten und nach der unzweifelhaften Absicht der Väter der Verfassung dahin ertheilt ist: einmal bestehende Steuern kann das Abgeordnetenhaus, kann der Etat nicht aufheben; selbst dem Abgeordnetenhause gegenüber darf die Staatsregierung bestehende Steuern, auch wenn sie in den Etat nicht aufgenommen sind oder ein Etat nicht zu

Stande kommt, forterheben. Ganz gewiß ist sie dem Steuerzahler gegenüber befugt (und verpflichtet), solche Steuern einziehen zu lassen. Das Letztere muß aber auch für das Reichsstaatsrecht gelten, und zwar weil die Reichssteuern (zum Unterschiede von den belgischen Staatssteuern) nicht als jährliche, sondern als dauernde bewilligt sind, und weil das Etatsgesetz die einzelnen Steuerzahler unmittelbar überhaupt nicht tangirt.

Anders mag die Sache vielleicht für das belgische Staatsrecht liegen. Art. 111 der belgischen Verfassung bestimmt: „Les impôts au profit de l'état sont votés annuellement. Les lois qui les établissent n'ont de force que pour un an, si elles ne sont renouvelés." Aber auch hier läßt sich der Satz vertheidigen: die Exekutive begeht zwar eine Verfassungsverletzung, wenn sie trotz Verweigerung einer gesetzlichen Steuer dieselbe erheben läßt; dafür kann sie aber nur durch die Kammern zur Verantwortung gezogen werden, und nur den Kammern gegenüber begeht sie diese Verfassungsverletzung; der Einzelne dagegen darf die Zahlung der Steuern nicht verweigern. Art. 111 legt die Exekutive vor die Füße der Kammern, aber nicht vor die Füße jedes einzelnen Steuerzahlers.

Indem die Reichsverfassung eine dem Art. 111 entsprechende Vorschrift nicht, die preußische die diesem Artikel entgegengesetzte Vorschrift getroffen hat, steht fest, daß — mag das Verhältniß der Exekutive zur Legislative in Beziehung auf das Etatsrecht wie immer aufgefaßt werden — nach deutschem Reichs- und preußischem Staatsrecht (vielleicht der Reichstag) niemals ein Einzelner (noch das preußische Abgeordnetenhaus) bestehende Steuern verweigern darf.

II. Wie aber ist das Verhältniß der Staatsgewalten unter einander in Beziehung auf das Budgetrecht?

Die herrschende Theorie (Fricker, Gneist, Laband, G. Meyer, H. Schulze u. A.) argumentirt: Gesetz sei herkömmlich in Preußen wie allgemein gleichbedeutend mit „Anordnung eines Rechtssatzes", der Etat sei daher kein Gesetz, sondern in Gesetzesform ein Verwaltungsakt; daraus folge, daß bei Vornahme dieses Verwaltungsaktes die Gesetze beobachtet werden müssen; das Abgeordnetenhaus sei daher nicht (auch formell nicht) befugt, auf Gesetzen oder auf gesetzlich begründeten Einrichtungen des Staates beruhende Einnahmen oder Ausgaben zu verweigern.

Diese Theorie ist jedenfalls in ihrer Begründung unrichtig (s. Anm. 2 zu Art. 62). Wäre ihre Begründung richtig, so müßte diese Theorie, allgemein und abstrakt, wie sie ist, für jedes Staatsrecht gelten. Sie gilt aber unzweifelhaft nicht für das belgische Staatsrecht (Art. 111, 115), noch für das französische Staatsrecht, Lebon, Marquardsen's Handb. S. 160. Das Budgetrecht des Landtages drückt dessen Machtantheil an der Staatsverwaltung aus. Die dem Landtage zustehende Macht ist in den verschiedenen Ländern nicht die gleiche. Das belgische wie das französische Staatsrecht gehen davon aus, daß alle Gewalt beim Volke ruht. Vertreter des souveränen Volkes sind die Kammern, während das Ministerium nur die ihm von den Kammern Namens des Souveräns, d. i. des Volkes, ertheilte Vollmacht ausübt. Die Vollmacht wird in und mit dem Etatsgesetz gegeben. Die Verweigerung des Budgets entzieht dem Ministerium diese Vollmacht, vorbehaltlich des Rechts, von dem Vertreter des Souveräns an den Souverän selbst durch Auflösung der Kammer zu provociren. Das Budgetrecht ist das mächtige Mittel, welches die ganze Staatsmaschine zur Verfügung des Parlaments stellt. Die Bewilligung des Budgets bedeutet nicht nur, daß gewisse Einnahmen zu erheben oder gewisse Ausgaben zu leisten sind, sondern auch, daß das am Ruder befindliche Ministerium solches thun darf. Ohne Budget entbehrt das Ministerium den Kammern gegenüber jedweden Rechtstitels, über die Geldmittel des Landes zu verfügen, Steuern irgend welcher Art zu erheben, Ausgaben irgend welcher Art zu leisten. Die Verweigerung des Budgets ist eine res merae facultatis. Sie ist nicht gegen die Gläubiger und Schuldner des Staates gerichtet, sondern der Ausspruch, daß das Staatsministerium nicht länger über die Staatsmittel verfügen dürfe, d. h. abtreten müsse. Die Kammern haben durch das Recht, die Minister anzuklagen und zu verurtheilen, auch die Macht, ihrem Ausspruche Nachdruck und Vollziehung zu verschaffen.

Das englische Budgetrecht ist äußerlich (aber nur äußerlich) hiervon verschieden. In England herrscht das Parlament noch mehr als in Belgien, nämlich nicht bloß wie hier mittelbar, sondern nahezu unmittelbar. Es hat daher gar nicht nöthig, seine Herrschaft im Staate, seine Macht der Exekutive gegenüber durch die nach Außen hin unsinnige und nie beabsichtigte Verweigerung des ganzen Budgets zum Ausdrucke und zur Durchführung zu bringen. Das britische Parlament übt daher seit einem Jahrhunderte nicht den Brauch, das ganze Budget oder die (nicht zu entbehrenden) feststehenden Steuern zu verweigern — obwohl es dazu berechtigt ist —, sondern begnügt sich damit, durch Verweigerung einer der nicht feststehenden Steuern oder in mancher anderen Weise das Ministerium, seinen geschäftsführenden Ausschuß, zum Gehorsam oder zum Rücktritt zu zwingen. Dies, nichts Anderes sagt Erskine May, Const. hist. I 471, nach dessen mit zahlreichen Präzedenzfällen und Erklärungen der Minister und beider Häuser belegter Darstellung jede Geldbewilligung „a free gift“ des Unterhauses ist.

Was Preußen anbelangt, so ergeben der Regierungsentwurf vom 20. Mai 1848, der Kommissionsentwurf der Nationalversammlung, die Verfassungen vom 5. Dezember 1848 und 31. Januar 1850 und die bei Berathung dieser gepflogenen Verhandlungen zunächst, daß an die Theorie von dem Verwaltungsakt in gesetzlicher Form von Niemandem und in keiner Weise gedacht wurde und sodann, daß — abgesehen von den bestehenden Steuern und Abgaben — dem Landtage die Befugniß eingeräumt werden sollte, nicht bloß die Erhöhung bestehender oder die Einführung neuer Steuern abzulehnen, sondern jede, auch die auf Gesetz beruhende Ausgabe zu bewilligen, also auch zu verweigern. Mit anderen Worten: der preußische Landtag erhielt das Ausgabenbewilligungs-, (also formell) auch das Ausgabenverweigerungsrecht, nicht aber (in Ansehung der bestehenden Abgaben) das Steuerverweigerungsrecht.

Wäre die herrschende Theorie richtig, daß die Handhabung des Budgetrechts nur innerhalb und unbeschadet der bestehenden Gesetze erfolgen dürfe, so wären die mit so großem Nachdrucke vertheidigten § 82 des Regierungsentwurfs vom 20. Mai 1848, bezw. Art. 109 der Verfassung vom 31. Januar 1850 überflüssig, indem sie besonders aussprechen, daß die bestehenden Steuern und Abgaben (und diese beruhen ja und müssen auf Gesetzen beruhen) fortzuerheben sind, indem sie in Ansehung der gesetzlich bestehenden Steuern und Abgaben (vgl. Rede Stahl's am 19. Nov. 1849, Verhandlungen der I. Kammer III S. 1479) und nur in Ansehung dieser und nicht in Ansehung der gesetzlich begründeten Ausgaben festsetzen, daß der Landtag im Budgetrecht die bestehenden Steuergesetze beobachten müsse.

Die herrschende Theorie, abgesehen davon, daß der Landtag von einer formellen Befugniß, gesetzlich begründete Ausgaben zu verweigern, schwerlich Gebrauch machen wird, führt auch zu unpraktischen Konsequenzen; nach ihr könnte der Landtag zwar nicht die Ausgaben für Besoldung des durch Gesetz eingeführten kirchlichen Gerichtshofes, wohl aber die Ausgaben für Besoldung der in fiskalischen Betrieben thätigen Arbeiter, angestellten Beamten, sowie die Ausgaben für die dem Fiskus gemachten Lieferungen für Eisenbahnmaterial u. s. w. ablehnen.

Die herrschende Theorie, wonach dem Landtage in Ansehung der auf Gesetzen beruhenden Ausgaben auch formell kein Verweigerungsrecht zusteht, widerspricht der Verfassung, der Staatspraxis und der Thronrede vom 5. August 1866, welche anerkannte, daß „die Staatsausgaben“ (ohne Unterschied, ob sie auf Gesetz beruhen oder nicht, in specie ohne Einschränkung auf die durch die Militärreorganisation verursachten), „welche ohne Etatsgesetz geleistet sind, der gesetzlichen Grundlage entbehren“.

Nach preuß. Staatsr. muß man nach Vorstehendem unterscheiden: 1. die Einnahmen aus dem Staatsvermögen (Domänen, Forsten, Eisenbahnen u. s. w.), 2. die Einnahmen aus den Steuern, 3. die Verfügung über die Ausgaben.

1. Einnahmen aus dem Staatsvermögen zu machen und über dieses zu verfügen, war nicht Gegenstand des Streites zwischen Krone und Kammern. Niemand hat in den Jahren 1849 und 1850 daran gedacht, die Erhebung solcher Einnahmen von der Bewilligung des Landtages abhängig zu machen. Auch die Vertreter des Budgetrechts des Landtages (Camphausen, Harkort u. A.) waren nicht anderer Ansicht. S. auch Anm. 5 zu Art. 103, Arndt im Arch. f. öff. Recht 1888 S. 546.

2. In Ansehung der Steuern beschloß die zweite Kammer den Fortfall der ersten Worte des Art. 109,

das Bewilligungs- und also auch das mehr oder weniger klar ausgesprochene Verweigerungsrecht der Steuern. Die erste Kammer faßte den umgekehrten Beschluß; es blieb also bei der unveränderten Fassung des Art. 109, d. h. die Steuern bedürfen keiner jährlichen Bewilligung, Arndt im Arch. f. öff. Recht 1888 S. 547.

Daraus folgt: ein Einnahmebewilligungsrecht bestand und besteht in Preußen nicht, wie dies auch im Komm.Ber. des AbgH. zum Komptabilitätsges. 11./5. 98 Nr. 102 und in den Verhandlungen dieses Hauses am 21. und 25. April 1898 betont und aufrecht erhalten ist; das Indemnitätsgesetz im Jahre 1866 bezog sich nicht auf die Einnahmen; Ueberschreitungen der etatsmäßigen Einnahmen werden dem Landtage nur zur Kenntniß, nicht zur Genehmigung mitgetheilt, Arndt, ebd. S. 547 f.

3. Als Mittel, seinen Einfluß zur Geltung zu bringen, und als Theil und Ueberrest des in der Verordnung v. 6. April 1848 der Volksvertretung zugestandenen Rechts der Feststellung des Etats und der Steuerbewilligung, als Ersatz für das versagte Steuerbewilligungsrecht wurde dem Landtage von der Staatsregierung das Ausgabenbewilligungs-, also auch das Verweigerungsrecht zugestanden, in der Erwartung, daß er davon einen verständigen Gebrauch machen werde (vgl. Arndt im Arch. f. öff. Recht 1888 S. 559 f.). Zwar bedürfen hiernach, wie dies auch der Praxis entspricht, selbst die gesetzlich vorgeschriebenen und die unbedingt nothwendigen Ausgaben (z. B. die aus einer gerichtlichen Verurtheilung des Fiskus folgenden) der vorgängigen oder nachträglichen Genehmigung des Landtages; andererseits ist dieser verpflichtet (gebunden), solche Ausgaben zu bewilligen. Die Bewilligung bedeutet das Anerkenntniß, daß die Ausgaben als gesetzlich oder nothwendig anerkannt werden. Daß z. B. der Reichstag verpflichtet ist, gesetzlich feststehende

Ausgaben zu bewilligen, ist z. B. bei Berathung des Flottengesetzes am 1./7. 98 von den Mitgliedern aller Parteien zugestanden (Arndt in der Deutschen Juristenzeitung 1898 S. 70). Man spricht insoweit von einer gesetzlichen Bindung, von einer moralischen Bindung dagegen, wenn es sich um eine fernere Rate einer in einer früheren Rate bewilligten Ausgabe handelt. Aus dem Satze, daß das Parlament gebunden ist, gesetzlich feststehende Ausgaben zu bewilligen, braucht die Regierung „tacked bills" oder die Abänderung bestehender Gesetze durch den Haushaltsetat sich nicht gefallen zu lassen; s. auch Graf Posadowsky-Wehner am 20./3. 96 (Sten. Ber. des Reichstages 1896 S. 1611), Arndt, Reichsstaatsr. S. 332 f.

Für die Leistung außeretatsmäßiger Ausgaben ist die Regierung dem Landtage verantwortlich; solche Ausgaben zu machen, ist ihr verfassungsmäßig verboten, d. h. sie bedarf der nachträglichen Genehmigung, welche auch in den Fällen nachgesucht wird und nachzusuchen ist, wo die Ausgabe eine gesetzliche bezw. nothwendige war, also die Bewilligung nicht verweigert werden darf.

Welche rechtliche Bedeutung hat das Nichtzustandekommen des Etats in Preußen? Die Staatsregierung darf auch dem Landtage gegenüber auf Grund Art. 109 der Verfassungsurkunde (und muß, da sie die Gesetze auszuführen hat) die bestehenden Abgaben und Einnahmen forterheben lassen; Ausgaben zu leisten ist sie dem Landtage gegenüber nicht berechtigt. Nicht die Ausgabe im Einzelfalle, nicht die Verfügung über Staatsmittel Dritten gegenüber enthält eine Verfassungsverletzung; diese liegt lediglich in dem Umstande, daß die Staatsregierung überhaupt Ausgaben ohne Etatsgesetz leistet. Sie gleicht in einem solchen Falle dem nicht mehr legitimirten, aber dem thatsächlichen Verwalter fremden (des Staats-)Vermögens mit der Maßgabe, daß sie den einzelnen Gläubigern und Schuldnern des Staates gegenüber stets der allein legitimirte Vertreter bleibt. Sie kann und muß daher in solchem Falle den Gläubigern des Staates alle begründeten Zahlungen leisten, mögen diese am letzten Ende auf formellem Gesetze beruhen oder nicht; sie kann und muß alle Forderungen des Staates einziehen, mögen diese sich auf Gesetze zurückführen lassen oder nicht. Dem Landtage gegenüber ist sie für alle Ausgaben verantwortlich, und sie bedarf, wie in der Thronrede am 5. August 1866 auf das Feierlichste anerkannt ist, der Indemnität, eines internen Aktes der Staatsgewalten, dafür, daß sie der Verfassung zuwider ohne Etatsgesetz überhaupt irgend welche Ausgaben geleistet hat.

Ein Mittel, wegen eines derartigen verfassungswidrigen Handelns — welches moralisch auch dem Landtage zur Last fallen kann — das Ministerium zur Bestrafung bezw. zur Niederlegung der Staatsgeschäfte zu zwingen, steht dem preußischen Landtage (s. Art. 61 Anm. 1) nicht zu. Es kann hierbei nur bemerkt werden, daß in Staaten wie in Preußen drei im Wesentlichen gleichberechtigte Faktoren sich gegenüberstehen, das konstitutionelle Leben auf Kompromisse angewiesen ist, keineswegs aber, wie v. Rönne, Schwartz u. A. in solchem Falle wollen, Waldeck, Duncker u. A. ausgesprochen haben, die unbedingte Unterwerfung der Krone und des Herrenhauses unter den alleinigen Willen des Abgeordnetenhauses eintreten muß, namentlich wenn mehrfache Auflösungen keine andere Zusammensetzung des Abgeordnetenhauses bewirkt haben (vgl. Arndt, Reichsstaatsr. S. 332).

Hieraus folgt indeß nicht, wie Zorn, Hirth's Ann. 1889 S. 371 Anm. 2, einwendet, daß das preußische Budgetrecht „Politik" ist. Ein Mittel, den König zu hindern, die Verfassung ohne Weiteres aufzuheben und eine andere in der Gesetzsammlung zu verkünden, giebt es auch nicht, und doch stellt die Preußische Verfassungsurkunde Rechtssätze und nicht Politik dar.

Auf dem Ausgabebewilligungsrecht beruht im Wesentlichen die Stellung und die Macht des Abgeordnetenhauses.

Das Etatsgesetz bedeutet nach Vorstehendem nicht und will nicht bedeuten: alle und nur die in ihm enthaltenen Einnahmen und Ausgaben sind zu leisten. Andererseits enthält es eine ganze Reihe zwingender Rechtsnormen: 1. Die Rechnungsführer müssen nachweisen und belegen, daß und warum sie weniger Einnahmen gemacht haben; 2. die Einnahmen sind nach den vorgeschriebenen Normen, insbesondere nach Vorabzug der gestatteten und belegten Verwaltungskosten (Nettoetat), einzustellen, und zwar 3., um Verschleierungen zu verhüten, an den genau vorgeschriebenen Stellen; 4. auch genau dann, nicht früher und nicht später, als sie erhoben werden sollen; 5. es dürfen nur die im Etat vorgesehenen Ausgaben geleistet werden und auch diese nur, wenn sie gerechtfertigt sind; 6. werden im Etat nicht vorgesehene Ausgaben geleistet, so muß, auch wenn sie an sich nothwendig waren, die nachträgliche Genehmigung des Landtags beigebracht werden; 7. die Ausgaben sind rechtzeitig, zu den angegebenen Zeiten, nicht vorher noch nachher, zu leisten; 8. sie sind aus den dazu ausgewiesenen Fonds zu leisten; 9. Fondsverwechselungen, Fondsverschiebungen, Fondsverstärkungen, Vorgriffe, Rückgriffe und Aehnliches sind verboten; 10. Ersparnisse sind außer in den besonders zugelassenen Fällen der allgemeinen Staatskasse zuzuführen, nicht unter irgend welchem Vorwand zu verausgaben oder zur Verstärkung anderer Etatstitel zu verwenden oder als Einnahmen in den neuen Etat einzustellen; 11. Uebertragungen von Ausgaben bei verschiedenen Etatstiteln sind, außer in den besonders zugelassenen Fällen, verboten u. s. w. Hiergegen ist nicht einzuwenden, daß diese Rechtssätze erst durch das Komptabilitätsges. v. J. 1898 eingeführt seien; denn sie galten schon vor diesem Gesetze, das den bestehenden Rechtszustand nur kodifizirt hat; sie gelten auch im Reiche (Arndt, Reichsstaatsr. S. 421 f.), wo ein Komptabilitätsgesetz noch nicht ergangen ist; sie gelten nämlich, weil sie sich aus Inhalt und Wesen des Etatsgesetzes von selbst ergeben.

Art. 99. Alle[1] Einnahmen und Ausgaben des Staats müssen für jedes Jahr[2] im Voraus veranschlagt und auf den Staatshaushalts-Etat gebracht werden.[3]

Letzterer wird jährlich durch ein[4] Gesetz[5] festgestellt.[6] [7]

[1] Alle, d. i. auch die auf Gesetz beruhenden, mit den sich aus Art. 59 und 109 (in Ansehung der an den Kronfideikommiß zu zahlenden Rente und der bestehenden Steuern und Abgaben) ergebenden Einschränkungen.

[2] Die Finanzperiode des preußischen Staates ist daher die einjährige. Es ist unstatthaft, daß für mehrere Jahre durch ein Gesetz der Etat geregelt wird. Es ist dagegen nicht verboten, daß in einer Sitzungsperiode des Landtages die Etats der beiden folgenden Jahre in zwei besonderen, je ein Jahr betreffenden Gesetzen festgestellt werden (s. auch Laband, Das Staatsr. des Deutschen Reichs, in Marquardsen's Handb. S. 205). Nach dem Ges. v. 29./6. 76 (GS. 177) beginnt das Etatsjahr in Preußen mit dem 1. April und endet am 31. März.

[3] Der Landtag ist nicht frei bei der Feststellung der Ausgaben; er ist vielmehr gesetzlich gebunden, gesetzlich begründete Ausgaben zu bewilligen. Ein

praktisches Resultat würde indeß die Verweigerung solcher Ausgaben nicht haben, soweit irgend wer einen Rechtsanspruch auf die bez. Staatsleistungen hat; mag dieser Anspruch, worauf die Theorie Werth legt, auf „Gesetz“ oder nur auf „Vertrag“ zwischen Staat und Privaten beruhen. Der Private kann seinen Anspruch einklagen; die über die Staatsmittel verfügenden Behörden thun daher wohl daran, ohne die Klage abzuwarten, diese Ansprüche zu befriedigen. Die Staatsregierung ist hierfür dem Landtage allerdings verantwortlich; allein, soweit die Ausgaben nothwendige sind, kann sie diese Verantwortung leicht tragen. Ministeranklage ist in Preußen z. Z. überhaupt nicht möglich, s. Anm. 1 zu Art. 61.

[4] D. i. ein einziges Gesetz; vorbehaltlich des Rechts, für unvorhergesehene Bedürfnisse Nachtragsetats durch Gesetz festzustellen.

[5] Der Weg der Verordnung auf Grund des Art. 63 ist grundsätzlich nicht ausgeschlossen; s. Anm. 3 zu Art. 63, derselben Ansicht Bornhak S. 511 und v. Stengel S. 289; anderer Ansicht v. Rönne I S. 594 und Schwartz S. 299; vgl. auch Verhdl. d. AbgH. 1863/64 II S. 776, Arndt, Reichsstaatsrecht S. 334.

[6] Das Etatsgesetz verliert mit Ablauf des Jahres, für welches es gegeben ist, seine Kraft; d. h. es gilt nicht als Normaletat weiter.

[7] Art. 99 spricht nicht von einer Bewilligung, sondern nur von „Veranschlagen“ und „Feststellen“, Arndt, Reichsstaatsr. S. 405. Daß Ausgaben ohne Etatsgesetz nicht geleistet werden dürfen, ist in Art. 99 nicht ausgesprochen. Da indeß nach der Verordnung v. 27. Okt. 1810 und der KO. v. 17. Jan. 1820 (GS. 21) die Minister, nach der Geschäfts-Instr. für die Regierungen v. 23. Okt. 1817 die Regierungen und vor

Allem nach § 26 der Instruktion für die Ober-Rechnungskammer v. 18. Dez. 1824 (Arndt im Arch. f. öff. Recht 1888 S. 540 f.) und nunmehr nach dem sog. Komptabilitätsges. v. 11./5. 98 (GS. 77) alle Behörden nur im Etat vorgesehene Ausgaben leisten dürfen, mögen sie auf Gesetz beruhen oder nicht, da ferner der Etat nur noch mit Genehmigung des Landtages durch Gesetz zu Stande kommen kann (Art. 99 der VerfUrk.), so ergiebt sich aus diesen Vorschriften, sowie aus Art. 104 der Verf. und dem Ober-Rechnungskammergesetz v. 27./3. 72 (GS. 278), daß seit der Verfassung Ausgaben nur mit Genehmigung des Landtages verfassungsmäßig geleistet werden können, unbeschadet dessen Pflicht, gesetzliche Ausgaben zu bewilligen.

Art. 100. Steuern[1] und Abgaben[1] für die Staatskasse[2] dürfen nur, so weit sie in den Staatshaushalts-Etat aufgenommen oder[3] durch besondere Gesetze angeordnet sind, erhoben werden.[4] [5]

[1] Direkte wie indirekte; im Sinne des preußischen Staatsrechts sind direkte solche, welche nach Absicht des Gesetzes den treffen sollen, der sie zahlt, indirekte solche, welche nicht den treffen sollen, der sie zahlt. Direkte Staatssteuern sind die Einkommensteuer (Ges. v. 24./6. 91, GS. 175), Vermögenssteuer (Ergänzungssteuerges. v. 14./7. 93, GS. 134), die Eisenbahnabgabe (Ges. v. 30./5. 53, GS. 449, u. Ges. v. 16./3. 67, GS. 465). Die Grund- und Gebäudesteuer vom 21./5. 61 (GS. 253 u. 317), Gewerbe-(einschließlich der Betriebs-)steuer (Ges. v. 24./6. 91, GS. 205), Hausirsteuer (Ges. v. 3./7. 76, GS. 247) und die Bergwerksabgaben (Ges. v. 12./5. 51, GS. 261) sind durch Ges. v. 14./7. 93 (GS. 119) dem Staate (also z. B. die Bergwerksabgabe nicht den Privatregalherren) gegenüber außer Hebung ge-

setzt und den Gemeinden, die Betriebssteuer den Kreisen überwiesen.

Indirekte Steuern sind die Stempel- (Ges. v. 31./7. 95, GS. 413) und die Erbschaftssteuer (Ges. v. 30./5. 73 u. 19./5. 91, GS. 72).

[2] Also Steuern und Abgaben für Provinz-, Kreis-, Gemeindekassen können ohne Zustimmung des Landtages erhoben werden.

[3] Also auch, wenn die Steuern und Abgaben nicht in den Staatshaushalts-Etat aufgenommen, wohl aber durch besondere Gesetze angeordnet sind, ist ihre Erhebung gestattet; daraus folgt, daß die Staatsregierung auch dem Landtage gegenüber ermächtigt ist, die einmal gesetzlich angeordneten Steuern erheben zu lassen, ohne Rücksicht auf Vorhandensein oder Inhalt des Staatshaushalts-Etats, s. Vorbemerkung zu Art. 99 und unten Art. 109.

[4] Aus diesem Artikel ergiebt sich, daß der Krone ein Recht, ohne Mitwirkung des Landtages Steuern und Abgaben einzuführen, nicht zusteht. Indeß ist die vorläufige Einführung und Erhebung durch Nothverordnung statthaft; s. Anm. 3 zu Art. 63, ebenso Bornhak S. 511 ff., anderer Ansicht v. Rönne I S. 371 f. und H. Schulze § 174. Nach § 3 des Einkommen- und § 3 des Ergänzungssteuerges. v. 24./6. 91 bezw. 14./7. 93 — oben zu Art. 4 — sind von den fr. Steuern befreit 1. die Mitglieder des Königl. und des Hohenzollernschen Fürstenhauses, 2. die des vormaligen hannoverschen Königshauses, des kurhessischen und nassauischen Fürstenhauses, 3. die beim Kaiser und König beglaubigten Vertreter fremder Mächte und die Bevollmächtigten anderer Bundesstaaten zum Bundesrathe, die ihnen zugewiesenen Beamten und Bediensteten, soweit sie nicht Preußen sind, 4. die, denen sonst völkerrechtlich oder nach besonderen Staatsverträgen Steuerbefreiung zukommt.

[5] Steuern im Sinne der Art. 100 und 102 sind nicht Gebühren, welche der Staat als spezielles Entgelt für besonders von ihm geleistete Dienste fordert, z. B. für Desinfektion bei Choleraverdacht, welche durch die Vorschrift in § 10 Thl. II Tit. 12 ALR. (oben Anm. 4 zu Art. 5) nöthig war; solche sind zulässig und der Rechtsweg darüber unstatthaft, RG. 25./11. 95 E. in Civils. XXXVI S. 287 f.

Art. 101. In Betreff der Steuern [1] können Bevorzugungen nicht eingeführt werden.[2]

Die bestehende Steuergesetzgebung wird einer Revision unterworfen und dabei jede Bevorzugung abgeschafft.[3]

[1] D. s. hier Staatssteuern.

[2] Hiermit sollte nicht verboten werden, für gewisse Klassen der Staatsbürger Steuerfreiheiten oder Bevorzugungen durch Gesetz einzuführen, sondern nur singuläre (individuelle) Befreiungen zu ertheilen. Art. 101 kann nicht durch einfaches Gesetz, also noch weniger durch einseitige Anordnung der Exekutive abgeändert werden.

[3] Art. 101 enthält, wie Schwartz S. 308 richtig bemerkt, eine Direktive für die Gesetzgebung. Die drei Gesetze v. 21./5. 61, betr. die Entschädigung für aufgehobene Grundsteuerbefreiungen (GS. 327), die Grundsteuer von den Liegenschaften (GS. 253), die Gebäudesteuer (GS. 317) haben die bis dahin (äußerlich wenigstens) vorhandenen Ungleichheiten in der Besteuerung der Immobilien aufgehoben.

Art. 102. Gebühren können Staats- oder Kommunalbeamte nur auf Grund des Gesetzes erheben.

S. Anm. 5 zu Art. 100.

Art. 103. Die Aufnahme von Anleihen[1] für die Staatskasse[2] findet nur auf Grund eines Gesetzes[3] statt.[4] Dasselbe gilt von der Uebernahme von Garantieen zu Lasten des Staats.[3 4 5]

[1] D. i. auch sog. Papiergeld. Solches kann ebenso wie eine Prämienanleihe nur noch auf Grund eines Reichsgesetzes ausgegeben werden, s. Ges. v. 18./6. 71 (RGBl. 210), 30./4. 74 (RGBl. 40). Auch die Aufnahme einer sog. „schwebenden Schuld", „dette flottante", fällt unter Art. 103; vgl. Verhandlungen der II. Kammer 1859, S. 644 ff., 703 ff., Schulze, Preuß. Staatsr. II S. 266 f.

[2] Art. 103 unterscheidet nicht, ob die Anleihen zu Verwaltungs- oder Finanzzwecken gemacht werden. Bei den ersteren mischt sich dem civilrechtlichen Verhältniß des Staats zu seinen Gläubigern ein verwaltungsrechtliches bei, welches die civilrechtliche Seite des Verhältnisses bedingt und beeinflußt; bei den letzteren ist dieses Verhältniß ein rein privatrechtliches (so Laband a. a. O. bei Marquardsen S. 192). In beiden Fällen ist ein Gesetz erforderlich, mag also die Anleihe für die Anstellung von Beamten, für die Verpflegung von Truppen oder von fiskalischen Grubenarbeitern, für die Erbauung einer neuen Kaserne oder einer neuen Schachtanlage bestimmt sein. Anderer Ansicht u. A. Laband (Das Staatsr. des Deutschen Reichs, in Marquardsen's Handb. S. 192), der annimmt, daß zur Kontrahirung von Verwaltungsschulden ein Gesetz nicht nöthig ist (s. auch G. Meyer § 203), G. Meyer, Verwaltungsrecht § 240. Diese Ansicht ist unrichtig; s. auch Arndt, Reichsstaatsr. S. 436. Es kommt vielmehr nur auf die Form, nicht auf den Zweck der Schuld an. Anleihen und Zinsgarantien bedürfen in allen Fällen der Zustimmung des Landtages, zu welchem finanziellen oder Verwaltungszwecke auch immer sie bestimmt sind,

ebenso Schwartz S. 310. Anderweite Schulden darf die Staatsregierung, zu welchem Zwecke auch immer, kontrahiren, sei es durch Anstellung von Beamten und Errichtung von Staatsgebäuden zu „Verwaltungszwecken“ oder durch Annahme von Eisenbahn- und Bergarbeitern und Ankauf von Lokomotiven u. dgl. zu „Finanzzwecken“. Bei Kontrahirung derartiger Schulden, wie überhaupt bei Führung der gesammten Staatsverwaltung, bleibt die Staatsregierung indeß dem Landtage stets dafür verantwortlich, daß sie nur im Etatsgesetze vorgesehene Ausgaben leistet; s. Art. 99 u. 104. Die Hauptverwaltung der Staatsschulden wird nach Maßgabe des Ges. v. 24./2. 50 (GS. 57), abgeändert durch Ges. v. 29./1. 79 (GS. 10) und 13./2. 84 (GS. 64), durch eine von der allgemeinen Finanzverwaltung abgesonderte selbstständige Behörde geführt, die ihrerseits unter der fortlaufenden Aufsicht der Staatsschuldenkommission steht. Diese besteht aus je 3 Mitgliedern beider Häuser des Landtages, welche mit absoluter Mehrheit auf 3 Jahre gewählt sind, und aus dem Präsidenten der Ober-Rechnungskammer.

[3] Also ist der Verordnungsweg ausgeschlossen; nicht indeß die Nothverordnung (s. Anm. 3 zu Art. 63); ebenso v. Stengel. Anderer Ansicht v. Rönne I Anm. 5 zu S. 666, Schwartz S. 310 und das preuß. AbgH. gegenüber der Kgl. V. v. 18./5. 66 (GS. 227); s. Sten. Ber. d. AbgH. 1866/67 I 398—442. Im J. 1851 hat die zweite Kammer eine solche Nothverordnung in wiederholten Abstimmungen nicht für unstatthaft erklärt, s. Arndt im Arch. f. öff. Recht 1889 S. 454 f. Ein Gesetz ist auch das Etatsgesetz; folglich kann innerhalb des Etats und auf Grund des Etatsgesetzes die Staatsregierung Anleihen auf- und Zinsgarantien übernehmen.

[4] Art. 103 betrifft lediglich das Verhältniß der Exekutive zur Legislative. Seine Nichtbeachtung ist

eine Verfassungsverletzung. Nach Außen hin sind Darlehns- und Bürgschaftsschulden für den Staat verbindlich, wenn sie von der Staatsregierung kontrahirt sind; die Staatskasse kann daraus keinen Einwand übernehmen, daß Art. 103 nicht beobachtet wurde (s. Vorbemerkung vor Art. 99). v. Rönne I S. 664 hält derartige Schulden für nichtig, Schwartz S. 310 dem Staate gegenüber als unwirksam. Wäre Solches die Absicht der VerfUrk. gewesen, so hätte sie zum Mindesten die Form des Art. 48 gewählt: „Anleihen bedürfen zu ihrer Gültigkeit eines Gesetzes." Die v. Rönne'sche Ansicht führt auch zu unzweckmäßigen Folgerungen. Darnach wäre es nichtig, wenn der Staat als Eisenbahn- oder Bergwerksbesitzer, oder Bankinhaber für die Einhaltung von Lieferungsfristen, Beschaffenheit von Bergwerkserzeugnissen oder durch Diskontirung eines Wechsels Garantien leistet. Auch die Verordnung v. 17. Jan. 1820 (GS. 9) bedrohte die Aufnahme von Staatsanleihen ohne Mitgarantie der Stände nicht mit Nichtigkeit.

[5] Nach der herrschenden Theorie, E. Meier, Ueber den Abschluß von Staatsverträgen S. 61, und von Holtzendorff's Rechtslexikon I S. 552, H. Schulze in Marquardsen's Handb. S. 103 a. a. O., G. Meyer, Staatsr. S. 611, v. Rönne IV § 427 und dem von Lasker verfertigten Berichte der Komm. des AbgH. v. 1. Febr. 1866 (Anl. I S. 162 f.) bedarf es zur Veräußerung von sog. Finanzvermögen eines Gesetzes; anderer Ansicht Laband, Preuß. Budgetrecht S. 28 ff. Die herrschende Theorie ist eingehend widerlegt von Arndt, Arch. f. öff. Recht 1888 S. 533 f., dem sich v. Stengel S. 243 f. und de lege lata Schwartz S. 319 angeschlossen haben. Ein Antrag, nach dem Vorbilde der meisten Verfassungen die Veräußerung der Domänen, Forsten u. s. w. nur auf Grund eines Gesetzes zu gestatten, ist bereits in der Kommission der

Nat.-Vers. abgelehnt worden (Rauer, Protokolle S. 98 ff.). Der Landtag hat den Schutz, daß von allen Einnahmen aus Steuern, Anleihen, Domänen- 2c. Verkäufen Nichts ohne seine Genehmigung verausgabt werden darf. In einzelnen Spezialgesetzen ist ausnahmsweise für die verstaatlichten Eisenbahnen die Zustimmung des Landtages zu Veräußerungen, die Gesetzesform, vorgeschrieben worden, z. B. im Ges., betr. die Erweiterung, Vervollständigung und bessere Ausführung des Staatseisenbahnnetzes v. 3./7. 93 (GS. 105).

Art. 104. Zu Etats-Ueberschreitungen [1] ist die nachträgliche Genehmigung [2] der Kammern [3] erforderlich.[4]

Die Rechnungen über den Staatshaushalts-Etat werden von der Ober-Rechnungskammer geprüft und festgestellt.[5] Die allgemeine Rechnung über den Staatshaushalt jeden Jahres, einschließlich einer Uebersicht der Staatsschulden, wird mit den Bemerkungen [6] der Ober-Rechnungskammer zur Entlastung [7] der Staatsregierung den Kammern [8] vorgelegt.

Ein besonderes Gesetz wird die Einrichtung und die Befugnisse der Ober-Rechnungskammer bestimmen.[9] [10]

H. Schulze II § 210, v. Rönne § 117 I S. 616 f., Arndt, im Arch. f. öff. Recht 1888 S. 337, Arndt, Reichsstaatsr. § 42.

[1] Etats-Ueberschreitungen im Sinne des Art. 104 sind gemäß § 19 Abs. 1 des Ges. v. 27./3. 1872 (GS. 278) alle Mehrausgaben, welche gegen die einzelnen Kapitel und Titel des Staatshaushalts-Etats oder gegen

die von der Landesvertretung genehmigten Titel der Spezialetats stattgefunden haben, es sei denn, daß einzelne Titel in den Etats ausdrücklich als übertragbar bezeichnet sind und bei solchen die Mehrausgaben bei einem Titel durch Minderausgaben bei anderen ausgeglichen werden. Als Spezialetat in diesem Sinne ist jede Position zu verstehen, welche einer selbstständigen Beschlußfassung der Landesvertretung unterlegen hat und als Gegenstand einer solchen im Etat erkennbar gemacht ist. Als Mehrausgaben gelten auch verfrühte oder verspätete Ausgaben, Komptabilitätsges. v. 11./5. 98 § 13 a. a. O., Arndt, Reichsstaatsr. S. 492 f. Mehreinnahmen sind nur zur Kenntnißnahme mitzutheilen, Arndt, l. c. Der Antrag der Kommission des AbgH., auch die Mehreinnahmen in § 14 Abs. 1 des Ges. v. 27./3. 72 einzuschalten, wurde mit Bezug darauf, daß der preuß. Landtag kein Einnahmebewilligungsrecht hat (oben S. 242), am 17. Febr. 1872 abgelehnt.

[2] An die Nichtbefolgung einer solchen Genehmigung knüpfen sich rechtliche Folgen nicht. Der Landtag kann die Decharge verweigern; die Verweigerung oder Vorenthaltung der Decharge durch den Landtag hindert nicht die Dechargirung des Rechnungsführers durch die Ober-Rechnungskammer und die Staatsregierung, § 17 des Ges. v. 27./3. 72, Arndt, Reichsstaatsr. S. 429; anderer Ansicht Dr. Virchow am 16./3. 72 im preuß. AbgH.; s. auch Härtel l. c. S. 374. Der Landtag ist gebunden, die Genehmigung zu ertheilen, wenn die Mehrausgabe gesetzlich oder sonst nothwendig war (oben S. 242 f.).

[3] Also beider Häuser des Landtages; daß die beiden Häuser in derselben Session ihre Genehmigung ertheilen, wird behauptet (v. Rönne Anm. 6 zu I S. 621); s. dagegen Anl. zu Sten. Ber. d. AbgH. 1863 S. 1176 f., ebenso Schwartz S. 322. Die Vorlage der Regierung um Genehmigung wie die der

Rechnung kann gleichzeitig beiden Häusern, sogar dem Herrenhaus vor dem AbgH. zugehen, da dies Finanzvorlagen, aber nicht Finanzgesetzentwürfe (Art. 63 Abs. 3) sind, ebenso Schwartz S. 320.

4 Daß die Genehmigung in der Form eines Gesetzes erfolgen müsse, ist in der Verfassung nicht vorgeschrieben, auch nicht anzunehmen. Hiermit stimmt die Praxis überein, ebenso Schwartz S. 322. Anderer Ansicht ist v. Rönne I S. 621 Anm. 8. Jedes Haus kann besonders und unabhängig vom anderen die Genehmigung ertheilen. Die Generaldecharge kann der Landtag erst aussprechen, nachdem die Ueberschreitung von beiden Häusern genehmigt ist.

5 S. Ges. v. 27./3. 1872 (GS. 278).

6 Diese müssen enthalten (§ 18 d. Ges. v. 27./3. 72): „1. ob die in der Rechnung aufgeführten Beträge in Einnahme und Ausgabe mit denjenigen übereinstimmen, welche in den — revidirten — Kassenrechnungen nachgewiesen sind; 2. ob und inwieweit bei der Vereinnahmung oder Verausgabung oder Verwendung von Staatsgeldern oder bei der Erwerbung, Benutzung oder Veräußerung von Staatseigenthum Abweichungen von den Bestimmungen des gesetzlich festgestellten Staatshaushalts-Etats oder der von der Landesvertretung genehmigten Titel der Spezialetats (§ 19), oder von den mit einzelnen Positionen des Etats verbundenen Bemerkungen, oder von den Bestimmungen der auf die Staatseinnahmen und Staatsausgaben oder auf die Erwerbung, Benutzung oder Veräußerung von Staatseigenthum bezüglichen Gesetze (nicht bloß von Verwaltungsvorschriften, Sten. Ber. d. AbgH. 1872 S. 817 ff., 1263) stattgefunden haben, insbesondere 3. zu welchen Etatsüberschreitungen im Sinne des Art. 104 der VerfUrk. (§ 19), sowie zu welchen außeretatsmäßigen Ausgaben die Genehmigung des Landtages noch nicht beigebracht ist." Die Genehmigung eines Fehlers

(einer Ausgabe) durch KO. befreit den Beamten von seiner Ersatzpflicht, enthebt jedoch die Ober-Rechnungskammer seit Ges. v. 27./3. 72 nicht von der Pflicht, ihr nach § 18 d. Ges. obliegende Bemerkungen dem Landtage mitzutheilen; dies gilt auch, wenn die Krone auf dem Staate zustehende Einnahmen verzichtet oder vereinnahmte Beträge zurückerstatten läßt, was in § 18 Abs. 1 des Komptabilitätsges. v. 11./5. 98 aufrecht erhalten ist. „Die von den Behörden rechtsgültig abgeschlossenen Verträge dürfen zum Nachtheil des Staates nachträglich weder aufgehoben noch abgeändert werden. Ausnahmen sind mit königlicher Genehmigung zulässig und bedürfen, wenn der abgeschlossene Vertrag der Genehmigung des Landtages unterlegen hat, auch der Zustimmung des letzteren, § 37 Abs. 3 d. Ges. v. 11./3. 98. „Defekte" (Rechnungs- wie Kassen-) „dürfen, abgesehen von der Unmöglichkeit der Einziehung, nur auf Grund einer durch Königliche Bestimmung ertheilten Ermächtigung niedergeschlagen werden . . ." (§ 38 Abs. 1 das.). Die Bemerkungen der Ober-Rechnungskammer können den Landtag zu tadelnden Bemerkungen oder gar zur Dechargeverweigerung bestimmen; s. unten Anm. 7.

[7] Zu Unrecht werden als die Wirkungen der der Regierung ertheilten Entlastungen in privatrechtlicher Hinsicht die einer ordnungsmäßigen Quittung, in staatsrechtlicher Hinsicht die Entlastung (der Regierung) von der ihr bis dahin obliegenden Verpflichtung bezeichnet (Laband II S. 689, Seydel, Komm. S. 398). Vielmehr hat die Entlastung nur politische, nicht rechtliche Bedeutung. Die Dechargirung des Rechnungsführers hat die einer Quittung in §§ 146—153 I 14 ALR. beigelegten Wirkungen, § 17 des Ges. v. 27./3. 72, also privatrechtliche. Von der Vertretung unredlicher Handlungen oder später entdeckter Rechnungsfehler befreit sie nicht, § 146 I 14 ALR., noch weniger präjudizirt sie den Ansprüchen eines Dritten (§ 149 l. c.).

Zusammenrechnungs- und Abziehungsfälle können auch noch nach 10 Jahren gegen den Rechnungsführer (nicht seine Erben) geltend gemacht werden (§§ 130 f.). Die §§ 146—153 I 14 ALR. gelten insoweit noch nach dem Inkrafttreten des BGB. Dem Beamten ist die Decharge nicht bloß dann zu ertheilen, wenn die Ober-Rechnungskammer nichts zu erinnern findet, sondern auch wenn die gezogenen Erinnerungen durch justifizirende KO. erledigt sind. (Arndt, Reichsstaatsr. S. 430.) Der Beamte, dem die Decharge für Ausgaben verweigert wird, der zu Unrecht Ausgaben geleistet hat, rücksichtlich deren ihm auch keine justifizirende KO. ertheilt wird, muß für diesen Betrag aufkommen. Der Betrag wird ihm, unbeschadet der Rückforderung im Rechtswege, vom Gehalt oder der Pension abgezogen. Nicht wegen Rechnungs-, wohl aber wegen Kassendefekte, wenn der Istbestand einer Kasse, eines Magazins kleiner als der Sollbestand, ist nach der V. v. 24./1. 44 (GS. 52) das sog. Defektenverfahren statthaft. Die Verwaltung setzt das Defekt fest, zieht den Betrag ein und überläßt dem Beamten, vor den Gerichten auf Rückzahlung zu klagen.

[8] v. Rönne I S. 664 f. u. H. Schulze II § 210 S. 282 behaupten, auf die Analogie des Abs. 3 Art. 62 gestützt, daß die Rechnung zuerst dem Abgeordnetenhause vorgelegt werde; s. dagegen oben Anm. 3.

[9] Dieses Ges. ist v. 27./3. 1872 (GS. 278).

[10] S. S. 173.

Titel IX.

Von den Gemeinden, Kreis-, Bezirks- und Provinzial-Verbänden.

Art. 105.[1 2] Die Vertretung und Verwaltung der Gemeinden,[3] Kreise[4] und Provinzen[5] des

Preußischen Staats wird durch besondere Gesetze näher bestimmt.[6] [7]

[1] Art. 105 ist Fassung des Gesetzes vom 24. Mai 1853, betr. d. Aufhebung d. Art. 105 d. VerfUrk. v. 31. Januar 1850 (GS. 228). Ursprünglicher Wortlaut des Art. 105:

„Die Vertretung und Verwaltung der Gemeinden, Kreise, Bezirke und Provinzen des preußischen Staats wird durch besondere Gesetze unter Festhaltung folgender Grundsätze näher bestimmt:

1) Ueber die innern und besondern Angelegenheiten der Provinzen, Bezirke, Kreise und Gemeinden beschließen aus gewählten Vertretern bestehende Versammlungen, deren Beschlüsse durch die Vorsteher der Provinzen, Bezirke, Kreise und Gemeinden ausgeführt werden.

   Das Gesetz wird die Fälle bestimmen, in welchen die Beschlüsse dieser Vertretungen der Genehmigung einer höheren Vertretung oder der Staatsregierung unterworfen sind.

2) Die Vorsteher der Provinzen, Bezirke und Kreise werden von dem Könige ernannt.

   Ueber die Betheiligung des Staats bei der Anstellung der Gemeindevorsteher und über die Ausübung des den Gemeinden zustehenden Wahlrechts wird die Gemeindeordnung das Nähere bestimmen.

3) Den Gemeinden insbesondere steht die selbstständige Verwaltung ihrer Gemeindeangelegenheiten unter gesetzlich geordneter Oberaufsicht des Staats zu.

   Ueber die Betheiligung der Gemeinden bei Verwaltung der Ortspolizei bestimmt das Gesetz.

Zur Aufrechthaltung der Ordnung kann nach näherer Bestimmung des Gesetzes durch Gemeindebeschluß eine Gemeinde-Schutz- oder Bürgerwehr errichtet werden.

4) Die Berathungen der Provinzial-, Kreis- und Gemeindevertretungen sind öffentlich. Die Ausnahmen bestimmt das Gesetz. Ueber die Einnahmen und Ausgaben muß wenigstens jährlich ein Bericht veröffentlicht werden."

[2] Vom Jahre 1872 bis jetzt hat eine Reorganisation der inneren Verwaltung nach den Grundsätzen der Theilnahme gewählter Laien an den Geschäften der staatlichen Verwaltung (Selbstverwaltung) und mit Einführung der Verwaltungsgerichtsbarkeit stattgefunden. Diese Reorganisation bezieht sich nur auf einen Theil der inneren Verwaltung, die sogenannte allgemeine Verwaltung; sie ist allmählich über den ganzen Staat ausgedehnt worden. Es gelten überall das Gesetz über die allgemeine Landesverwaltung v. 30./7. 83 (GS. 195) und das (Zuständigkeits-)Gesetz über die Zuständigkeit der Verwaltungs- und Verwaltungsgerichtsbehörden v. 1./8. 83 (GS. 237). Für die Provinz Posen s. Ges. v. 19./5. 89 (GS. 108).

[3] a) S. ALR. Thl. II Tit. 8 Abschn. 2.

b) Städte-Ordnung für die sechs (jetzt 7) östlichen Provinzen der Monarchie mit Ausnahme von Neuvorpommern und Rügen v. 30. Mai 1853 (GS. 261);

c) Gesetz, betreffend die Verfassung der Städte in Neuvorpommern und Rügen, v. 31. Mai 1853 (GS. 291);

d) Städte-Ordnung für die Provinz Westfalen v. 19. März 1856 (GS. 237);

e) Landgemeinde-Ordn. für die Provinz Westfalen v. 19. März 1856 (GS. 265);

f) Gesetz, betr. die Landgemeinde-Verfassungen

für die sieben östlichen Provinzen der Monarchie, v. 3. Juli 1891 (GS. 233);

g) Städte-Ordnung für die Rheinprovinz v. 15. Mai 1856 (GS. 406);

h) Gesetz, betreffend die Gemeindeverfassung in der Rheinprovinz, v. 15. Mai 1856 (GS. 435); als Ergänzung zur Gemeindeordnung v. 23. Juli 1845 (GS. 523);

i) Städte-Ordnung für die Provinz Schleswig-Holstein v. 14. April 1869 (GS. 589), eingeführt in Lauenburg durch Gesetz v. 6. Dez. 1870 (Wochenbl. 521); Schleswig-Holstein'sche Landgemeinde-Verordnung v. 22./9. 67 (GS. 1603), eingeführt in Lauenburg (Wochenbl. 1874 S. 277);

k) Gemeindeverfassungsgesetz für die Stadt Frankfurt a. M. v. 25. März 1867 (GS. 401);

l) Revidirte Städte-Ordnung für die Provinz Hannover v. 24. Juni 1858 (Hann. GS. 141); ZuständGes. §§ 7 bis 21, Hann. Landgemeindegesetz v. 28./4. 59 (Hann. GS. I 393, s. auch 409);

m) Gemeinde-Ordnung für die Stadt- und Land-Gemeinden Kurhessens v. 23. Okt. 1834 (Kurhess. GS. 181), ergänzt durch Ges. v. 15. Mai 1863 (das. 18);

n) Nassauisches Gemeindegesetz v. 26. Juli 1854 (Verordnungsblatt für das Herzogthum Nassau S. 166), abgeändert in den §§ 6, 10 u. 13 durch Gesetz v. 26. April 1869 (GS. 629), s. auch Kreisordn. v. 4. Juni 1885 (GS. 193) §§ 22, 34 bis 40, 116 Abs. 3. Städte-Ordnung für den Regierungsbezirk Wiesbaden v. 8./6. 91 (GS. 107).

[4] S. Kreisordnung v. 13./12. 72 in der Fassung der Verordnung v. 19./3. 81 (GS. 181), die Kreis-

ordnungen für Hannover v. 6./5. 84 (GS. 181), Hessen-Nassau v. 4./6. 85 (GS. 193), Westfalen v. 31./7. 86 (GS. 217), Rheinprovinz v. 30./5. 87 (GS. 209) und Schleswig-Holstein v. 26./5. 88 (GS. 139), Hohenzollernsche Amts- und Landesordnung v. 2./4. 73 (GS. S. 145), Kreisordn. f. Posen v. 20./12. 28 (GS. 1829 S. 3); s. auch Anm. 2.

[5] Provinzialordnung v. 29./6. 75 (GS. 335) in der Fassung der Verordnung v. 22./3. 81 (GS. 233). Dieselbe gilt mit einzelnen Abweichungen überall außer in Posen und den Hohenzollernschen Landen, für welche letztere die in Anm. 4 cit. V. v. 2./4. 73 gilt.

[6] Nur die „Vertretung und Verwaltung“, nicht die Abgrenzung der Gemeinden, Kreise und Provinzen soll durch Gesetz Art. 106 bestimmt werden; s. Anm. 1 zu Art. 2.

[7] Für die allgemeine Verwaltung ist Preußen nach dem Ges. über die allgemeine Landesverwaltung v. 30./7. 83 in Provinzen, Regierungsbezirke und Kreise eingetheilt. Provinzen und Kreise sind Staatsverwaltungsbezirke und zugleich Kommunalverbände mit selbstständiger, vom Staate verschiedener Rechtspersönlichkeit. Die Geschäfte der allgemeinen Landesverwaltung werden unter Oberleitung der Minister in den Provinzen von den Oberpräsidenten, in den Regierungsbezirken (die bloß Verwaltungsbezirke sind) von den Regierungspräsidenten und den Regierungen, in den Kreisen von den Landräthen geführt. Die Oberpräsidenten, Regierungspräsidenten und Landräthe handeln innerhalb ihres Geschäftskreises selbstständig unter voller persönlicher Verantwortlichkeit, vorbehaltlich der kollegialischen Behandlung der durch die Gesetze bezeichneten Angelegenheiten. Zur Mitwirkung bei den Geschäften der allgemeinen Landesverwaltung besteht für die Provinz der Provinzialrath, für den Regierungsbezirk der Bezirksausschuß und für den Kreis der

Kreis-(Stadt-)Ausschuß. Der Provinzialrath besteht aus dem Oberpräsidenten (bezw. dessen Stellvertreter, Oberpräsidialrath) als Vorsitzendem, aus einem vom Minister des Innern ernannten höheren Verwaltungsbeamten und aus fünf vom Provinzialausschusse gewählten Mitgliedern. An die Stelle der Regierungsabtheilung des Innern ist mit 1./4. 81 der Regierungspräsident getreten, dem die erforderliche Zahl Räthe beigegeben ist (Präfektensystem). Die zweite Abtheilung für Kirchen- und Schulwesen, die dritte für direkte Steuern, Domänen und Forsten bestehen als kollegialisch formirte Behörden. Der Bezirksausschuß besteht aus dem Regierungspräsidenten als Vorsitzendem und sechs Mitgliedern. Zwei (ein Gerichts- und ein Regierungsassessor) werden vom König auf Lebenszeit ernannt. Die vier anderen werden durch den Provinzialausschuß gewählt. An der Spitze des Kreises steht der Landrath, der wie Ober- und Regierungspräsident jederzeit und willkürlich auf Wartegeld gesetzt werden kann. Der Landrath führt den Vorsitz im Kreistage und Kreisausschusse. In den Stadtkreisen (Städten von 25 000 bezw. in der Rheinprovinz 40 000 Einwohnern) wird ein Stadtausschuß gebildet. Die Kreise, mit Ausnahme der Stadtkreise, zerfallen in Stadt- und Amtsbezirke. Letztere bestehen aus einer oder mehreren Landgemeinden oder aus einem oder mehreren Gutsbezirken oder aus Landgemeinden und Gutsbezirken. An der Spitze des Amtsbezirks steht der Amts-, der Gemeinde der Gemeinde-, eines selbstständigen Gutsbezirks der Gutsvorsteher.

Allgemeine Bestimmungen.

Art. **106.** Gesetze und Verordnungen sind verbindlich,[1] wenn sie in der vom Gesetze[2] vorgeschriebenen Form[3] bekannt gemacht worden sind.[4]

Die Prüfung der Rechtsgültigkeit[5] gehörig verkündeter[6] Königlicher Verordnungen[7] steht nicht den Behörden,[8] sondern nur den Kammern[9] zu.[10]

[1] Und zwar nur verbindlich (s. auch ALR. Einleitung § 12). Art. 106 gilt auch für Staatsverträge, welche vom Könige abgeschlossen werden; s. Art. 48, Arndt, Reichsstaatsr. S. 709; ebenso E. Meier, Ueber den Abschluß von Staatsverträgen S. 229 f. a. a. O.; anderer Ansicht v. Rönne I 693; vgl. auch Schwartz S. 335.

[2] Bezw. von der Verfassung. Diese bestimmt in Art. 45, daß der König die Verkündigung der Gesetze befiehlt. Aus diesem Art. der Verfassung folgt ferner, daß die Gesetze wenigstens von einem Minister gegenzuzeichnen sind.

[3] Eine Frist ist weder in der Verfassung noch sonst vorgeschrieben worden, deshalb ist die Folgerung nicht gerechtfertigt, daß dem Könige mit Beginn einer neuen Sitzungsperiode des Landtages nicht mehr das Recht zustehe, gültig beschlossene Gesetze zu publiziren; s. hierzu Anm. 5 zu Art. 62. Gesetze sind in der Gesetzsammlung zu verkünden, s. Ges. v. 3./4. 46 § 1 (GS. S. 151), ausgedehnt auf den ganzen Umfang der Monarchie durch Verordnung v. 1./12. 66 (GS. 793) § 1 u. 29./1. 67 (GS. 139) § 1, wie durch Ges. v. 23./6. 76 (GS. 172) § 11 (für Lauenburg). Der Rechtszustand vor dem Ges. v. 3./4. 46 ergiebt sich aus der Verordnung v. 27./10. 10 (GS. 1), wonach alle Gesetze und Verordnungen, welche mehr als ein einzelnes Regierungsdepartement betreffen, durch die Gesetzsammlung bekannt gemacht werden mußten, und durch die Verordnung v. 28./3. 11 (GS. 165), wonach alle Gesetze auch gültig in den Regierungs-Amtsblättern publizirt werden konnten (s. auch KO. v. 24./7. 26, GS. 73)

und mindestens in Bezug auf Titel, Datum und Nummer der Gesetzsammlung publizirt werden mußten.

In Ansehung der Verordnungen ist geltendes Recht, daß, sofern das Gesetz (z. B. Ges. über die Polizeiverwaltung v. 11./3. 50 [GS. 265], Ges. über die allgemeine Landesverwaltung v. 30./7. 83 [GS. 195] § 140, Allg. Berggeſ. v. 24./6. 65 [GS. 705] § 197) nichts Abweichendes vorschreibt, der Verordnungsberechtigte die Wahl der Art und des Orts der Publikation hat. Es ist unrichtig, wie G. Meyer § 169, v. Rönne I S. 395 Anm. 1 b, Laband, Staatsrecht I S. 612, Hänel, Studien II S. 66, 91 ff., Binding, Handbuch des Strafrechts II § 288, u. A. behaupten, daß alle Verordnungen, welche Rechtssätze enthalten, wie Gesetze, also in der Gesetzsammlung zu publiziren seien. Solche Rechtsverordnungen, z. B. Schulregulative, die unzählbaren sog. Verwaltungsvorschriften der Finanz- und Zollbehörden, sind vor wie nach der Verfassung nicht in der GS. verkündet worden (s. Arndt, Verordnungsrecht §§ 18 ff., bes. S. 198). Auch nach belgisch-französischem Rechte wird nicht gefordert (und geschieht nicht), daß Verordnungen wie Gesetze zu publiziren sind. Die hier bekämpfte Theorie entspringt dem Irrthum, daß Gesetz im absoluten Staate Preußen identisch mit „Anordnung eines Rechtssatzes" gewesen sei (vgl. auch oben Anm. 2 zu § 62). Wird über die Publikation einer Verordnung nichts in einem Gesetze bestimmt, so hängt diese von dem Ermessen Desjenigen ab, der die Verordnung erläßt; so kann solche auch in einem besonderen Werke erfolgen; vgl. Arndt, Verordnungsrecht S. 1, Arndt, Reichsstaatsrecht S. 206. Dieser Ansicht hat sich das Reichsgericht angeschlossen, Entsch. in Civils. XLII 314, XL 76. Die Praxis mit Einschluß der Judikatur hat sich um diese Theorie nicht gekümmert, welche übrigens bei der unübersehbaren Fülle der Rechtsverordnungen kaum durchführbar sein würde. Nicht nothwendig ist (anderer Ansicht Rosin, Polizeiverordnungsrecht S. 173 ff.), aber es empfiehlt sich und geschieht meist bei wichtigeren Verordnungen, daß in ihnen die Gesetzesstelle, wenn sie sich auf eine solche stützen, angeführt wird. Solches ist in bestimmten Fällen besonders vorgeschrieben (Ges. über die allgemeine Landesverwaltung v. 30./7. 83 [GS. 195] § 140); s. im Uebrigen Arndt, Verordnungsrecht S. 210.

Landesherrliche Erlasse, welche Gesetzeskraft erhalten sollen, erlangen solche nur durch Aufnahme in die Gesetzsammlung mit den in dem Ges. v. 10./4. 72 (GS. 357) vorgesehenen Ausnahmen, für welche die Verkündung durch die Amtsblätter erfolgt. Diese Ausnahmen beziehen sich auf die Verleihung der Enteignungsbefugniß, die Verleihung des Rechts zur Entnahme von Chaussee- und Wegebau- und Unterhaltungsmaterialien, die Verleihungen des Rechts zur Erhebung von Chaussee- und Wegegeld, die Statuten der Deichverbände und der Genossenschaften zu Meliorationen durch Entwässerung und Bewässerung, die Ertheilung von Konzessionen zum Bau und Betriebe von Eisenbahnen, sowie die Statuten der Unternehmer, die Reglements für die öffentlichen und Privatfeuersozietäten, die landschaftlichen und ähnliche Kreditinstitute, die Errichtung des Landarmen- und Korrigendenwesens, die Privilegien zur Ausgabe von Papieren auf den Inhaber.

Ihre verbindliche Kraft erlangen Gesetze, wenn dafür im Gesetze ein anderer Zeitpunkt unmittelbar oder mittelbar vorgeschrieben ist, mit dem 14. Tage nach Ablauf desjenigen Tages, an welchem das sie enthaltende Stück der Gesetzsammlung in Berlin ausgegeben ist (Ges. v. 16./2. 74, GS. 23); für die Konsulargerichtsbezirke, die in Europa, in Egypten oder an der asiatischen Küste des Schwarzen oder des Mittelländischen Meeres liegen, nach zwei, in den übrigen Konsulargerichtsbezirken nach vier Monaten (Ges. über die Konsulargerichtsbarkeit v. 7./4. 1900, RGBl. 213, § 30) Polizeiverordnungen erlangen, wenn nichts Anderes bestimmt ist (es kann die verbindliche Kraft auch vom Tage der Verkündigung angeordnet werden, Erk. d. RG. v. 15./5. 88, Entsch. in Strafs. XVII 375), ihre verbindliche Kraft mit dem achten Tage nach Ablauf desjenigen Tages, an welchem das bez. Stück des Amtsblatts ausgegeben ist (Ges. v. 30./7. 83 [GS. 195] § 141), § 4 Verordnung v. 28./3. 11 (GS. 165), Deklar. v. 14./1. 13 (GS. 2), Verordnung v. 9./6. 19 (GS. 148).

[4] Gesetze und Verordnungen bleiben so lange verbindlich, als sie nicht in gehöriger Form zurückgenommen sind. Dies gilt insbesondere auch von Königl. Verordnungen auf Grund Art. 63 der VerfUrk. (anderer Ansicht v. Rönne I S. 414). Vom Könige ohne Zustimmung des Landtages abgeschlossene und bekannt gemachte Staatsverträge sind Königliche Verordnungen und unterliegen daher nicht der richterlichen Prüfung, s. Anm. 1.

[5] Also auch nicht die Frage, ob eine Verordnung etwa der Verfassung zuwiderläuft.

[6] Ob die Verkündung gehörig erfolgt ist, haben die Behörden, besonders die Gerichte, zu prüfen.

[7] Wohl aber solcher Verordnungen, welche von Ministern, Polizeibehörden u. s. w. erlassen sind, worüber bei Berathung des Art. 106 allseitige Uebereinstimmung herrschte (z. B. Ges. über die Polizeiverwaltung v. 11./3. 50 [GS. 265] § 17, Allgemeines Berggesetz v. 24./6. 65 [GS. 705] § 209 Abs. 3). Jedoch hat sich die Prüfung bei Verordnungen, die zur Ausführung Königlicher Verordnungen ergehen, nur darauf zu beschränken, ob sie der zu Grunde liegenden KO. entsprechen, OVG. XXXV 102.

[8] Also namentlich nicht den Gerichten mit Einschluß der Verwaltungsgerichte. Art. 106 beruht auf der

Absicht, die Trennung der Gewalten zum Ausdrucke zu bringen.

[9] Der Beschluß eines oder beider Häuser, daß eine Königl. Verordnung ungültig sei, hat nach Art. 106 für die Behörden und die Unterthanen unmittelbar keine Bedeutung und erlangt erst Bedeutung, nachdem die Aufhebung der K. Verordn. bekannt gemacht ist, s. auch Gneist, Sten. Ber. 1864 S. 2074, Bornhak S. 525, H. Schulze, Preuß. Staatsrecht II S. 56.

[10] Art. 106 bezieht sich nicht auf Reichsgesetze, noch auf das Verhältniß der Landesgesetze zu Reichsverordnungen. Hierfür entscheidet Art. 2 der Reichsverfassung. Bezüglich der gehörig verkündeten Reichsgesetze möchte das Prüfungsrecht der Gerichte und Behörden gleichfalls ausgeschlossen sein, nicht aus den von Laband l. c. angeführten Gründen, sondern weil in Art. 2 ausdrücklich gesagt ist: „Die Reichsgesetze erhalten ihre verbindliche Kraft durch ihre Verkündigung von Reichswegen"; s. auch Arndt, Reichsstaatsr. S. 185.

Art. 107. Die Verfassung kann auf dem ordentlichen Wege der Gesetzgebung[1] abgeändert werden, wobei in jeder Kammer die gewöhnliche absolute Stimmenmehrheit[2] bei zwei Abstimmungen, zwischen welchen ein Zeitraum von wenigstens ein und zwanzig Tagen liegen muß, genügt.[3] [4]

v. Rönne I § 22, II § 158; G. Meyer § 157; H. Schulze II § 177.

[1] Der ordentliche Weg der Gesetzgebung drückt den Gegensatz zu der Gesetzgebung des Art. 63 aus. Durch Art. 107 (Arndt im Arch. f. öffentl. Recht 1889 S. 445) ist der Verordnungsweg des Art. 63 unbedingt ausgeschlossen. Das Gegentheil sagt auch nicht v. Stockmar in seinem Aufsatze in Aegidi's Zeitschr. f. deutsch. Staatsr. I S. 184 ff. Nur darin hat Letzterer Recht,

daß, wenn der König unter Bruch der Verfassung eine die Verfassung aufhebende oder abändernde Verordnung erließe und gehörig publizirte, die Richter und die Verwaltungsbeamten solche anzuwenden hätten, s. Art. 106. Hiergegen wendet Schwartz S. 333 ein, daß mit der ganzen Verfassung auch Art. 106 Abs. 2 aufgehoben, also das richterliche Prüfungsrecht wieder hergestellt wäre. Der Einwand trifft nicht zu; jedoch kann die Frage als praktisch ganz bedeutungslos auf sich beruhen bleiben.

[2] Beschlußfähigkeit vorausgesetzt, s. Art. 80.

[3] Daß jedem verfassungsändernden Spezialgesetz das besondere verfassungsändernde Ges. vorausgehen (Ansicht von G. Meyer u. v. Rönne) oder daß ein solches Spezialgesetz wenigstens gleichzeitig mit dem die Verfassung abändernden Spezialgesetz berathen werden oder daß das die Verfassung ändernde Spezialgesetz ausdrücklich als ein die Verfassung abänderndes bezeichnet werden muß, erfordert Art. 107 nicht. Daraus folgt, daß, mag das Eine oder das Andere sich für die Praxis der gesetzgebenden Faktoren als empfehlenswerth darstellen, gleichwohl eine jede Verfassungsänderung rechtlich als gültig erachtet werden muß, wenn sie unter Beobachtung des Art. 107, d. i. auf dem ordentlichen Wege bei zwei mindestens 21 Tage getrennt liegenden Abstimmungen beschlossen worden ist. Diese Ansicht theilen auch H. Schulze, Preuß. Staatsrecht II S. 55 f., Bornhak I S. 528, v. Stengel S. 171, Schwartz S. 338; ihr entsprechend ist bei Annahme der Verfassung für den Nordd. Bund, als preuß., die preuß. Verfassung ändernden Landesgesetzes verfahren, s. oben S. 42. Daß gewöhnlich die gesetzgebenden Faktoren eine ganz bestimmte Form für Verfassungsänderungen wählen, beweist nicht, daß der Gebrauch einer anderen Form die Ungültigkeit eines unter anderer Form zu Stande gekommenen Gesetzes nach

sich ziehen würde. Bei authentischen Interpretationen und bei Entscheidung der Frage, ob eine Verfassungsänderung vorliege, kommt Art. 107 nicht zur Anwendung, vgl. Arndt, Reichsstaatsr. S. 192, Schwartz S. 338. Art. 107 kommt nicht zur Anwendung, wenn Zusätze zur Verfassung gemacht werden (ebenso Schwartz l. c.). Dies und allgemeine Gründe zeigen, daß in Preußen die Verfassung im Wesentlichen nur ein Gesetz ist wie jedes andere.

[4] Auf verfassungsmäßigem Wege (gemäß Art. 107) kann die Verfassung in toto aufgehoben werden; ebenso Schulze II § 178, Schwartz S. 338, anderer Ansicht v. Rönne l. c.

Art. 108. Die Mitglieder der beiden Kammern[1] und alle Staatsbeamten[2] leisten dem Könige den Eid der Treue und des Gehorsams und beschwören die gewissenhafte Beobachtung der Verfassung.[3]

Eine Vereidigung des Heeres[4] auf die Verfassung findet nicht statt.

[1] Die Nichtleistung des Eides hat nicht den Verlust des Mandats zur Folge, sondern nur, daß das Mitglied von den Verhandlungen ausgeschlossen wird (vgl. v. Rönne II § 156, Sten. Ber. des HH. 1855/56 Anl. S. 25 f., des AbgH. 1869/70 S. 562, Geschäftsordnung für das AbgH. § 6 Abs. 2, Schwartz S. 339).

[2] Unmittelbaren wie mittelbaren. Geistliche als solche gelten auch hier nicht als Beamte, vgl. Art. 15 ff. der VerfUrk. und Anm. 3 zum (aufgehobenen) Art. 15. Der Eid ist im Diensteid mitenthalten, s. Beschl. des Staatsminist. v. 12./2. 50 (JMBl. 42, VMBl. 26); für die neuen Prov. s. JMBl. 1867 S. 397, VMBl. 1867 S. 326. Form: GS. 1867 S. 715.

[3] Weder die persönlichen Rechte und Pflichten des Beamten, noch die Beamteneigenschaft, noch die Erfüllung der Amtspflichten hängen von Ableistung des Dienst(und Verfassungs-)eides ab, vgl. Erk. des RG. v. 15./5. 88, Entsch. in Straff. XVII 375.

[4] Reserve- und Landwehroffiziere sind von dem Eide zu 2. nicht befreit, JMBl. 1850 S. 110. Die Civilbeamten der Militärverwaltung (Sten. Ber. des AbgH. 1863 Bd. II S. 1010), nicht aber die Militärbeamten — obwohl sie aktiv wahlberechtigt sind — noch die im Kriegsministerium verwendeten Offiziere, wohl aber die Kriegsminister werden auf die Verfassung vereidigt; s. auch Schwartz S. 340.

Art. 109. Die bestehenden Steuern und Abgaben werden forterhoben,[1] und alle Bestimmungen der bestehenden Gesetzbücher, einzelnen Gesetze und Verordnungen, welche der gegenwärtigen Verfassung nicht zuwiderlaufen, bleiben in Kraft, bis sie durch ein Gesetz[2] abgeändert werden.

Arndt, Verordnungsrecht S. 220 ff.

[1] Art. 109 in seiner jetzigen Fassung entstand aus der Zusammenziehung der beiden folgenden Sätze:

1. Die bestehenden Steuern und Abgaben werden forterhoben, bis sie durch ein Gesetz abgeändert sind;
2. die geltenden Gesetzbücher, Gesetze und Verordnungen bleiben bestehen, bis sie auf gesetzlichem Wege abgeändert sind.

Mit dem Satze zu 1. sollte festgestellt werden und ist festgestellt worden, daß die Forterhebung der einmal bestehenden Steuern und Abgaben von ihrer Einstellung in das Budget unabhängig ist, daß mithin dieselbe nur dann fortfällt, wenn alle drei Faktoren hierin übereinstimmen; deshalb zog man die Worte „durch ein Gesetz" der ursprünglichen Fassung „auf gesetzlichem Wege" vor, weil Letzteres „so gedeutet werden könne, der gesetzliche Weg sei der, daß eine Kammer die Steuer verweigert nach Maßgabe des Art. 98". (Worte Stahl's am 19. Nov. 1849 in der I. Kammer, Sten. Ber. S. 1479.) Im Ergebniß stimmt auch v. Rönne I § 121 mit der vorstehenden Auffassung überein; dieselbe wird durch die Entstehung des Art. 109 und die Erklärungen Derjenigen, welche diesen Artikel in seiner jetzigen Fassung geschaffen haben, als unzweifelhaft richtig dargethan; ebenso auch Schwartz S. 340. S. auch Arndt im Arch. f. öff. Recht 1888 S. 547.

Da Art. 109 nicht unter die Uebergangs-, sondern unter die allgemeinen Bestimmungen der VerfUrk. gesetzt ist, so bezieht sich derselbe nicht bloß auf die zur Zeit der Verfassungs-Emanation bestehenden Steuern (ebenso selbst v. Rönne I S. 659).

[2] S. Anm. 1. In Ansehung der bestehenden Gesetzbücher, Gesetze und Verordnungen läßt Art. 109 dahingestellt, wie (in welcher Form) sie abzuändern sind. Daß auch Verordnungen nicht stets durch Gesetze abzuändern sind, ist ausdrücklich bei den Berathungen festgestellt worden (s. besonders Erklärung des Justizministers Simons am 3. Nov. 1849 in der I. Kammer, Sten. Ber. S. 1333). Daß das Wort „Gesetz" statt „auf gesetzlichem Wege" gewählt wurde, geschah erklärtermaßen nur, um das Steuerverweigerungsrecht des Abgeordnetenhauses gegenüber bestehenden Steuern und Abgaben unzweifelhaft auszuschließen. Die vorstehenden Ausführungen sind ohne Angabe der Quelle wiederholt von Bornhak S. 506 Anm. 4. Ueber die Frage, wann vorverfassungsmäßige Gesetze und Verordnungen

durch konstitutionelles Gesetz oder durch Verordnung abzuändern sind, entscheidet nicht der Umstand, ob solche im Gesetzblatt verkündet sind (s. Arndt, Verordnungsr. S. 217, 218 mit zahlreichen Beispielen), sondern der Inhalt der preuß. Verfassung (also z. B. ob Strafen darin festgesetzt werden, ebenso Schwartz S. 340 f.). Das ALR. z. B. kann wegen der in Art. 86 enthaltenen Vorschrift nicht durch Verordnung abgeändert werden, weil es zur Anwendung durch die Gerichte bestimmt ist und diese nur dem „Gesetze“ unterworfen sind. S. Arndt, Verordnungsrecht S. 211 f., und oben S. 218 f.

Art. **110.** Alle durch die bestehenden Gesetze angeordneten Behörden bleiben bis zur Ausführung der sie betreffenden organischen Gesetze in Thätigkeit.

Art. **111.** Für den Fall eines Krieges oder Aufruhrs können bei dringender Gefahr für die öffentliche Sicherheit die Artikel 5. 6. 7. 27. 28. 29. 30. und 36. der Verfassungs-Urkunde zeit- und distriktsweise außer Kraft gesetzt werden. Das Nähere bestimmt das Gesetz.[1]

[1] S. Ges. über den Belagerungszustand v. 4./6. 51 (GS. 451), gültig für Hannover, Hessen-Nassau, Frankfurt a. M. gemäß V. v. 25/.6. 67 (GS. 923) Art. II H, Meisenheim V. v. 13./9. und 20./9. 67 (GS. 700, 1534), Kaulsdorf V. v. 22./5. 67 (GS. 729), Jadegebiet Ges. v. 23./3. 73 (GS. 107) § 2, Helgoland Ges. v. 22./3. 91 (GS 39) § 1 III. Dieses Ges. ist zwar nicht, wie Schwartz S. 341 glaubt, durch Art. 68 der Reichs-

verfassung zum Reichsgesetz erklärt, wohl aber sollen seine Vorschriften „bis zum Erlaß eines die Voraussetzungen, die Form der Verkündigung und die Wirkung einer solchen Erklärung" (der Erklärung in Kriegszustand) „regelnden Reichsgesetzes" gelten. Art. 68 bestimmt im Uebrigen: Der Kaiser kann, wenn die öffentliche Sicherheit in dem Bundesgebiet bedroht ist, einen jeden Theil desselben in Kriegszustand erklären, s. Arndt, Komm. zu Art. 68 der Reichsverfassung. Ebenso kann der de facto kommandirende General, der Festungskommandant, für den Fall des Aufruhrs das Staatsministerium, den Belagerungszustand bei Krieg (und Kriegsgefahr) erklären. Die Erklärung des Belagerungszustandes soll bei Trommelschlag oder Trompetenschall (am Erklärungsorte) verkündet und außerdem durch Mittheilung an die Gemeindebehörde, durch Anschlag an öffentlichen Plätzen und durch öffentliche Blätter ohne Verzug zur allgemeinen Kenntniß gebracht werden, — welche Vorschriften nur instruktionell sind, Kommissionsber. der I. Kammer, Drucks. 1850/51 Nr. 52 S. 3, Sten. Ber. d. I. Kammer 1850 S. 173; vgl. auch Reichsstaatsr. S. 472. Bei Erklärung des Belagerungszustandes können die Art. 5, 6, 7, 27, 28, 29, 30 und 36 der VerfUrk. oder einzelne dieser Art. zeit- und distriktweise durch ausdrückliche und gehörig bekannt gemachte Erklärung außer Kraft gesetzt werden, was § 30 Abs. 1 des Preßges. v. 7./5. 74 (RGBl. 65) bezüglich der Presse aufrecht erhält. Nach § 9 des Ges. über das Paßwesen v. 12./10. 67 (BGBl. 33) kann der Kaiser, wenn die Sicherheit des Reiches oder eines einzelnen Bundesstaates oder die öffentliche Ordnung durch Krieg, innere Unruhen oder sonstige Ereignisse bedroht erscheinen, die Paßpflichtigkeit überhaupt oder für einen bestimmten Bezirk oder zu Reisen aus und nach bestimmten Staaten des Auslandes vorübergehend einführen. Nach § 4 EG. z. StrGB. werden die in den §§ 81, 83, 90, 307, 311,

312, 315, 322, 323, 324 des StrGB. mit lebenslänglichem Zuchthaus bedrohten Handlungen, wenn sie in Gegenden, wo der Kriegszustand erklärt ist, begangen werden, mit dem Tode bestraft. Bei Suspension des Art. 7 der Verf. können besondere Kriegsgerichte gebildet werden, für die ein besonderes Verfahren gilt. Auch wenn der Belagerungszustand nicht erklärt ist, können (§ 16 des Ges. v. 4./6. 51) im Falle des Krieges oder Aufruhrs, bei dringender Gefahr für die öffentliche Sicherheit die Art. 5, 6, 27, 28, 29, 30 und 36 (nicht aber Art. 7, Sten. Ber. der II. Kammer 1850/51 IV S. 803) der Verfassung oder einzelne dieser Artikel vom Staatsminister zeit- und distriktweise außer Kraft gesetzt werden. Ueber die Erklärung des Belagerungszustandes, sowie über jede Suspension eines der bez. Verf.-Art. muß den Kammern sofort bezw. bei ihrem nächsten Zusammentreten Rechenschaft gegeben werden (§ 7 des Ges. v. 4./6. 51). An das Mißlingen der Rechenschaft sind rechtliche Folgen nicht geknüpft. Die Ansicht v. Rönne's § 146 II (s. auch Rede Camphausen's in den Sten. Ber. der I. Kammer 1850/51 I S. 217), daß, ebenso wie eine auf Grund Art. 63 der Verf. vorgenommene Octroyirung nur bis zur verweigerten Zustimmung einer Kammer gültig bliebe, dies noch viel mehr von dem Falle gelten müsse, wo die Regierung sogar einen Theil der Verf. suspendire, findet weder im Ges. v. 4./6. 51 noch in Art. 111 der Verf. eine Stütze, ebenso Schwartz S. 392.

Uebergangsbestimmungen.

Art. **112.** Bis zum Erlaß des im Artikel 26. vorgesehenen Gesetzes bewendet es hinsichtlich des Schul- und Unterrichtswesens bei den jetzt geltenden gesetzlichen Bestimmungen.

Nicht bloß die damals gültigen Normen, sondern auch die auf Grund der damaligen Gesetzgebung bestandenen Befugnisse der Verwaltungsbehörden, neue Normen zu erlassen, sind aufrecht erhalten worden, s. die Vorbemerkung zu den Art. 20 bis 25; Arndt, im Archiv für öff. Recht 1886 S. 512 f. Auch sollte das Recht, Spezialgesetze zu erlassen, durch Art. 112 nicht aufgehoben werden, s. ebendort. Art. I § 3 des Ges. v. 15./7. 86 (GS. 185), welcher den Art. 112 der VerfUrk. für die Provinzen Posen und Westpreußen aufgehoben erklärte, um Raum für ein Spezialgesetz zu schaffen, war daher unnöthig.

Art. 113. Vor der erfolgten Revision des Strafrechts wird über Vergehen, welche durch Wort, Schrift, Druck oder bildliche Darstellung begangen werden, ein besonderes Gesetz ergehen.

Das Ges. über die Presse v. 12./5. 51 (GS. 273) ist im Wesentlichen ersetzt durch Ges. über die Presse v. 7./5. 74 (RGBl. 65). Näheres s. zu den Art. 27 und 28.

Art. 114.

Art. 114 ist aufgehoben durch Art. 1 des Ges. v. 14./4. 56 (GS. 353). Er lautete: „Bis zur Emanirung der neuen Gemeindeordnung bleibt es bei den bisherigen Bestimmungen hinsichtlich der Polizeiverwaltung."

Art. 115. Bis zum Erlasse des im Art. 72. vorgesehenen Wahlgesetzes bleibt die Verordnung vom 30. Mai 1849,[1] die Wahl der Abgeordneten zur zweiten Kammer betreffend, in Kraft.

[1] S. die Verordnung v. 30./5. 49 unten als Anl. II. Es würde gegen die Verfassung verstoßen, wenn vor Erlaß des im Art. 72 vorgesehenen Wahlgesetzes die Verordnung v. 30. Mai 1849 außer Kraft gesetzt werden würde, und daher kann solches auch nicht durch eine gemäß Art. 63 erlassene Nothverordnung geschehen; s. Anm. 3 zu Art. 63. Die Theilung der Urwähler in den Abtheilungen erfolgt jetzt nach dem Ges. v. 29./6. 93, betr. Aenderung des Wahlverfahrens (GS. 103). In § 7 dieses Ges. ist (wiederholt) bestimmt, daß bis zum Erlasse des im Art. 72 vorgeschriebenen Wahlgesetzes die Vorschriften der Art. 71 und 115, soweit sie den Bestimmungen des Gesetzes entgegenstehen, außer Kraft bleiben.

Art. **116.** Die noch bestehenden beiden obersten Gerichtshöfe sollen zu einem Einzigen vereinigt werden.[1] Die Organisation erfolgt durch ein besonderes Gesetz.

[1] Dies erfolgte zunächst durch Ges. v. 17./5. 52 (GS. 73), welches die damaligen obersten Gerichte (das Obertribunal und den rheinischen Revisions- und Kassationshof) zum Obertribunal vereinigte. Der für die 1866 erworbenen Provinzen zufolge Verordnung v. 27./6. 67 (GS. 1103) eingeführte höchste Gerichtshof, das Oberappellationsgericht in Berlin, wurde durch Ges. v. 6./2. 74 (GS. 19) aufgehoben und mit dem Obertribunal vereinigt. Letzteres ist durch das Ausführungsgesetz zum GVG. v. 24./4. 78 (GS. 230) aufgehoben. Der höchste, spezifisch preußische Gerichtshof ist jetzt das den Namen Kammergericht führende Oberlandesgericht in Berlin, insofern dieses gemäß § 50 des cit. Ges. v. 24./4. 78 vor den übrigen Oberlandesgerichten in gewissen Fällen ausschließlich zuständig ist; s. auch Anm. 1 zu Art. 92.

Art. 117. Auf die Ansprüche der vor Verkündigung der Verfassungs-Urkunde etatsmäßig angestellten Staatsbeamten soll im Staatsdienergesetz besondere Rücksicht genommen werden.

Das Staatsdienergesetz ist noch nicht ergangen, Anm. 1 zu Art. 97.

Art. 118. Sollten durch die für den deutschen Bundesstaat auf Grund des Entwurfs vom 26. Mai 1849.[1] festzustellende Verfassung Abänderungen der gegenwärtigen Verfassung nöthig werden, so wird der König dieselben anordnen und diese Anordnungen den Kammern bei ihrer nächsten Versammlung mittheilen.

Die Kammern werden dann Beschluß darüber fassen, ob die vorläufig angeordneten Abänderungen mit der Verfassung des deutschen Bundesstaats in Uebereinstimmung stehen.

[1] Dieser mit den Königreichen Hannover und Sachsen vereinbarte, eine Ueberarbeitung des Frankfurter Verfassungsentwurfs darstellende Entwurf (Weil, Quellen und Aktenstücke zur deutschen Verfassungsgeschichte S. 168) hatte keinen Erfolg.

Art. 119. Das im Artikel 54. erwähnte eidliche Gelöbniß des Königs, so wie die vorgeschriebene Vereidigung der beiden Kammern und aller Staatsbeamten, erfolgen sogleich nach der auf dem Wege der Gesetzgebung vollendeten gegenwärtigen Revision dieser Verfassung (Artikel 62. und 108.).

Urkundlich unter Unserer Höchsteigenhändigen Unterschrift und beigedrucktem Königlichen Insiegel.

Gegeben Charlottenburg, den 31. Januar 1850.

(L. S.) **Friedrich Wilhelm.**

Graf v. Brandenburg. v. Ladenberg.
v. Manteuffel. v. Strotha. v. d. Heydt.
v. Rabe. Simons. v. Schleinitz.

Anlage I. zu Art. 65—68.

Verordnung wegen Bildung der Ersten Kammer.

Vom 12. Oktober 1854. (GS. 541.)

Diese Verordnung erging in Folge des Ges. v. 7./5. 53 (GS. 181); sie ist insoweit als gültig anzusehen, wie sie dem Ges. v. 7./5. 53 entspricht (s. Anm. 4 zu Art. 68 der VerfUrk.). Die Gültigkeit würde, da die Verordnung gehörig publizirt ist, gemäß Art. 106 auch nur von den Kammern in Zweifel gezogen werden dürfen. Die Verordnung kann nach der im Ges. v. 7./5. 53 (GS. 181) enthaltenen besonderen Bestimmung nur in Gesetzesform wieder aufgehoben werden. Es ist dagegen nicht anzunehmen, daß diese Verordnung als Theil der VerfUrk. anzusehen und daher nur durch verfassungsänderndes Gesetz abgeändert werden könne, denn eine zur Ausführung oder in Ausführung der Verfassung ergehende Vorschrift ist keine Verfassungsvorschrift. Nur das Ges. v. 7./5. 53, nicht die Verordnung v. 12./10. 54 ist an Stelle der Art. 65 bis 68 der VerfUrk. getreten. (Derselben Ansicht: Bornhak S. 368 und v. Stengel S. 75; anderer Ansicht: v. Rönne I § 57 S. 218 und H. Schulze I § 159 S. 584, Derselbe in Marquardsen's Handbuch S. 53.)

Wäre, wie v. Rönne und Schulze behaupten, die Verordnung v. 12./10. 54 Bestandtheil der Verfassung, so könnte sie nur durch verfassungsänderndes Ges. (Verf. Art. 107) aufgehoben werden. Alsdann aber wäre es überflüssig und ohne allen Sinn, daß das Ges. v. 7./5. 53 in Art. 1 noch besonders bestimmt hätte, daß die auf Grund dieses Art. ergehende Verordnung nur durch ein mit Zustimmung der Kammern zu erlassendes Gesetz abgeändert werden kann. Zudem übersehen v. Rönne und Schulze, daß Art. 2 des Ges. v. 7./5. 53 bestimmt: Art. 1 dieses Ges. (nicht aber die auf Grund dieses Ges. zu erlassende KV.) tritt an die Stelle der Art. 65, 66, 67 und 68 der VerfUrk.; ebenso Schwartz S. 422.

§. 1. Die Erste Kammer besteht:[1]

1) aus den Prinzen Unseres Königlichen Hauses, welche Wir, sobald sie in Gemäßheit Unserer Hausgesetze die Großjährigkeit erreicht haben,[2] in die Erste Kammer zu berufen, Uns vorbehalten;
2) aus Mitgliedern, welche mit erblicher Berechtigung,
3) aus Mitgliedern, welche auf Lebenszeit von Uns berufen sind.

[1] Gemäß Ges. v. 7./5. 53 (GS. 181) beruht die Mitgliedschaft des Herrenhauses lediglich auf der königl. Berufung.

[2] Also mit dem vollendeten 18. Lebensjahre, oben Anm. zu Art. 54. Wie Schwartz S. 422 bemerkt, ist noch kein Prinz ins Herrenhaus berufen worden.

§. 2. Mit erblicher Berechtigung gehören zur Ersten Kammer:

1) die Häupter der Fürstlichen Häuser von Hohenzollern-Hechingen[1] und Hohenzollern-Sigmaringen;

2) die nach der Deutschen Bundes-Akte vom 8. Juni 1815. zur Standschaft berechtigten Häupter der vormaligen Deutschen reichsständischen Häuser in Unseren Landen;[2]

3) die übrigen nach Unserer Verordnung vom 3. Februar 1847. zur Herren-Kurie des Vereinigten Landtags berufenen Fürsten, Grafen und Herren.[3]

Außerdem gehören mit erblicher Berechtigung zur Ersten Kammer diejenigen Personen, welchen das erbliche Recht auf Sitz und Stimme in der Ersten Kammer von Uns durch besondere Verordnung verliehen wird. Das Recht hierzu wird in der durch die Verleihungs-Urkunde festgesetzten Folgeordnung vererbt.

[1] Das Haus Hohenzollern-Hechingen ist ausgestorben.

[2] Die einzelnen s. bei Rönne I S. 209 und Schwartz S. 52 ff. (Herzog von Arenberg, Fürst Bentheim-Bentheim, Fürst Bentheim-Tecklenburg-Rheda, Herzog von Croy-Dülmen, Fürsten zu Salm-Horstmar, zu Salm-Salm, zu Sayn-Wittgenstein-Berleburg, zu Sayn-Wittgenstein-Hohenstein, zu Solms-Braunfels, zu Solms-Lich, zu Wied, zu Stolberg-Wernigerode, zu Stolberg-Stolberg, zu Stolberg-Roßla, zu Fürstenberg, von Thurn und Taxis, Fürst zu Isenburg-Birstein, Fürst zu Isenburg-Büdingen-Wächtersbach, Graf zu Isenburg-Büdingen-Meerholz, Graf zu Solms-Rödelheim, Graf von Neu-Leiningen-Westerburg, Großherzog Peter von Oldenburg wegen der Standesherrschaft Schaumburg-Holzappel). Ueber die Rechtsverhältnisse der Standesherren s. Instr. v. 30./5. 20 (GS. 81).

[3] S. § 2 der Verordnung v. 3./2. 47 (GS. 34); das sind die schlesischen Fürsten und Standesherren, sowie alle mit Virilstimmen begabten oder an Kollektivstimmen betheiligten Fürsten, Grafen und Herren der acht Provinziallandtage.

§. 3. Als Mitglieder auf Lebenszeit wollen Wir berufen:

1) Personen, welche Uns in Gemäßheit der folgenden Paragraphen präsentirt werden;
2) die Inhaber der vier großen Landes-Aemter[1] im Königreich Preußen;
3) einzelne Personen, welche Wir aus besonderem Vertrauen ausersehen. Aus denselben wollen Wir „Kron-Syndici" bestellen, welchen Wir wichtige Rechtsfragen zur Begutachtung vorlegen, imgleichen die Prüfung und Erledigung rechtlicher Angelegenheiten des Hauses anvertrauen werden.[2]

[1] D. s. das Oberburggrafen-, Obermarschall-, Landhofmeister- und Kanzleramt (Oberlandesgerichtspräsident in Königsberg).

[2] S. auch Allerh. Erl. v. 27./11. 54 bei v. Rönne I S. 210 Anm. 10.

§. 4. Das Präsentationsrecht steht zu:[1]

1) den nach Unserer Verordnung vom 3. Februar 1847. zur Herren-Kurie des Vereinigten Landtags berufenen Stiftern;[2]
2) dem für jede Provinz[3] zu bildenden Verbande der darin mit Rittergütern an-

gesessenen Grafen, für je einen zu Präsentirenden;

3) den Verbänden der durch ausgebreiteten Familienbesitz ausgezeichneten Geschlechter, welche Wir mit diesem Recht begnadigen;[4]
4) den Verbänden des alten und des befestigten Grundbesitzes;[5]
5) einer jeden Landes-Universität;[6]
6) denjenigen Städten, welchen Wir dieses Recht besonders beilegen.[7]

[1] Aus dem Wortlaute des Ges. v. 7./5. 53 (GS. 181) und § 3 der Verordnung v. 12./10. 54 geht hervor, daß die Krone in keiner Weise verpflichtet ist, einen Präsentirten in das Herrenhaus einzuberufen.

[2] D. s. die Domstifter zu Brandenburg, Merseburg und Naumburg a/S.

[3] Die Altmark gehört in ständischer Beziehung zur Provinz Brandenburg; es giebt nur 8 Provinzen, in denen Grafenverbände vorkommen.

[4] D. s. Gräflich von Königsmarck'sche Familie, die Familien von der Gröben-Langheim, v. Alvensleben, v. Schwerin, v. d. Schulenburg, v. Bredow, v. Arnim, v. Below, die Verbände der Pommerschen Schloßgesessenen Geschlechter v. d. Osten, v. Wedell, v. Borcke, Verband des Pommerschen Geschlechts v. Kleist. Jeder Verband darf ein Familienmitglied präsentiren.

[5] Es giebt 56 Verbände mit 90 zu Präsentirenden.

[6] Die Landesuniversitäten sind: Berlin, Bonn, Breslau, Göttingen, Greifswald, Halle, Kiel, Königsberg, Marburg.

[7] Zur Zeit Aachen, Altona, Barmen, Berlin, Bielefeld, Brandenburg, Bonn, Breslau, Bromberg, Cassel, Coblenz, Cöln, Crefeld, Danzig, Dortmund, Düsseldorf,

Duisburg, Elberfeld, Elbing, Erfurt, Essen, Flensburg, Frankfurt a/M., Frankfurt a/O., Glogau, Görlitz, Greifswald, Halberstadt, Halle, Hannover, Hildesheim, Kiel, Königsberg, Liegnitz, Magdeburg, Memel, Minden, Mühlhausen, Münster, Nordhausen, Osnabrück, Posen, Potsdam, Stettin, Stralsund, Thorn, Trier, Wiesbaden, zusammen 48.

§. 5. Die von den Stiftern zu präsentirenden Vertreter werden von den Mitgliedern derselben aus ihrer Mitte, die von den Universitäten zu präsentirenden von dem akademischen Senate aus der Zahl der ordentlichen Professoren, die von den Städten zu präsentirenden von dem Magistrate, oder in Ermangelung eines kollegialischen Vorstandes von den übrigen kommunalverfassungsmäßigen Vertretern der Stadt aus der Zahl der Magistrats-Mitglieder erwählt.

§. 6. Die näheren reglementarischen Bestimmungen wegen Bildung der Verbände des alten und des befestigten Grundbesitzes — Landschafts-Bezirke — (§. 4. Nr. 4.)[1] und wegen Ausübung des Präsentationsrechts (§. 4. Nr. 1. bis 6.) werden von uns erlassen.[2]

[1] Diese Bestimmungen (welche gleichfalls auf dem Ges. v. 7./5. 53 beruhen) sind erlassen in der Verordnung, betreffend die definitive Erledigung der Vorbehalte wegen Bildung der Verbände des alten und des befestigten Grundbesitzes — Landschafts-Bezirke — und wegen der Wahl der Seitens dieser Verbände und der Pro-

vinzial-Verbände der Grafen zu präsentirenden Mitglieder des Herrenhauses. Vom 10./11. 65 (GS. 1077).

§. 1. Für die nach der anliegenden Nachweisung zu bildenden Landschafts-Bezirke des alten und des befestigten Grundbesitzes sind zur Präsentation zu wählen: in der Provinz Preußen 18, Brandenburg 15, Pommern 13, Schlesien 18, Posen 7, Sachsen 10, Westphalen 4, Rheinland 5.

§. 2. Zum alten Grundbesitze sind solche Rittergüter zu zählen, welche zur Zeit der Präsentation seit mindestens funfzig Jahren im Besitze einer und derselben Familie*) sich befinden.

§. 3. Zum befestigten Grundbesitze gehören solche Rittergüter, deren Vererbung in der männlichen Linie durch eine besondere Erbordnung (Lehn, Majorat, Minorat, Seniorat, Fideikommiß, fideikommissarische Substitution) gesichert ist.

§. 4. Um an der Ausübung des Präsentationsrechts in den Landschafts-Bezirken, sowie in den Grafen-Verbänden Theil nehmen zu dürfen, sind die zur Mitgliedschaft des Herrenhauses nach §. 7. der Verordnung vom 12. Oktober 1854. nothwendigen Eigenschaften mit der Maaßgabe erforderlich, daß ein Lebensalter von 25 Jahren genügt.

§. 5. Die Mitglieder des Herrenhauses mit erblicher Berechtigung nehmen an den Wahlen in den Verbänden der Grafen nicht Theil, ebensowenig an denen der Landschafts-Bezirke. Dagegen sind diejenigen Mitglieder der Grafen-Verbände,

*) Der Begriff der Familie ist hier nicht aus ALR. Thl. II Tit. 3 § 1 zu entnehmen. Die Familie wechselt, wenn die Erbtochter einen Fremden heirathet und von diesem einen Gutserben gebärt.

welche vermöge der Beschaffenheit ihres Rittergutsbesitzes zu den Wahlen in den Landschafts-Bezirken befähigt sind, berechtigt, auch an diesen Theil zu nehmen.

§. 6. Befindet sich ein Rittergut, dessen Besitz zur Theilnahme an den Wahlen in den Grafen-Verbänden oder Landschafts-Bezirken befähigt, im Mitbesitze mehrerer Personen, so haben dieselben bei der Wahl nur Eine Stimme, wogegen jede von ihnen, unter Voraussetzung der übrigen Erfordernisse, wahlfähig ist.

§. 7. Wer vermöge seines Grundbesitzes in verschiedenen Grafen-Verbänden oder Landschafts-Bezirken zur Wahl berechtigt ist, hat die Befugniß, an derselben in jedem dieser Verbände oder Bezirke Theil zu nehmen.

§. 8. Die Präsentationswahlen der Grafen-Verbände und der Landschafts-Bezirke sind auf Mitglieder des betreffenden Verbandes oder Bezirks zu richten.

§. 9. Bei dem Wahlverfahren sind die Vorschriften des Reglements über das Verfahren bei den ständischen Wahlen vom 22. Juni 1842. (Gesetz-Samml. S. 213.) anzuwenden. Jedoch ist eine Präsentationswahl in Zukunft nur dann für gültig vollzogen zu erachten, wenn an derselben mindestens zehn zur aktiven Wahl befähigte Rittergutsbesitzer Theil genommen haben.

§. 10. Die Aufstellung und Fortführung der Verzeichnisse der Wahlberechtigten, die Festsetzung des Ortes und Tages der Wahl und die Ernennung des Wahlkommissars liegt den Oberpräsidenten ob.

§. 11. Sind in einem Landschafts-Bezirke weniger als zehn zur aktiven Wahl befähigte Besitzer vorhanden, so wählen dieselben, vereinigt mit dem vom Oberpräsidenten zu bestimmenden nächsten Landschafts-Bezirke, in welchem sich mindestens zehn zur aktiven Wahl befähigte Besitzer befinden, nur die von dem letzteren zu präsentirende Anzahl von Mitgliedern.

§. 12. Abänderungen der gegenwärtigen Verordnung, sowie der Verordnung wegen Bildung der Ersten Kammer vom 12. Oktober 1854, können gemäß Artikel 1. des Gesetzes, betreffend die Bildung der Ersten Kammer, vom 7. Mai 1853 fortan nur durch ein mit Zustimmung beider Häuser des Landtages der Monarchie zu erlassendes Gesetz vorgenommen werden.*)

[2] Bezüglich der Präsentation durch die Stifter, die Landesuniversitäten und die Städte sind die Vorbehalte noch nicht erledigt.

§. 7. Das Recht auf Sitz und Stimme in der Ersten Kammer kann nur von Preußischen Unterthanen ausgeübt werden, welche sich im Vollbesitze der bürgerlichen Rechte [1] befinden, ihren Wohnsitz innerhalb Preußen haben und nicht im aktiven Dienste eines außerdeutschen Staates stehen.

Ferner ist dazu — außer bei den Prinzen Unseres Königlichen Hauses — ein Alter von dreißig Jahren erforderlich.

[1] StrGB. §§ 33, 34. Wegen der Oberrechnungskammermitglieder s. Art. 74 der VerfUrk. Die Mitglied-

*) Die Verordnung v. 10./11. 65 ist ebensowenig ein Bestandtheil der Verfassung wie die Verordnung v. 12./10. 54. Auch für jene gilt die oben für diese gemachte Vorbemerkung.

schaft ruht, solange das vorgeschriebene Alter, 30 bezw. 18 Jahre, nicht erreicht ist, solange das Mitglied seinen Wohnort nicht in Preußen hat oder im aktiven Dienst eines außerdeutschen Staates steht; s. auch § 10 der Verordnung.

§. 8. Das Recht der Mitgliedschaft der Ersten Kammer erlischt[1] bei denjenigen Mitgliedern, welche in Gemäßheit der §§. 4. bis 6. präsentirt werden, mit dem Verluste der Eigenschaft, in welcher die Präsentation erfolgt ist.[2 3]

[1] Die Behauptung, daß ein Erlöschen des Rechtes der Mitgliedschaft zum Herrenhause in Widerspruch stehe mit dem Ges. v. 7./5. 53 (GS. 181) (s. v. Rönne I S. 215 Anm. 1), ist unbegründet. Das Ges. v. 7./5. 53 hat als Grundlage der Mitgliedschaft die königliche Berufung aufgestellt. Solche Berufungen sollten zwar auf Lebenszeit erfolgen, indeß war dies nur vorgeschrieben, um periodische Wahl, Eintritt kraft des Amtes auszuschließen; besondere Modalitäten der Lebenslänglichkeit sollten damit nicht ausgeschlossen sein (vgl. Stahl's Bericht v. 7./5. 55 in den Anl. Bd. II S. 220 der Sten. Ber. des HH. 1854/55). Ein jus quaesitum für den vom Könige Einberufenen, in allen Fällen bis an sein Lebensende Mitglied des Herrenhauses zu bleiben, hat das Ges. v. 7./5. 53 nicht konstituiren wollen, dessen Grundgedanke der war, die Bildung der Ersten Kammer in das Ermessen des Königs zu stellen. Ebenso Bornhak S. 365.

[2] Z. B. ein Bürgermeister nicht wiedergewählt, ein Professor versetzt wird. Ein Mitglied, welches städtischer Beamter ist und noch im Laufe seiner Dienstzeit auf's Neue zu diesem Amte gewählt wird, hört nicht auf, Mitglied des Hauses zu sein, wenn auch

seine Bestätigung nach Ablauf der ersten Wahlperiode erfolgt, Sten. Ber. des HH. 1866/67 I S. 400.

[8] Wegen Zulässigkeit des Verzichts s. Anm. 3 zu § 9.

§. 9. Das Recht der Mitgliedschaft der Ersten Kammer geht außer den Fällen der §§. 12. und 21. des Strafgesetzbuchs[1] verloren,[2] wenn die Kammer durch einen von Uns bestätigten Beschluß einem Mitgliede das Anerkenntniß unverletzter Ehrenhaftigkeit oder eines der Würde der Kammer entsprechenden Lebenswandels oder Verhaltens versagt.[3]

[1] Jetzt StrGB. §§ 33, 34.

[2] Und zwar dauernd auch bei zeitigem Ehrverlust.

[3] Auf die Mitgliedschaft zum Herrenhause kann das auf Grund der Berufung eingetretene Mitglied ohne Zustimmung der Krone nicht verzichten, da diese durch Kgl. Berufung verliehene, mit Pflichten verbundene Eigenschaft mit den Ausnahmen in den Fällen der §§ 8 und 9 der Verordn. v. 12./10. 54. eine unauslöschbare ist, Bericht der Matrikelkommission v. 6./2. 60 in den Anl. zu den Sten. Ber. des HH. 1860 S. 7 f., welcher Bericht die Wirksamkeit des Verzichts verneinte; die Staatsregierung vertrat dabei die Ansicht, daß nur die Krone entscheiden könne; s. auch Sten. Ber. 1860 S. 127 ff., G. Meyer § 98 Anm. 5., s. auch v. Rönne I S. 216, H. Schulze I § 159 S. 583, Schwartz S. 427; anderer Ansicht Bornhak S. 378, v. Stengel S. 76.

§. 10. Wenn die Kammer mit Rücksicht auf eine gegen ein Mitglied eingeleitete Untersuchung oder aus sonstigen wichtigen Gründen der Ansicht ist, daß demselben die Ausübung des Rechts auf Sitz und Stimme zeitweise zu untersagen sei, so ist zu dieser Maaßregel Unsere Genehmigung erforderlich.

§. 11. Hat ein Mitglied der Ersten Kammer das Recht der Mitgliedschaft verloren, so wird, falls dieselbe auf erblicher Berechtigung beruht, wegen der Wahl eines anderen Mitgliedes der betreffenden Familie von Uns Bestimmung getroffen werden. Wenn ein solches Mitglied in Gemäßheit der §§. 4. bis 6. präsentirt worden ist, so werden Wir eine anderweite Präsentation anordnen.

Anlage II zu Art. 69 ff.

Verordnung über die Ausführung der Wahl der Abgeordneten zur zweiten Kammer.

Vom 30. Mai 1849 (GS. 205).

Ueber die Gültigkeit dieser Verordnung s. Einleitung S. 24 f. Auch ist sie in Art. 115 der Verfass. ausdrücklich anerkannt. Die Verordnung gilt zwar nicht als Theil der Verfassung, so daß sie nicht durch verfassungsänderndes Gesetz abgeändert zu werden braucht, doch kann sie nicht durch Nothverordnung abgeändert werden; denn Art. 115 bestimmt, daß die Verordnung bis zum Erl. des in Art. 72 vorgesehenen Wahlgesetzes in Kraft bleibt, und daraus folgt, daß eine Vorschrift, welche vor dem Erlasse dieses Gesetzes die Verordnung abändert, gegen Art. 115 verstößt. Nothverordnungen aber dürfen (Art. 63) nicht der Verfass. zuwiderlaufen; vgl. auch v. Rönne I S. 224 Anm. 2a und Schwartz S. 460. Die Verordnung gilt in Hohenzollern (Ges. v. 30./4. 51, GS. 216) und (mit den zu §§ 5 und 10 aufgeführten Abweichungen) bis zum Erlaß des in Art. 72 der VerfUrk. vorgesehenen Wahlgesetzes auch für die 1866 erworbenen Provinzen zufolge Ges., betr. die fernere Geltung der Verordn. v. 30./5. 49 für die Wahlen zum Hause der Abgeordneten in den durch die Gesetze v. 20./9. und 24./12. 66 mit der preuß. Monarchie vereinigten Landestheilen v. 11./3. 69 (GS. 481), desgleichen in Lauenburg zufolge Ges. v. 23./6. 76 (GS. 169) und Helgoland, Ges. v. 18./2. 91 (GS. 11).

§. 1. Die Abgeordneten der zweiten Kammer werden von Wahlmännern in Wahlbezirken, die Wahlmänner von den Urwählern in Urwahlbezirken gewählt.

S. den strafrechtlichen Schutz des Wahlrechts in den §§ 107 bis 109, 339 Abs. 3 StrGB. Die Wahl ist eine mittelbare.

§. 2.

Aufgehoben durch § 4 des Ges. v. 27./6. 60 (GS. 357). Dieses Ges. stellt die Wahlbezirke, die Wahlorte und die Zahl der in jedem Bezirke zu wählenden Abgeordneten gesetzlich fest. Für die 1866 erworbenen Provinzen sind die Wahlbezirke gemäß Art. 2 der Verordnung vom 14./9. 67 (GS. 1482) bestimmt. Dieser Art. 2 ist durch Ges. v. 11./3. 69 (GS. 481) § 1 bis zum Erlasse des in Art. 72 der VerfUrk. vorbehaltenen Wahlges. aufrecht erhalten. So lange also gilt als Gesetz die für die 1866 erworbenen Provinzen gemäß Art. 2 der V. v. 14./9. 67 erfolgte Bildung der Wahlbezirke. Lauenburg bildet zufolge Ges. v. 23./6. 76 (GS. 169) einen eigenen Wahlbezirk, für Hannover und Hessen-Nassau sind die Wahlbezirke zum Abgeordnetenhaus durch § 2 der Kreisordnung für Hannover v. 6./5. 84 (GS. 181), bezw. § 2 der Kreisordnung für Hessen-Nassau v. 7./6. 85 (GS. 193), ferner für Westpreußen und Posen durch bezw. gemäß Ges. v. 6./6. 67 (GS. 197) bestimmt. Helgoland ist dem Kreise Süderdithmarschen bezüglich der Wahl zugetheilt; Ges. v. 18./2. 95 (GS. 103).

Veränderungen solcher Gemeinde- oder Gutsbezirksgrenzen, welche zugleich Kreisgrenzen sind, sowie die Vereinigung eines Grundstückes, welches bisher einem Gemeinde- oder Gutsbezirke nicht angehörte, mit einem in einem anderen Kreise belegenen Gemeinde- oder Gutsbezirke ziehen die Veränderung der betreffenden Kreisgrenzen und, wo die Kreis- und Wahlbezirksgrenzen zusammenfallen, auch die Veränderung der letzteren ohne Weiteres nach sich (§ 3 der Kreisordnungen).

§. 3.

Aufgehoben durch § 4 des Ges. v. 27./6. 60 (GS. 357).

§. 4. Auf jede Vollzahl von 250 Seelen ist ein Wahlmann zu wählen.

Nach der letzten Volkszählung, Regl. v. 18./9. 93 § 2 Abs. 3, BMBl. 157.

§. 5. Gemeinden von weniger als 750 Seelen, so wie nicht zu einer Gemeinde gehörende bewohnte Besitzungen, werden von dem Landrathe mit einer oder mehreren benachbarten Gemeinden zu einem Urwahlbezirke vereinigt.

Für die 1866 erworbenen Provinzen kommt hier noch in Betracht Ges., betr. die fernere Geltung der Verordn. v. 30./5. 49 und 11./3. 69 (GS. S. 481):

§ 2. Zu § 5 der Verordn. v. 30. Mai 1849.

1) In Urwahlbezirken, welche ganz oder theilweise aus Inseln bestehen, kann je nach der Oertlichkeit und dem Bedürfnisse von einer Wahlversammlung für den ganzen Bezirk abgesehen und können Wahlversammlungen für einen Theil desselben oder für jede einzelne Insel angesetzt werden.

Der Regel nach soll jeder Urwahlbezirk ein möglichst zusammenhängendes und abgerundetes Ganzes bilden, § 2 letzter Abs. des Regl. v. 18./9. 93 BMBl. 157.

§. 6. Gemeinden von 1750 oder mehr als 1750 Seelen werden von der Gemeinde-Verwaltungsbehörde in mehrere Urwahlbezirke getheilt. Diese sind so einzurichten, daß höchstens 6 Wahlmänner darin zu wählen sind.

Kein Urwahlbezirk darf weniger als 750 und mehr als 1749 Seelen umfassen, § 2 Abs. 1 des Regl. v. 18./9. 93 BMBl. 157: s. auch Anm. 1 zu § 4 und Anm. 1 zu § 9.

§. 7. Die Urwahlbezirke müssen, so weit es thunlich ist, so gebildet werden, daß die Zahl der in einem jeden derselben zu wählenden Wahlmänner durch drei theilbar ist.

§. 8. Jeder selbstständige[1] Preuße,[2] welcher das 24ste Lebensjahr vollendet, und nicht den Vollbesitz der bürgerlichen Rechte[3] in Folge rechtskräftigen richterlichen Erkenntnisses verloren hat, ist in der Gemeinde,[4] worin er seit sechs Monaten seinen Wohnsitz oder Aufenthalt hat, stimmberechtigter Urwähler, sofern er nicht aus öffentlichen Mitteln Armenunterstützung[5] erhält.

[1] Im gewöhnlichen Sprachgebrauche zu verstehen (vgl. BMBl. 1849 S. 361, 362). Unselbstständig im Sinne des § 8 ist, wer nicht verfügungsfähig ist (als Wahnsinniger, Verschwender), wer gefangen oder im Konkurse ist; vgl. auch Sten. Ber. d. AbgH. 1879/80 I S. 322. Hauskinder und Dienstboten sind als solche vom Wahlrechte nicht ausgeschlossen; eigener Haushalt ist nicht zu erfordern. Gefangene können nicht fordern,

daß sie zur Wahl geführt oder beurlaubt werden, Arndt, Reichsstaatsrecht S. 119.

[2] Wer Preuße ist, ergiebt sich aus Ges. v. 1./6. 70 (BGBl. 355). Außerpreußen haben weder aktive noch passive Wahlfähigkeit, Arndt, Reichsstaatsrecht S. 51.

[3] D. h. der bürgerlichen Ehrenrechte, s. StrGB. §§ 32 bis 37. Selbstverständlich ist, daß, wenn der Verlust der bürgerlichen Ehrenrechte im Gnadenwege erlassen ist, auch die Wahlberechtigung von der Begnadigung an wieder eintritt; s. G. Meyer, Staatsr. § 99, Heinze in v. Holtzendorff's Handb. des Strafrechts II S. 635 Nr. 8.

[4] Und zwar auch, wenn er in mehreren Gemeinden wohnt, immer nur in einer Gemeinde (die er sich wählen kann).

[5] Armenunterstützung im Sinne des § 8 ist nur, was Jemandem für sich oder seine Familie zur Erhaltung von Leben und Gesundheit gegeben wird, nicht Schulgeld- oder Lehrmittelfreiheit (vgl. Reichstagsbeschluß v. 25. April 1872 in den Sten. Ber. S. 1162), und auch dann nur, wenn es zufolge öffentlich-rechtlicher Verpflichtung zur Armenunterstützung gewährt wird (also nicht Beihilfen bei Nothständen), z. B. Ges. v. 3./2. 80 (GS. 17) § 5. Armenunterstützungen sind nicht die Leistungen der Knappschafts- und Krankenkassen (Ges. v. 15./6. 83, RGBl. 73 § 79 oder der Unfallberufsgenossenschaften und Invaliden-Versicherungsanstalten).

§. 9. Die Militairpersonen des stehenden Heeres und die Stamm-Mannschaften der Landwehr wählen an ihrem Standorte, ohne Rücksicht darauf, wie lange sie sich an demselben vor der Wahl aufgehalten haben. Sie bilden, wenn sie in der Zahl von 750 Mann oder darüber, zusammenstehen, einen oder mehrere besondere Wahlbezirke. Landwehrpflichtige, welche zur Zeit der Wahlen zum Dienste einberufen sind, wählen an dem Orte ihres Aufenthaltes für ihren Heimathsbezirk.

Nach dem Militärges. v. 2./5. 74 (RGBl. 45) § 49 Abs. 1 ruht für die zum aktiven Heere gehörigen Militärpersonen, mit Ausnahme der Militärbeamten, die Berechtigung zum Wählen: das aktive, nicht das passive Wahlrecht. Bei Berechnung der Seelenzahl (§§ 4 bis 6) sind die Militärpersonen mitzurechnen (auch § 2 Abs. 2 des Regl. v. 18./9. 93, BMBl. 157).

§. 10.[1] Die Urwähler werden nach Maßgabe der von ihnen zu entrichtenden direkten Staatssteuern (Klassensteuer, Grundsteuer, Gewerbesteuer) in drei Abtheilungen getheilt, und zwar in der Art, daß auf jede Abtheilung ein Drittheil der Gesammtsumme der Steuerbeträge aller Urwähler fällt.

Diese Gesammtsumme wird berechnet:

a) gemeindeweise, falls die Gemeinde einen Urwahlbezirk für sich bildet, oder in mehrere Urwahlbezirke getheilt ist. (§. 6.)
b) bezirksweise, falls der Urwahlbezirk aus mehreren Gemeinden zusammengesetzt ist. (§. 5.)

[1] Jetzt gilt statt § 10 das als verfassungsändernd zu Stande gekommene Gesetz, betr. Aenderung des Wahlverfahrens, v. 29./6. 1893 (GS. 103).

§. 1. Für die Wahlen zum Hause der Abgeordneten werden die Urwähler nach Maßgabe der von ihnen zu entrichtenden direkten* Staats-, Gemeinde-**, Kreis-**, Bezirks-** und Provinzialsteuern** in drei Abtheilungen getheilt, und zwar in der Art, daß auf jede Abtheilung ein Drittheil der Gesammtsumme der Steuerbeträge aller Urwähler fällt.

Für jede nicht zur Staatseinkommensteuer veranlagte Person ist an Stelle dieser Steuer ein Betrag von drei Mark zum Ansatz zu bringen.

§. 2. Urwähler, welche zu einer Staatssteuer nicht veranlagt sind, wählen in der dritten Abtheilung.

Verringert sich in Folge dessen die auf die erste und zweite Abtheilung entfallende Gesammtsteuersumme, so findet die Bildung dieser Abtheilungen in der Art statt, daß von der übrig bleibenden Summe auf die erste und zweite Abtheilung je die Hälfte entfällt.

---

* Die direkten Staatssteuern sind a) die Grund- und Gebäudesteuer nach dem Ges. v. 24./5. 61 (GS. 253—340), b) die Gewerbesteuer nach dem Ges. v. 24./6. 91 (GS. 205) und die Wandergewerbesteuer nach dem Ges. v. 3./7. 76 (GS. 247), c) die Einkommensteuer nach dem Ges. v. 24./6. 91 (GS. 175), d) die Ergänzungs(Vermögens-)steuer nach dem Ges. v. 14./7. 93 (GS. 134). Die Eisenbahnabgabe nach dem Ges. v. 30./5. 53 kann hier außer Betracht bleiben, da sie wohl nicht von physischen Personen zur Erhebung kommt. Die Bergwerksabgaben sind durch Ges. v. 14./7. 93 (GS. 119) als Staatsabgaben außer Hebung gesetzt. In Hohenzollern und Helgoland gelten die bezeichneten Steuergesetze nicht; s. Anm. zu Art. 100 der VerfUrk.

** Nach der VerfUrk. und der V. v. 30./5. 49 wurden nur die Staatssteuern bei der Wahl berücksichtigt. Die Grund- und Gebäudesteuer, die Gewerbesteuer und die Bergwerksabgaben sind den Gemeinden vom 1./4. 95 ab überwiesen. Ges. v. 14./7. 93 (GS. 119).

§. 3. Wo direkte Gemeindesteuern nicht erhoben werden, treten an deren Stelle die vom Staate veranlagte Grund-, Gebäude- und Gewerbesteuer.*

§. 4. Auch in Gemeinden, welche in mehrere Urwahlbezirke getheilt sind, wird für jeden Urwahlbezirk eine besondere Abtheilungsliste gebildet.

§. 5. In den Stadt- und Landgemeinden, in welchen die Bildung der Wählerabtheilungen für die Wahlen zur Gemeindevertretung nach dem Maßstabe direkter Steuern stattfindet, werden diese Abtheilungen fortan allgemein in der durch die §§ 1 bis 3 für die Wahlen zum Hause der Abgeordneten vorgeschriebenen Weise gebildet.

Unberührt bleiben die Bestimmungen der Gemeindeverfassungsgesetze, nach denen die Ausübung des Wahlrechts an die Entrichtung bestimmter Steuersätze geknüpft ist oder geknüpft werden kann.

§. 6. Alle diesem Gesetze entgegenstehenden Bestimmungen, insbesondere das Gesetz, betreffend Aenderung des Wahlverfahrens, vom 24. Juni 1891 (GS. 231), werden aufgehoben.

§. 7. Bis zum Erlasse des Wahlgesetzes werden die Bestimmungen der Artikel 71 und 115 der Verfassungsurkunde, soweit sie den vorstehenden Bestimmungen entgegenstehen, außer Kraft gesetzt.

§. 8. Inkrafttreten des Gesetzes.

§. 11. Wo keine Klassensteuer erhoben wird, tritt für dieselbe zunächst die etwa in Gemäßheit der Verordnung vom 4. April 1848., anstatt der indirekten, eingeführte direkte Staatssteuer ein.

Wo weder Klassensteuer, noch klassifizirte Steuer auf Grund der Verordnung vom 4. April 1848. er-

---

* § 3 hat Bedeutung für die selbstständigen Gutsbezirke.

hoben wird, tritt an Stelle der Klassensteuer, die in der Gemeinde zur Hebung kommende, direkte Kommunalsteuer.

Wo auch eine solche ausnahmsweise nicht besteht, muß von der Gemeindeverwaltung nach den Grundsätzen der Klassensteuer-Veranlagung eine ungefähre Einschätzung bewirkt, und der Betrag ausgeworfen werden, welchen jeder Urwähler danach als Klassensteuer zu zahlen haben würde.

Wird die Gewerbesteuer von einer Handelsgesellschaft entrichtet, so ist die Steuer, behufs Bestimmung in welche Abtheilung die Gesellschafter gehören, zu gleichen Theilen auf dieselben zu repartiren.

§ 11 ist obsolet (s. Anm. zu § 10).

§. 12. Die erste Abtheilung besteht aus denjenigen Urwählern, auf welche die höchsten Steuerbeträge bis zum Belaufe eines Drittheils der Gesammtsteuer (§. 10.) fallen.

Die zweite Abtheilung besteht aus denjenigen Urwählern, auf welche die nächst niedrigeren Steuerbeträge bis zur Gränze des zweiten Drittheils fallen.

Die dritte Abtheilung besteht aus den am niedrigsten besteuerten Urwählern, auf welche das dritte Drittheil fällt. In diese Abtheilung gehören auch diejenigen Urwähler, welche keine Steuer zahlen.

Dabei sind die §§ 1 und 4 des Ges. v. 29./6. 93 (GS. 103) zu beachten; oben S. 298 f.

§. 13. So lange der Grundsatz wegen Aufhebung der Abgabenbefreiung in Bezug auf die Klassensteuer und direkte Kommunalsteuer noch nicht durchgeführt ist, sind die zur Zeit noch befreiten Urwähler in diejenige Abtheilung aufzunehmen, welcher sie angehören würden, wenn die Befreiungen bereits aufgehoben wären.

§ 13 ist obsolet.

§. 14. Jede Abtheilung wählt ein Drittheil der zu wählenden Wahlmänner.

Ist die Zahl der in einem Urwahlbezirke zu wählenden Wahlmänner nicht durch 3 theilbar, so ist, wenn nur 1 Wahlmann übrig bleibt, dieser von der zweiten Abtheilung zu wählen. Bleiben 2 Wahlmänner übrig, so wählt die erste Abtheilung den einen und die dritte Abtheilung den anderen.

§. 15. In jeder Gemeinde ist sofort ein Verzeichniß der stimmberechtigten Urwähler (Urwählerliste) aufzustellen, in welchem bei jedem einzelnen Namen der Steuerbetrag angegeben wird, den der Urwähler in der Gemeinde oder in dem, aus mehreren Gemeinden zusammengesetzten Urwahlbezirk zu entrichten hat. Dies Verzeichniß ist öffentlich auszulegen,[1] und daß dieses geschehen, in ortsüblicher Weise bekannt zu machen.

Wer die Aufstellung für unrichtig oder unvollständig hält, kann dies innerhalb dreier Tage nach der Bekanntmachung bei der Ortsbehörde oder dem von derselben dazu ernannten Kommissar oder der dazu niedergesetzten Kommission schriftlich anzeigen oder zu Protokoll geben.[2]

Die Entscheidung darüber steht in den Städten der Gemeinde-Verwaltungsbehörde, auf dem Lande dem Landrathe zu.

In Gemeinden, die in mehrere Urwahlbezirke getheilt sind, erfolgt die Aufstellung der Urwählerlisten nach den einzelnen Bezirken.

[1] Und zwar drei Tage lang. Daß und in welchem Lokale dies geschieht, ist beim Beginne der Auslegung in ortsüblicher Weise bekannt zu machen; § 4 Abs. 1 des Regl. v. 18./9. 93 (BMBl. 157).

[2] Und zwar von Jedem, quivis ex populo, nicht bloß dem zu Unrecht Ausgelassenen; s. § 4 Abs. 2 des Regl. v. 18./9. 93.

§. 16. Die Abtheilungen (§. 12.) werden Seitens derselben Behörden festgestellt, welche die Urwahlbezirke abgrenzen (§§. 5. 6.).

Eben diese Behörden haben für jeden Urwahlbezirk das Lokal, in welchem die auf den Bezirk bezügliche Abtheilungsliste öffentlich auszulegen, und die Wahl der Wahlmänner abzuhalten ist, zu bestimmen und den Wahlvorsteher, der die Wahl zu leiten hat, so wie einen Stellvertreter desselben für Verhinderungsfälle zu ernennen.

In Bezug auf die Berichtigung der Abtheilungslisten kommen die Vorschriften des §. 15. gleichmäßig zur Anwendung.

§. 17. Der Tag der Wahl[1] ist von dem Minister des Innern festzusetzen.[2]

[1] Der allgemeinen Wahl. In den Fällen des § 20 des Wahlreglements hat der Wahlvorsteher, des § 21 des Reglements der Regierungs(in Berlin Ober-)präsident den Wahltag festzusetzen.

[2] Daraus folgt, daß die Wahlversammlungen nur in Folge Berufung der Staatsregierung (§ 19) stattfinden dürfen. Ohne solche Berufung zusammentretende Personen können eine rechtsgültige Wahl nicht vornehmen. Wenn die in Art. 51 der VerfUrk. vorgeschriebene Frist von der Staatsregierung unbeachtet bleibt, so handelt diese verfassungswidrig. Ein Recht aber, nach Ablauf der Frist ohne Einberufung zusammenzutreten, haben die Urwähler nicht (ebenso v. Rönne I S. 253 Anm. 3b).

§. 18. Die Wahlmänner werden in jeder Abtheilung aus der Zahl der stimmberechtigten Urwähler des Urwahlbezirks[1] ohne Rücksicht auf die Abtheilung gewählt.[2]

Mit Ausnahme des Falles der Auflösung der Kammer, sind die Wahlen der Wahlmänner für die ganze Legislaturperiode dergestalt gültig, daß bei einer erforderlich werdenden Ersatzwahl eines Abgeordneten nur an Stelle der inzwischen durch Tod, Wegziehen aus dem Urwahlbezirk, oder auf sonstige Weise ausgeschiedenen Wahlmänner neue zu wählen sind.

[1] Nicht also eines anderen Urwahlbezirks. Dagegen ist es nicht erforderlich, daß die Wahlmänner gerade derjenigen Abtheilung der Urwähler angehören, von

welcher die Wahl ausgeht. Es kann also jede Abtheilung ihre Wahlmänner auch aus der Zahl der stimmberechtigten Urwähler einer anderen Abtheilung wählen.

[3] Schutz des Wahlrechts im StrGB. §§ 107 bis 109, 339 Abs. 3.

§. 19. Die Urwähler sind zur Wahl durch ortsübliche Bekanntmachung zu berufen.

S. Anm. 1 zu § 17. Auf den Tag, an welchem die Urwahlen stattfinden, sind hinsichtlich der Amtshandlungen und der Vornahme von Rechtsgeschäften die für Sonn- und Festtage gegebenen Bestimmungen anzuwenden, s. AE. v. 9./7. 49 (GS. 251). Die Kosten der Urwahlen tragen die Gemeinden, die Kosten der Wahlen der Abgeordneten der Staat; vgl. Reskr. d. Min. d. Innern und der Finanzen v. 15./1. 1850 und 24./12. 1860 (BMBl. 1861 S. 42, s. auch ebendort 1851 S. 2).

§. 20. Der Wahlvorsteher ernennt aus der Zahl der Urwähler des Wahlbezirks einen Protokollführer,[1] so wie 3 bis 6 Beisitzer, welche mit ihm den Wahlvorstand bilden, und verpflichtet sie mittelst Handschlags an Eidesstatt.

[1] Niemand ist verpflichtet, ein solches Amt anzunehmen.

§. 21. Die Wahlen erfolgen abtheilungsweise durch Stimmgebung zu Protokoll, nach absoluter Mehrheit und nach den Vorschriften des Reglements (§. 32.).

Nach dem Wahlregl. v. 18./9. 93 (BMBl. 157), dessen Verbindlichkeit aus § 32 der Wahlordnung folgt, werden zunächst der Wahlvorstand gebildet und sodann die nicht stimmberechtigten Anwesenden zum Abtreten veranlaßt; später erscheinende Urwähler können an den noch nicht geschlossenen Abstimmungen Theil nehmen. Abwesende können durch Stellvertreter oder sonst an der Wahl nicht Theil nehmen (§ 13). Die dritte Abtheilung wählt zuerst, die erste zuletzt. Sobald die Wahlverhandlung einer Abtheilung geschlossen ist, werden die Mitglieder derselben zum Abtreten veranlaßt, § 15. Nach Aufruf durch den Protokollführer tritt der Urwähler an den Vorstandstisch und benennt zu Protokoll $\frac{\text{den}}{\text{die}}$ Namen $\frac{\text{des Wahlmanns}}{\text{der Wahlmänner}}$, § 15. Die Wahl erfolgt nach absoluter Mehrheit der Stimmenden. Ueber die Gültigkeit einzelner Wahlstimmen entscheidet der Vorstand, § 15, vgl. auch § 22 Abs. 2 und § 18 der Verordn., endlich für Stichwahlen § 17 des Regl., wonach, wenn absolute Mehrheit nicht erzielt (oder Stimmengleichheit) ist, die, welche die meisten Stimmen haben, in doppelter Zahl der zu wählenden Wahlmänner in die engere Wahl kommen. Tritt bei einer späteren Abstimmung Stimmengleichheit ein, sowie über die Frage, wer bei Stimmengleichheit in die engere Wahl zu bringen ist, entscheidet das durch die Hand des Wahlvorstehers gezogene Loos, s. auch § 2 der Wahlordnung.

§. 22. In der Wahlversammlung dürfen weder Diskussionen[1] stattfinden, noch Beschlüsse gefaßt werden.

Wahlstimmen, unter Protest oder Vorbehalt abgegeben, sind ungültig.[2]

[1] Des Wahlvorstandes über das, was die Gültigkeit der Wahlen betrifft, sind hier nicht gemeint.

[2] Oder auf nicht wählbare Personen, § 18 Abs. 1

der V., §§ 17, 18 des Reglements. Man kann sich selbst wählen.

§. 23. Ergiebt sich bei der ersten Abstimmung keine absolute Stimmenmehrheit, so findet die engere Wahl statt.

Bei Stimmengleichheit entscheidet das Loos; s. Anm. zu § 21.

§. 24. Der gewählte Wahlmann muß sich über die Annahme der Wahl erklären. Eine Annahme unter Protest oder Vorbehalt gilt als Ablehnung, und zieht eine Ersatzwahl nach sich.

Jede Ablehnung hat für die Abtheilung eine neue Wahl zur Folge, § 18 des Regl.

§. 25. Das Protokoll wird von dem Wahlvorstande (§. 20.) unterzeichnet und sofort dem Wahlkommissar (§. 26.) für die Wahl der Abgeordneten eingereicht.

§. 26. Die Regierung[1] ernennt den Wahlkommissar für jeden Wahlbezirk zur Wahl der Abgeordneten und bestimmt den Wahlort.[2]

[1] Anm. 1 zu § 17 findet hier entsprechende Anwendung.

[2] Die Vorschrift wegen Bestimmung der Wahlorte ist durch § 4 des Ges., die Feststellung der Wahlbezirke für das Abgeordnetenhaus betreffend, v. 7./6. 60 (GS. 367) aufgehoben.

§. 27. Der Wahlkommissar beruft die Wahlmänner mittelst schriftlicher Einladung zur Wahl der Abgeordneten.[1] Er hat die Verhandlungen über die Urwahlen nach den Vorschriften dieser Verordnung zu prüfen, und wenn er einzelne Wahlakte für ungültig erachten sollte, der Versammlung der Wahlmänner seine Bedenken zur endgültigen Entscheidung[2] vorzutragen. Nach Ausschließung derjenigen Wahlmänner, deren Wahl für ungültig erkannt ist, schreitet die Versammlung sofort zu dem eigentlichen Wahlgeschäfte.

Außer der vorgedachten Erörterung und Entscheidung über die etwa gegen einzelne Wahlakte erhobenen Bedenken dürfen in der Versammlung keine Diskussionen Statt finden, noch Beschlüsse gefaßt werden.[3]

[1] Wenn sie nicht schon bereits im Urwahltermine durch die Wahlvorsteher geladen sind, § 25 Abs. 2 des Regl.

[2] Unbeschadet des dem Abgeordnetenhause gemäß Art. 78 der VerfUrk. zustehenden endgültigen Rechtes der Prüfung und Entscheidung; s. auch Sten. Ber. des AbgH. 1867 S. 29 ff., 69; vgl. auch Schwartz S. 467.

[3] Ueber Bemängelungen der Wahlmännerwahlen durch Dritte hat nicht die Versammlung (wohl aber das Abgeordnetenhaus) zu entscheiden.

§. 28. Der Tag der Wahl der Abgeordneten ist von dem Minister des Innern festzusetzen.

Im Falle der Ablehnung oder Nichtwählbarkeit setzt der Regierungs-(in Berlin Ober-)präsident den Wahltag fest, Wahlreglement § 31; wenn ein Mandat während der Sitzungsperiode erledigt wird, der Min.

des Innern, vgl. VMBl. 1851 S. 277, ebenso Schwartz S. 467, nach v. Rönne I § 60 S. 253 Anm. 2 der Regierungspräsident. S. auch Anm. 1 zu § 17.

§. 29. Zum Abgeordneten ist jeder Preuße[1] wählbar, der das dreißigste Lebensjahr vollendet, den Vollbesitz der bürgerlichen Rechte,[2] in Folge rechtskräftigen richterlichen Erkenntnisses, nicht verloren hat und bereits ein Jahr lang dem preußischen Staatsverbande angehört.[3] [4] [5]

[1] S. Ges. v. 1./6. 70 (BGBl. 355).

[2] StrGB. §§ 32 bis 37; s. auch Anm. 3 zu § 8.

[3] Diese letzte Bestimmung bezieht sich seit der Bundes-(Reichs-)Verfassung Art. 3 nur noch auf solche Personen, welche vor Erwerb der preußischen Staatsangehörigkeit einem außerdeutschen Staatsverbande angehört haben, G. Meyer I § 99, Sten. Ber. des AbgH. 1882/83 Bd. III S. 1965 f., v. Stengel S. 80 Anm. 1.

Die Selbstständigkeit (wie in § 8) wird also hier nicht verlangt. Verlust der Selbstständigkeit hat sonach Verlust der Mitgliedschaft nicht im Gefolge. Gleichwohl hat das AbgH. im Konkurse befindlichen Personen wegen mangelnder Selbstständigkeit die Wählbarkeit zu Abgeordneten abgesprochen, s. Sten. Ber. 1879 I S. 1392 f., s. auch Schwartz S. 229 und Anschütz in der Deutschen Juristen-Zeitung 1900 S. 181.

[4] Zu berücksichtigen bleibt noch, daß nach Art. 78 Abs. 4 der VerfUrk. Mitglieder des Herrenhauses als Abgeordnete nicht wählbar sind, und daß nach dem Ges. v. 27./3. 72 (s. Anm. 7 zu Art. 74) der Präsident und die Mitglieder der Oberrechnungskammer nicht Mitglieder eines der beiden Häuser des Landtages sein dürfen.

[5] Verlust des Wahlrechts tritt ein durch Verzicht, oder wenn eines der in § 29 aufgestellten Erfordernisse in Wegfall gekommen ist. Wegen „Unwürdigkeit" (vgl. § 9 der Verordnung wegen Bildung der Ersten Kammer v. 12./10. 54) kann die Mitgliedschaft vom Abgeordnetenhause nicht entzogen werden.

§. 30. Die Wahlen der Abgeordneten erfolgen durch Stimmgebung zu Protokoll.

Der Protokollführer und die Beisitzer werden von den Wahlmännern auf den Vorschlag des Wahlkommissarius gewählt und bilden mit diesem den Wahlvorstand.

Die Wahlen erfolgen nach absoluter Stimmenmehrheit. Wahlstimmen unter Protest oder Vorbehalt abgegeben, sind ungültig.

Ergiebt sich bei der ersten Abstimmung keine absolute Mehrheit, so wird zu einer engeren Wahl geschritten.

Jeder Abgeordnete wird in einer besonderen Wahlhandlung gewählt durch Stimmenabgabe zu Protokoll, § 27 des Regl. Für Stichwahlen trifft § 28 dort die Vorschriften. Wird keine absolute Mehrheit im ersten Wahlgange erzielt, so können im zweiten nur auf solche Kandidaten Stimmen abgegeben werden, welche bei der ersten Abstimmung mehr als eine Stimme erhalten haben. Wenn auch die zweite Abstimmung keine absolute Mehrheit ergiebt, so fällt in jeder der folgenden Abstimmungen der, welcher die wenigsten Stimmen hatte, aus der Wahl, bis die absolute Mehrheit sich auf einen Kandidaten vereinigt hat, — bei Stimmengleichheit entscheidet das Loos, welches der Wahlvorsteher zieht.

§. 31. Der gewählte Abgeordnete muß sich über die Annahme oder Ablehnung der auf ihn gefallenen Wahl gegen den Wahlkommissarius erklären. Eine Annahme-Erklärung unter Protest oder Vorbehalt gilt als Ablehnung und hat eine neue Wahl zur Folge.

§. 32. Die zur Ausführung dieser Verordnung erforderlichen näheren Bestimmungen hat Unser Staatsministerium in einem zu erlassenden Reglement zu treffen.

Vom 18./9. 93 (VMBl. 157).

Sachregister.

A.

B.

E.

F.

G.

H.

J.

N.

O.

P.

R.

S.

T.

U.

V.

Pierer'sche Hofbuchdruckerei Stephan Geibel & Co. in Altenburg.

Verzeichniß

der

Guttentag'schen Sammlung

Deutscher Reichsgesetze

und

Preußischer Gesetze.

Text-Ausgaben mit Anmerkungen und Sachregister.

Taschenformat.

Berlin.
J. Guttentag, Verlagsbuchhandlung,
G. m. b. H.

Guttentag'sche Sammlung

Deutscher Reichsgesetze.

Text-Ausgaben mit Anmerkungen. Taschenformat.

1. **Verfassung** des Deutschen Reichs. Gegeben Berlin, den 16. April 1871. Von Dr. **L. von Rönne.** Achte neubearbeitete Auflage von **Paul von Rönne,** Landrath. 1 M. 60 Pf.

2. **Strafgesetzbuch** für das Deutsche Reich. Nebst den gebräuchlichsten Reichs-Strafgesetzen (Presse, Personenstand, Nahrungsmittel, Kranken-, Unfall-, Invalidenversicherung, Gewerbeordnung, unlauterer Wettbewerb, Depot- und Börsengesetz u. s. w.). In der vom 1. Januar 1900 ab geltenden Fassung. Von Dr. **H. Rüdorff.** Neunzehnte Auflage von Dr. **H. Appelius,** Staatsanwaltschaftsrath. Geb. in ganz Leinen 1 M. 20 Pf.

3. **Militärstrafgerichtsordnung** nebst Einführungsgesetz und Gesetz, betr. die Dienstvergehen der richterlichen Militärjustizbeamten und die unfreiwillige Versetzung derselben in eine andere Stelle oder in den Ruhestand. Von Dr. **P. Herz,** Geh. Admiralitätsrath. Zweite Auflage. Geb. in ganz Leinen 3 M.

4. **Handelsgesetzbuch vom 10. Mai 1897** unter Ausschluß des Seerechts. Mit den ergänzenden Vorschriften des Bürgerlichen Gesetzbuchs und Erläuterungen herausgegeben von **F. Litthauer**, Justizrath. Elfte unveränderte Auflage. 2 M. 25 Pf.

5. Allgemeine Deutsche **Wechselordnung**. Siebente Auflage von Dr. **E. Ball**, Rechtsanwalt, und das Reichsgesetz über die **Wechselstempelsteuer**. Sechste Auflage von Reg.-Assessor **P. Loeck**. 1897. 2 M.

6. **Reichs-Gewerbe-Ordnung** nebst Ausführungsbestimmungen. Von **T. Ph. Berger**. Unter besonderer Berücksichtigung der Bestimmungen über den Arbeiterschutz, die Organisation des Handwerks und das Lehrlingswesen fortgeführt von Dr. **Wilhelmi**, Geh. Ober-Regierungsrath. Fünfzehnte vermehrte Auflage. 2 M. 80 Pf.

7. Die deutsche **Post- und Telegraphen-Gesetzgebung**. Nebst dem Weltpostvertrag und dem internationalen Telegraphenvertrag. Von Dr. **P. D. Fischer**, Unterstaatssekretär im Reichs-Postamt. Vierte Auflage. 1895. 2 M. 60 Pf.

8. Die Reichsgesetze über den **Unterstützungswohnsitz** in der Fassung der Novelle vom 12. März 1894 die **Freizügigkeit**, den **Erwerb** und **Verlust** der

Bundes- und Staatsangehörigkeit, nebst allen landesgesetzlichen Bestimmungen. Von Geheimrath Dr. **J. Krech,** Mitglied des Bundesamtes für das Heimathwesen. Vierte Auflage. 2 M. 25 Pf.

9a. Sammlung **kleinerer privatrechtlicher** Reichsgesetze. Von **F. Vierhaus,** Geh. Ober-Justizrath. Zweite Auflage in Vorbereitung.

9b. Sammlung **kleinerer strafrechtlicher Reichsgesetze.** Von **M. Werner,** Geh. Ober-Regierungsrath Zweite Auflage im Druck.

10. Das **Reichsbeamtengesetz** vom 31. März 1873 und seine Ergänzungen. Erläutert von **J. Pieper,** Geh. Ober-Regierungsrath. 3 M. 30 Pf.

11. **Civilprozeßordnung mit Einführungsgesetzen,** Nebengesetzen und Ergänzungen. In der Fassung des Gesetzes vom 17. Mai 1898. Unter besonderer Berücksichtigung der Entscheidungen des Reichsgerichts herausgegeben mit Anmerkungen von **R. Sydow,** Direktor im Reichs-Postamt und **L. Busch,** Kammergerichtsrath. Achte Auflage. 8°. Geb. in ganz Leinen 4 M.

Dieser Band ist in größerem Format erschienen!

12. **Strafprozeßordnung und Gerichtsverfassungsgesetz** in der vom 1. Januar 1900 ab geltenden Fassung, nebst dem **Gesetz, betreffend die Entschädigung der im Wiederaufnahmeverfahren freigesprochenen Personen.** Von **A. Hellweg**, Reichsgerichtsrath. Zehnte Auflage. Geb. in ganz Leinen 2 M.

13. **Konkursordnung und Anfechtungsgesetz** mit Einführungs- und Nebengesetzen. In der Fassung der Gesetze vom 17. Mai 1898. Unter besonderer Berücksichtigung der Entscheidungen des Reichsgerichts herausgegeben mit Anmerkungen von **R. Sydow**, Direktor im Reichs-Postamt und **L. Busch**, Kammergerichtsrath. Achte Auflage. Geb. in ganz Leinen 1 M. 80 Pf.

14. **Gerichtsverfassungsgesetz** mit Einführungsgesetz, Nebengesetzen und Ergänzungen. In der Fassung des Gesetzes vom 17. Mai 1898. Unter Berücksichtigung der Entscheidungen des Reichsgerichts herausgegeben von **R. Sydow**, Direktor im Reichs-Postamt und **L. Busch**, Kammergerichtsrath. Achte Auflage. 1 M. 20 Pf.

15. **Das deutsche Gerichtskostengesetz nebst den Gebührenordnungen für Gerichtsvollzieher, Zeugen und Sachverständige.** In der Fassung vom 20. Mai 1898. Unter besonderer Berücksichtigung der Entscheidungen

des Reichsgerichtes herausgegeben mit Anmerkungen und Kostentabellen von **R. Sydow**, Direktor im Reichspostamt und **L. Busch**, Kammergerichtsrath. Sechste vermehrte Auflage. Geb. in ganz Leinen 1 M. 50 Pf.

16. **Rechtsanwaltsordnung.** Von **R. Sydow**, Direktor im Reichspostamt. Vierte, völlig umgearbeitete Auflage von Dr. **E. Mosler**, Gerichtsassessor. Geb. in ganz Leinen ca. 1 M.

17. **Die Deutsche Gebührenordnung für Rechtsanwälte und das Preußische Gebührengesetz** vom 27. September/6. Oktober 1899. Von **R. Sydow**, Direktor im Reichspostamt und **L. Busch**, Kammergerichtsrath. Sechste Auflage. Geb. in ganz Leinen 1 M. 50 Pf.

18. **Reichsstempelgesetz (Börsensteuergesetz)** mit allen Ausführungsvorschriften, vielen Tabellen, den Entscheidungen der Verwaltungsbehörden und des Reichsgerichts. Von **Gaupp**, Geh. Regierungsrath. Achte Auflage von **P. Loeck**, Regierungs-Assessor. Im Druck.

19. **Die Seegesetzgebung** des Deutschen Reiches. Nebst den Entscheidungen des Reichsoberhandelsgerichts, des Reichsgerichts und der Seeämter. Von Dr. **W. E. Knitschky**, Landgerichtsrath. Zweite Auflage. 3 M. 80 Pf.

20. **Krankenversicherungsgesetz** vom 15. Juni 1883 in der Fassung der Novelle vom 10. April 1892. Von Dr. **E. von Woedtke**, Direktor im Reichsamt des Innern. Siebente Auflage. 2 M.

21. Die **Konsulargesetzgebung** des Deutschen Reiches. Von Professor Dr. **Ph. Zorn.** Vergriffen.

22a. **Patentgesetz. Gesetz, betreffend den Schutz von Gebrauchsmustern. Gesetz, betreffend das Urheberrecht an Mustern und Modellen.** Nebst Ausführungsbestimmungen unter eingehender Berücksichtigung der Rechtsprechung des Reichsgerichts und der Praxis des Patentamts. Erläutert von Dr. **R. Stephan**, Regierungsrath, Mitglied des Kaiserlichen Patentamts. Fünfte vermehrte Auflage. Geb. in ganz Leinen 2 M.

22b. **Gesetz zum Schutz der Waarenbezeichnungen.** Nebst Ausführungsbestimmungen. Von Dr. **R. Stephan**, Regierungsrath, Mitglied des Kaiserlichen Patentamts. Vierte vermehrte Auflage. 1 M.

23. **Gewerbe-Unfallversicherungsgesetz** und Gesetz, betr. die Abänderung der Unfallversicherungsgesetze vom 30. Juni 1900 in der Fassung der Bekanntmachung vom 5. Juli 1900 nebst Ausführungsverordnungen. Von Dr. **E. v. Woedtke**, Direktor im Reichsamt des Innern. Sechste umgearbeitete Auflage. Geb. in ganz Leinen ca. 2 M. 50 Pf.

24. **Aktiengesellschaft und Kommanditgesellschaften auf Aktien.** (Handelsgesetzbuch, II. Buch, Abschnitt 3 und 4.) Mit erläuternden Anmerkungen von **H. Keyssner,** Kammergerichtsrath und Dr. **H. Veit Simon,** Rechtsanwalt. Fünfte Auflage. Bearbeitet von Dr. **Hugo Keyssner** u. **L. Keyssner.** Geb. in ganz Leinen 2 M. 25 Pf.

25. **Reichsgesetz wegen Erhebung der Brausteuer** vom 31. Mai 1872 mit Ausführungsvorschriften. Von **E. Bertho,** Regierungsrath. 1885. 1 M. 60 Pf.

26. Die Reichsgesetzgebung über **Münz- und Notenbankwesen,** Papiergeld, Prämienpapiere und Reichsanleihen. Von Dr. jur. **R. Koch,** Präsident des Reichsbankdirektoriums. Dritte Auflage. 2 M. 80 Pf.

27. Die Gesetzgebung, betr. das **Gesundheitswesen** im Deutschen Reich für Behörden, Aerzte ꝛc. Von Dr. jur. **C. Goesch** und Dr. med. **J. Karsten.** 1888. 1 M. 60 Pf.

28. **Bauunfallversicherungsgesetz.** In der Fassung der Bekanntmachung vom 5. Juli 1900. Unter Berücksichtigung der Rechtsprechung des Reichs-Versicherungsamts. Von **R. Chrzescinski,** Kaiserl. Regierungsrath. Dritte Auflage. Geb. in ganz Leinen ca. 2 M.

29. Reichsgesetz, betr. die **Erwerbs- und Wirthschaftsgenossenschaften.** In der vom 1. Januar 1900 ab geltenden Fassung. Von **L. Parisius** und Dr. **H. Crüger.** Achte Auflage. Geb. in ganz Leinen. 1 M. 50 Pf.

30. **Invalidenversicherungsgesetz** vom 13. Juli 1899, in der Fassung der Bekanntmachung vom 19. Juli 1899. Von Dr. **E. v. Woedtke,** Director im Reichsamt des Innern. Siebente erweiterte Auflage. Geb. in ganz Leinen 2 M. 50 Pf.

31. Reichsgesetz, betr. die **Gewerbegerichte.** Von **L. Mugdan.** Vierte Auflage. Bearbeitet von **Cuno,** Stadtrath und stellvertretender Vorsitzender des Gewerbegerichts zu Königsberg i. Pr. 1 M. 80 Pf.

32. Reichsgesetz, betr. die **Gesellschaften mit beschränkter Haftung.** In der vom 1. Januar 1900 ab geltenden Fassung. Von **L. Parisius** und Dr. **H. Crüger.** Vierte vermehrte und verbesserte Auflage. 1 M.

33. Das **Vereins- und Versammlungsrecht** in Deutschland. Von Dr. **E. Ball,** Rechtsanwalt. 2 M. 25 Pf.

34. Reichsgesetz, betreffend die **Abzahlungsgeschäfte.** Vom 16. Mai 1894. Von **J. Hoffmann,** Geheimer Regierungsrath. 95 Pf.

35. **Die Reichs-Eisenbahngesetzgebung.** Von W. Coermann, Kaiserl. Amtsrichter. 1895. 2 M. 25 Pf.

36. **Gesetze, betr. die privatrechtlichen Verhältnisse der Binnenschiffahrt und der Flößerei.** Nach den Materialien erläutert von **H. Makower.** Unter Berücksichtigung der am 1. Januar 1900 in Kraft tretenden Reichsgesetze bearbeitet von **E. Löwe,** Landgerichtsrath. Zweite veränderte Auflage. 2 M.

37. **Gesetz zur Bekämpfung des unlauteren Wettbewerbes.** Vom 27. Mai 1896. Von Dr. **R. Stephan,** Regierungsrath. Zweite Auflage. 80 Pf.

38/39. **Bürgerliches Gesetzbuch nebst Einführungsgesetz.** In Verbindung mit Professor Dr. **André,** Amtsgerichtsrath **Greiff,** Amtsrichter **Ritgen,** Landgerichtsrath Dr. **Unzner,** z. Z. Schriftführer bei der Kommission für die zweite Lesung des Entwurfs eines Bürgerlichen Gesetzbuchs, herausgegeben von Reichsgerichtsrath Dr. **A. Achilles,** z. Z. Kommissar des Reichs-Justizamts bei derselben Kommission. Zweite vermehrte Auflage. 8°. Geb. in ganz Leinen. 5 M. 50 Pf.

Dieser Band ist in größerem Format erschienen!

40. **Gesetz, betr. die Pflichten der Kaufleute bei Aufbewahrung fremder Werthpapiere (Depotgesetz).**

Vom 5. Juli 1896. Mit Erläuterungen, Einleitung und Sachregister. Von **F. Lusensky**, Geh. Regierungsrath. 90 Pf.

41. **Börsengesetz.** Vom 22. Juni 1896. Nebst den dazu erlassenen Ausführungsbestimmungen. Unter Mitwirkung des Geh. Ober-Regierungsrathes **A. Wermuth** bearbeitet von **H. Brendel**, Gerichts-Assessor, Hülfsarbeiter im Reichsamt des Innern. 1 M. 50 Pf.

42. **Grundbuchordnung** für das Deutsche Reich nebst den preußischen Ausführungsbestimmungen. Mit Einleitung von Professor Dr. **O. Fischer.** Zweite Auflage. Geb. in ganz Leinen 1 M. 80 Pf.

43. Die Gesetzgebung, betr. die **Zwangsvollstreckung in das unbewegliche Vermögen** im Reiche und in Preußen. Text-Ausgabe mit Einleitung, Anmerkungen, Kosten- und Gebührentabellen und Sachregister. Von Dr. **J. Krech**, Kaiserl. Geh. Regierungsrath und Professor Dr. **O. Fischer.** Dritte Auflage. Geb. in ganz Leinen 2 M.

44. Das Reichsgesetz über das **Auswanderungswesen** vom 9. Juni 1897 nebst Ausführungsverordnungen und Anlagen. Nach den Materialien und unter Benutzung amtlicher Quellen erläutert von Professor Dr. **Felix Stoerk.** 2 M. 25 Pf.

45. **Das Entmündigungsrecht** unter Berücksichtigung der für Preußen geltenden Vorschriften nebst der preußischen Justiz-Ministerial-Verfügung vom 28. November 1899. Text der civil- und prozeßrechtlichen Bestimmungen mit Erläuterungen von Landgerichtsrath Dr. **P. Koll** in Cöln. Geb. in ganz Leinen 1 M. 50 Pf.

46. Die Gesetze des Reiches und Preußens über die **freiwillige Gerichtsbarkeit.** Mit Einleitung von **Herm. Jastrow,** Amtsgerichtsrath. Zweite, erweiterte Auflage. Geb. in ganz Leinen 2 M. 80 Pf.

47. Das **deutsche Vormundschaftsrecht** und das preuß. Gesetz, betr. die Unterbringung verwahrloster Kinder, vom 13. März 1878 nebst den dazu gehörigen preußischen Nebengesetzen und allgemeinen Verfügungen. Mit Einleitung und Erläuterungen von **Max Schultzenstein,** Oberverwaltungsgerichtsrath und Amtsgerichtsrath Dr. **Paul Köhne.** 2 M. 80 Pf.

48. Gesetze und Verordnungen, betreffend den **Drogen-, Gift- und Farbenhandel** außerhalb der Apotheken, unter besonderer Berücksichtigung des Königreichs Preußen. Von Dr. **Broh,** Rechtsanwalt. 1 M. 25 Pf.

49. Die **Kolonialgesetzgebung.** Von Prof. Dr. **Philipp Zorn.** Im Druck.

50. Der **Viehkauf** (Viehgewährschaft) nach dem Bürgerlichen Gesetzbuche. Mit Erläuterungen und Sachregister von Dr. **Hans Stölzle**, Rechtsanwalt in Kempten (Bayern). Nebst einem Anhang: Verordnung, betreffend die Hauptmängel und Gewährsfristen beim Viehhandel. Vom 27. März 1899. Erläutert von **Heinrich Weiskopf**, Königl. Kreisthierarzt in Augsburg. Zweite Auflage. Geb. in ganz Leinen 2 M.

51. **Hypothekenbankgesetz** vom 13. Juli 1899. Von Dr. **H. Göppert**, Gerichts-Assessor. Geb. in ganz Leinen 1 M. 80 Pf.

52. Gesetz, betreffend die gemeinsamen **Rechte der Besitzer von Schuldverschreibungen**. Vom 4. Dezember 1899. Von Dr. **Heinrich Göppert**, Gerichts-Assessor. Geb. in ganz Leinen 2 M.

53. **Reichspreßgesetz** vom 7. Mai 1874 nebst den einschlägigen Bestimmungen des Reichsstrafgesetzbuchs, der Gewerbeordnung u. s. w. Kommentar von **A. Born**, Polizeiassessor. Geb. in ganz Leinen 1 M. 50 Pf.

54. Die Reichsgesetzgebung über den Verkehr mit **Nahrungsmitteln, Genußmitteln** und **Gebrauchsgegenständen**. Von Dr. **Lebbin**, Nahrungsmittelchemiker. Geb. in ganz Leinen 2 M. 25 Pf.

55. Das Recht der Beschlagnahme von Lohn- und Gehaltsforderungen. Auf Grundlage der Reichsgesetze vom 21. Juni 1869 u. 29. März 1897 und der Civilprozeßordnung. Von Rechtsanwalt **Georg Meyer.** Geb. in ganz Leinen 1 M. 50 Pf.

56. Gesetz, betr. die Bekämpfung gemeingefährlicher Krankheiten. Vom 30. Juni 1900. Von Geh. Regierungsrath Dr. **Burkhardt.** Geb. in ganz Leinen. Im Druck.

Guttentag'sche Sammlung
Preußischer Gesetze.

Text-Ausgaben mit Anmerkungen. Taschenformat.

1. Die Verfassungs-Urkunde für den Preußischen Staat nebst Ergänzungs- und Ausführungs-Gesetzen. Mit Einleitung und vollständigem Kommentar von Prof. Dr. **Adolf Arndt.** Vierte, gänzlich umgearbeitete und verbesserte Auflage. Geb. in ganz Leinen ca. 2 M. 50 Pf.

2. Preußische Beamten-Gesetzgebung. Enthaltend die wichtigsten Beamtengesetze in Preußen. Von **C. Pfafferoth.** Dritte Auflage. 1 M. 50 Pf.

3. Die Preuß. Gesetzgebung, betr. die **Zwangsvollstreckung in das unbewegliche Vermögen.** Von Dr. **J. Krech,** Kais. Geh. Regierungs-Rath und Prof. Dr. **O. Fischer.** Dritte Auflage. Vergriffen.
Siehe: Reichsgesetze Nr. 43.

4. **Gebührenordnung** für **Notare** vom 25. Juni 1895 in der Fassung der Bekanntmachung vom 6. Oktober 1899 nebst den einschlägigen Vorschriften des Preußischen Gerichtskostengesetzes. Von **R. Sydow,** Direktor im Reichspostamt. Zweite Auflage bearbeitet von Dr. **E. Mosler,** Gerichtsassessor. Geb. in ganz Leinen. 1 M. 50 Pf.

5. Gesetz vom **24. April 1854 (betr. die außereheliche Schwängerung)** und die daneben geltenden Bestimmungen des Allgemeinen Landrechts nebst nebst dazu ergangenen Präjudikaten. Von Dr. **Schulze.** 75 Pf.

6. Die Preußischen **Ausführungsgesetze und Verordnungen zu den Reichs-Justizgesetzen.** Von **R. Sydow.** Dritte vermehrte Auflage. 2 M. 40 Pf.

7. **Allg. Gerichtsordnung** vom 6. Juli 1793 und Preuß. **Konkursordnung** vom 8. Mai 1885. Von **F. Vierhaus,** Geh. Ober-Justizrath. Vergriffen.

8. **Vormundschaftsordnung** vom 5. Juli 1875, nebst allen Nebengesetzen und den dazu erlassenen Allgemeinen Verfügungen. Von Oberverwaltungsgerichtsrath **Schultzenstein**. Dritte Auflage. 1 M. 50 Pf. Siehe: Reichsgesetze Nr. 47.

9. Die Preußische **Grundbuchgesetzgebung**. Mit Einleitung, Formularen, Kosten- und Stempeltabellen. Von Prof. Dr. **Fischer**. Dritte Auflage. Vergriffen. Siehe: Reichsgesetze Nr. 42.

10. **Einkommensteuergesetz**. Vom 24. Juni 1891. Von Geheimrath **Meitzen**. Vierte vermehrte Auflage von **A. Fernow**, Ober-Regierungsrath. 1 M. 50 Pf.

11. **Gewerbesteuergesetz**. Vom 24. Juni 1891. Von **A. Fernow**, Ober-Regierungsrath. Dritte vermehrte Auflage. 1 M. 25 Pf.

12. **Allgemeines Berggesetz** für die preußischen Staaten. Vom 24. Juni 1865, und die auf dasselbe bezüglichen Gesetze und Verordnungen. Von **E. Engels**, Ober-Bergrath. Zweite Auflage. 1 M. 60 Pf.

13. **Ergänzungssteuergesetz** (Vermögenssteuergesetz). Vom 14. Juli 1893. Von **A. Fernow**, Ober-Regierungsrath. Zweite vermehrte Auflage. 1 M.

14. **Kommunalabgabengesetz**. Vom 14. Juli 1893 und Gesetz wegen Aufhebung direkter Staatssteuern. Vom 14. Juli 1893. Von **F. Adickes**, Oberbürgermeister. Zweite Auflage. 1 M. 25 Pf.

15. Die **Kreisordnungen** für den Preußischen Staat. Von **O. Kolisch,** Landgerichtsrath. 1894. 4 M.

16. Preuß. Ausführungs-Anweisung zu §§. 16 u. ff. der Reichs-Gewerbe-Ordnung, betr. **Genehmigung gewerblicher Anlagen.** Von Dr. **von Rüdiger,** Regierungs- und Gewerberath. 1895. 1 M. 50 Pf.

17. Preußisches **Gerichtskostengesetz.** Vom 25. Juni 1895. In der Fassung der Bekanntmachung vom 6. Oktober 1899. Mit Kostentabellen. Von Dr. **P. Siméon,** Landrichter. Dritte Auflage. Geb. in ganz Leinen 1 M. 80 Pf.

18. Preußisches **Stempelsteuergesetz.** Vom 31. Juli 1895. Nebst den Entscheidungen des Reichsgerichts und Erlassen der Verwaltungsbehörden und ausführlichen Tabellen. Von **B. Gaupp,** Geh Regierungsrath und Regierungsassessor **P. Loeck.** Vierte Auflage. 3 M. 30 Pf.

19. Das **Jagdscheingesetz** vom 31. Juli 1895. Mit ausführlichen Erläuterungen nebst der Ausführungsverfügung vom 2. August 1898 und den Gesetzgebungsmaterialien. Von **F. Kunze,** Wirklichem Geh. Ober-Regierungsrath. Zweite Auflage. Geb. in ganz Leinen 2 M.

20. **Gesetz, betr. die Erbschaftssteuer.** Vom 19./24. Mai 1891 unter Berücksichtigung der Novelle vom 31. Juli 1895. Mit ausführlichen Erläuterungen von **P. Loeck,** Regierungsassessor. 1 M. 80 Pf.

21. Gesetz über die **Handelskammern.** Vom 19. August 1897. Mit Erläuterungen, geschichtlicher Einleitung sowie einer Uebersicht des Bestandes der kaufmännischen Vertretungen. Von **F. Lusensky,** Geh. Regierungsrath und vortragender Rath im Ministerium für Handel und Gewerbe. 3 M.

22. Gesetz, betr. **Anstellung und Versorgung der Kommunalbeamten.** Vom 30. Juli 1899. Mit einem Anhang, enthaltend die preußische Ausführungsanweisung. Von Dr. **W. Ledermann,** Magistratsassessor zu Berlin. 1 M. 25 Pf.

23. **Ausführungsgesetz zum Bürgerlichen Gesetzbuche** vom 20. September 1899. Von Landrichter Dr. **P. Siméon.** Geb. in ganz Leinen 1 M. 60 Pf.

24. Die **Hinterlegungsordnung** vom 14. März 1879 in der Fassung des preußischen Ausführungsgesetzes zum Bürgerlichen Gesetzbuch vom 20. September 1899. Nebst Ausführungsbestimmungen. Unter Benutzung der amtlichen Entscheidungen und Erlasse des Finanzministers. Von Regierungsassessor Dr. **Georg Bartels.** Geb. in ganz Leinen 1 M. 50 Pf.

25. **Preußisches Kommunalbeamtenrecht**, enthaltend die wichtigsten Bestimmungen über die Rechtsverhältnisse der Beamten der preußischen Landgemeinden, Landbürgermeistereien, Aemter, Amtsbezirke, Städte, Kreise, Bezirksverbände, Provinzen sowie der Gemeindeforstbeamten mit Ausschluß der Kommunalbeamten der Hohenzollernschen Lande. Text-Ausgabe mit kurzen Anmerkungen, einem chronologischen Verzeichniß der abgedruckten Gesetze, Verordnungen und sonstigen Bestimmungen. Von Magistratsassessor Dr. jur. **Krempski.** Im Druck.

26. Die **Preußischen Gesetze** über das **Diensteinkommen der Lehrer und Lehrerinnen, ihren Ruhegehalt und die Fürsorge für ihre Hinterbliebenen** nebst den zugehörigen Ausführungsbestimmungen, sonstigen Ministerialerlassen und den wichtigsten einschlägigen Gesetzen sowie einer Tabelle zur Berechnung der Ruhegehalts-, Wittwen- und Waisenbezüge. Text-Ausgabe mit Einleitung, Anmerkungen und Sachregister von Dr. **Ed. Cremer,** Beigeordneter. Geb. in ganz Leinen. Im Druck.

27. Gesetz, betreffend die **Waarenhaussteuer.** Vom 18. Juli 1900. Von Geh. Ober-Finanzrath Dr. **G. Strutz.** Geb. in ganz Leinen 1 M. 20 Pf.

Preußische Gesetzsammlung.

Vollständige Sammlung
der noch geltenden Preußischen Landesgesetze
privatrechtlichen Inhalts.

Herausgegeben
von

V. Fischer, Gerichtsassessor und **Dr. F. Schröder,** Gerichtsassessor.

8°. 2 Bände. Geb. in ganz Leinen. Preis ca. 15 Mark.

Das Buch will ein Handbuch für den preußischen Praktiker sein, und eine Ergänzung zu den gebräuchlichen Handausgaben des B.G.B. bilden. Es bringt das Allgemeine Landrecht in seiner jetzt geltenden Gestalt vollständig, ferner in chronologischer Reihenfolge sämmtliche noch geltenden Landesgesetze privatrechtlichen Inhalts für das Gebiet des Allgemeinen Landrechts und für die übrigen Landestheile seit ihrer Zugehörigkeit zu Preußen. Um den Ueberblick über eine Materie zu erleichtern, wird dem Buch eine Nachweisung der durch die einzelnen Vorbehalte des E.G. zum B.G.B. erhaltenen Gesetze beigegeben und in Anmerkungen bei jedem einzelnen Gesetz auf die übrigen Gesetze derselben Materie verwiesen. Bei jeder gesetzlichen Bestimmung wird angegeben, weshalb sie als aufrecht erhalten zu gelten hat.

Das Werk wird in 2 Bänden zur Ausgabe gelangen, von denen der erste das „Allgemeine Landrecht“ umfassen und im Laufe des Sommers erscheinen wird.

Adickes, F., Oberbürgermeister in Frankfurt a. M. Das Kommunalabgabengesetz vom 14. Juli 1893. Für den praktischen Gebrauch mit einer geschichtlichen Einleitung und Erläuterungen versehen, sowie mit einem die Ausführungsanweisung berücksichtigenden Nachtrag. 8°. Kartonnirt 6 M.

Arndt, Dr. Adolf, Oberbergrath und Prof. Verfassung des Deutschen Reichs. Mit Einleitung und Kommentar. 8°. Kartonnirt 3 M.

Friedrichs, R., Oberverwaltungsgerichtsrath. Das Gesetz betreffend die Anlegung und Veränderung von Straßen und Plätzen in Städten und ländlichen Ortschaften vom 2. Juli 1875. Nach dem Tode des Verfassers in vierter Auflage bearbeitet von Dr. jur. **Hugo von Strauß-Torney,** Oberverwaltungsgerichtsrath. 8°. Geb. 4 M. 50 Pf.

Genzmer, St., Landrath. Das Reichs-Haftpflicht-Gesetz betreffend die Verbindlichkeit zum Schadenersatz für die bei dem Betriebe von Eisenbahnen, Bergwerken, Steinbrüchen, Gräbereien und Fabriken herbeigeführten Tödtungen und Körperverletzungen vom 7. Juni 1871 aus der Rechtslehre und Rechtsprechung erläutert. 1882. 8°. Kart. 2 M. 80 Pf.

Hauß, C., Geh. Ober-Reg.-Rath. Das Gesetz zur Bekämpfung des unlauteren Wettbewerbes. Vom 27. Mai 1896. Für die gerichtliche und gewerbliche Praxis erläutert. 8°. Geb. in Leinen 3 M.

Holtgreven, Dr. A., Geh. Ober-Justizrath und vortragender Rath im Justizministerium. Das Wildschadengesetz vom 11. Juli 1891. Kommentar. Dritte Auflage. 8°. Kartonnirt 3 M.

Jerusalem, Herm., Landgerichtsrath, Mitglied des Hauses der Abgeordneten. Das Gesetz über Kleinbahnen und Privatanschlußbahnen vom 28. Juli 1892 nebst der Ausführungsanweisung zu diesem Gesetze vom 22. August 1892. gr. 8°. 2 M.

Kamptz, B. v., Verwaltungsgerichtsdirektor. Das Gesetz, betreffend die Vertheilung der öffentlichen Lasten bei Grundstückstheilungen und die Gründung neuer Ansiedelungen in den Provinzen Preußen, Brandenburg, Pommern, Posen, Schlesien, Sachsen und Westfalen vom 25. August 1876. Aus den Materialien und der Rechtsprechung des Königlichen Oberverwaltungsgerichts erläutert. 8°. Kartonnirt 2 M. 50 Pf.

Koch, Georg, Hauptmann a. D. Gesetz, betreffend die Prüfung der Läufe und Verschlüsse der Handfeuerwaffen vom 19. Mai 1891 nebst den Ausführungsbestimmungen des Bundesrathes vom 22. Juni 1892. Text-Ausgabe mit historischer Einleitung und Anmerkungen unter vergleichender Berücksichtigung der bezüglichen Gesetzgebung von England, Belgien, Frankreich und Oesterreich. 8°. Kartonnirt 1 M. 50 Pf.

Könige, H., Landgerichtsrath, Vorsitzender der Kammer I für Handelssachen am Landgericht Mannheim. Handelsgesetzbuch vom 10. Mai 1897 nebst Abdruck des Gesetzes über die Angelegenheiten der freiwilligen Gerichtsbarkeit und Gerichtsverfassungsgesetz (Titel 7, Kammern für Handelssachen). Verglichen mit dem Allgemeinen Deutschen Handelsgesetzbuch, dem Bürgerlichen Gesetzbuch und der Rechtsprechung des Reichsgerichts und Reichs-Oberhandelsgerichts. Zu praktischem Gebrauch dargestellt. 8°. Geb. in ganz Leinen 4 M. 50 Pf.

Marquardsen, Dr. H., o. Professor der Rechte in Erlangen, Mitglied des Reichstages. Das Reichs-Preß-Gesetz vom 7. Mai 1874. Mit Einleitung und Kommentar. 1875. 8°. Kartonnirt 5 M.

Ottermann, Carl, Stadtrath in Dortmund. Das Fluchtliniengesetz vom 2. Juli 1875. Erläuternde Abhandlung zu den Hauptbestimmungen desselben. 8°. 1 M. 25 Pf.

Pfafferoth, Carl, Geh. Kanzleirath. Die gesammten Organisationsgesetze für die innere Verwaltung des Preußischen Staates. Text-Ausgabe mit Anmerkungen, einem die einschlägigen sonstigen Gesetze, Verordnungen, Regulative und Zirkulare enthaltenden Anhang und einem ausführlichen Sachregister. Zweite neubearbeitete Auflage. 8°. 6 M., geb. 6 M. 50 Pf.

Telegraphenwege-Gesetz vom 18. Dezember 1899 nebst den vom Reichskanzler erlassenen Ausführungsbestimmungen vom 26. Januar 1900 und den Erläuterungen und Ausführungsanweisungen des Reichs-Postamts. Amtliche Ausgabe. 8°. Geb. in Leinen 1 M.

Turnau, W., Reichsgerichtsrath. Die Schiedsmanns-Ordnung vom 29. März 1879, mit Ergänzungen und Erläuterungen. 8°. Geb. in Leinen 3 M. 60 Pf.

Wittenberg, Dr. M., Dozent an der Humboldt-Akademie. Wegweiser durch das Aktienrecht, nach dem Wortlaut der seit dem 1. Januar 1900 gültigen Reichsgesetze. Taschenformat. Geb. in Leinen 1 M.

Schlagwort-Register.

R. = Nummer der Sammlung Deutscher Reichsgesetze.
P. = Nummer der Sammlung Preußischer Gesetze.
S. = Seite.

FSC
www.fsc.org
MIX
Papier | Fördert gute Waldnutzung
FSC® C083411

Kolibri 360 GmbH
Ferdinand-Jühlke-Straße 7
99095 Erfurt, Deutschland
produktsicherheit@kolibri360.de